U0560214

我
思

敢于运用你的理智

湖北省公益学术著作
Hubei Special Funds 出版专项资金
for Academic and Public-interest
Publications

"超越内在"的迷思

从分析哲学观点看当代新儒学

冯耀明　著

长江出版传媒｜崇文书局

图书在版编目（CIP）数据

"超越内在"的迷思：从分析哲学观点看当代新儒
学 / 冯耀明著. -- 武汉：崇文书局，2023.7
（崇文学术文库·中国哲学）
ISBN 978-7-5403-7309-2

Ⅰ. ①超… Ⅱ. ①冯… Ⅲ. ①新儒学－研究－中国－
现代 Ⅳ. ① B261.5

中国国家版本馆 CIP 数据核字（2023）第 070300 号

2023 年度湖北省公益学术著作出版专项资金项目

"超越内在"的迷思：从分析哲学观点看当代新儒学
© 香港中文大学 2003
本书简体中文版由香港中文大学出版社授权出版，本版限在中国内地发行
著作权合同登记号 图字：17-2022-154

"超越内在"的迷思
CHAOYUE NEIZAI DE MISI

出 版 人　韩　敏
出　　品　崇文书局人文学术编辑部·我思
策 划 人　梅文辉（mwh902@163.com）
责任编辑　许　双（xushuang997@126.com）鲁兴刚
责任校对　李堂芳
装帧设计　甘淑媛
出版发行　长江出版传媒　崇文书局
地　　址　武汉市雄楚大街 268 号 C 座 11 层
电　　话　(027)87677133　邮政编码　430070
印　　刷　湖北新华印务有限公司
开　　本　880 mm×1230 mm　1/32
印　　张　11.125
字　　数　249 千
版　　次　2023 年 7 月第 1 版
印　　次　2023 年 7 月第 1 次印刷
定　　价　98.00 元

（读者服务电话：027-87679738）

我
思
敢于运用你的理智

ISBN 978-7-5403-7309-2

9 787540 373092 >

自　序

　　儒学作为一个具有生命力的思想文化传统，无论在历史的行程中经历过几许波折，它还是一直在发展之中。即使以往有过"儒门淡薄"的凄凉，今天更有"花果飘零"的劫难，但每一时代总会有一些怀着真切深厚的民族文化感情，抱有高超远大的道德精神理想的谔谔之士，不畏艰苦地默默耕耘，自植其灵根，自发其花果，欲上承先圣之绝学，下启万世之太平，此实值得我们由衷的敬意。

　　当代新儒家的出现，亦正是本此人文精神而在当代中国展示其理想与实践的面貌。经历过民族国家的重重苦难与灾劫之后，并身处于科技与经济为主导的现代社会之中，这一群被边缘化的知识分子所遭遇到的困难与挫折可说是前所未有的，而其理想之实现亦可谓遥遥无期。然而，时代的喧哗尽管掩盖了他们发自远古的幽音，只要仍有一二子洗心聆听，当能发此思古之幽情，为此幽音而感动不已。今日看来，若不以成败得失论，当代新儒家本孔子义命分立之精神而孜孜兀兀，尽心尽力地推展其道德文化的理想，其所体现之精神人格固然值得所有知识分子的崇敬，而其一生不懈的学术努力何尝不应予以严正的重视！

和宋明新儒家在面对印度佛教的挑战而引发一场激烈的自我转变的过程一样，当代新儒家在面对西方科技文明的冲击之后，他们也不得不随着中国社会文化翻天覆地的变动而作出重大的自我调整。他们思索的一个核心的问题是：如何将西方文明中的科学、民主及经济发展转化为儒学的新外王，并重新诠释儒家的内圣之学以稳固返本开新的义理规模。这样的思考不单只涉及家国文化的救亡图存的问题，而且也涉及儒学本身能否现代化或适应现代生活的问题，无疑是非常值得大家深入探究的一个时代课题。我们知道：对于这样的一个大课题，委实不容易找到圆满的解答。就此而言，当代新儒家也不例外。我们虽然承认他们在学术上有不可磨灭的贡献，但在此一中西古今的课题中，他们并没有为我们提供一个完美无瑕的答案。他们的贡献毋宁说是在问题的开发方面，让我们在面对新时代的新问题时可以获得一个前所未有的深度和广度，也引发大家发掘各种可能的新视角和新观点。我这样说不但没有贬低当代新儒家的地位，反而是充分地肯定他们在学术上的重要性。且看柏拉图作为西方哲学之父，其重要性可谓不言而喻。但时至今日，我们实在找不到几个柏拉图哲学的追随者。尽管柏拉图以后绝大多数的哲学家都不会同意柏氏的观点，甚或提出过极严厉的批评，可是也很少有人会否认自己曾受益于柏氏的教诲，从他的基本问题处引发出自己的路向来。本书从分析哲学的角度出发，对当代新儒学采取批判性的研究，正是基于此一崇敬的态度，并表示对他们努力的一种严正的重视。

本书主要内容分为三部分。第一部分讨论到当代新儒家的一些主要论旨，包括他们的"哲学"理念、"主体"概念及由之而建立的"判教"理论。透过分析哲学的方法，我们尝试探究当代新儒家对中西文化、哲学之判分及其背后的理据，剖示其"超越主体"概念之特质，从而对其根植于本质主义的道统观而形成的"判教"理论予以解构。本书第二部分讨论到当代新儒学的方法论问题。当代新儒家尝试借用并改造德国观念论（特别是康德）的一些重要概念，以分析、疏解及会通中国哲学的义理系统。此一宏愿无疑是难能可贵的，但却不易成功地落实。其中一个主要的原因是理论负荷（theory laden）的问题。由于用作理论移植的有关概念都不是孤离的，而是带有极浓厚的知识取向和存有承诺的西方哲学的特质，故当移植到富有价值意味和境界体现的中国哲学上来，便会出现排斥现象，不能相互容纳。再者，在方法运用方面，当代新儒家的两派虽然在表面上坚持自家的方法特色：熊十力的新心学一派力主"直觉体证"，而冯友兰的新理学一派则倡言"逻辑分析"，实质上两派在理论探究的根本处皆非使用这些方法，反而是不知不觉地使用了一种他们都极之不满的西方哲学的思辨方法——一种"超越论证"（transcendental argument）的方法，似乎是十分吊诡的一回事。本书前两部分讨论当代新儒家的主要论旨与方法，第三部分则探讨这些论旨之建立和方法之运用背后所预设的一个更为根本的主张，即"超越内在"（transcendent immanence）或"内在超越"（immanent transcendence）的问题。依据本部分的分析与论证，我们认为此一主张不但不足以标示中国文化及哲学之特质，更且是一种自我否定（self-refuting）的说法，适足以使儒学走上不归的异路。再者，即使基于论证的策略（for the sake of argument）而勉强承认此说，这也会使儒学内部陷入背反的困境，甚或远远背离了孔孟儒学的基本方向。我们的结论是：只有放弃这种强调"既超越又内在"的"天人合一"的本体宇宙论的论述，儒学的未来才会重归正轨，也才可能有较为健康的发展。

本书的研究前后超过十年，其中三分之一章节是在香港科技大学人文社会科学院 Direct Allocation Grant 资助的研究计划之下完成，另外三分之一章节则是参与由香港中文大学历史系梁元生教授主持的（RGC资助）研究计划之成果。以上各方的资助和协助无疑是本书得以写成的最大推动力，谨此表示衷心的谢意。此外，本书第六和第八章之初稿曾在《哲学与文化月刊》二十二卷和二十七卷发表，第十章之初稿则刊于《二十一世纪》

四十八期，二刊同意本书采纳上述各章有关内容，于此
一并表示谢意。

目　录

自　序

第一部分　当代新儒学的理论建构 ……………………1

第一章　当代新儒家的"哲学"概念 …………………………3

一、传承与开拓 ……………………………… 3
二、"哲学"的概念 ……………………………… 5
三、实践的问题 …………………………… 13
四、真理的问题 …………………………… 20
五、言说的问题 …………………………… 34
六、圆教的问题 …………………………… 46
七、结论 …………………………… 55

第二章　当代新儒家的"主体"概念 ………………… 56

一、前言 …………………………… 56
二、熊十力的"主体"概念："草木瓦石同此心" ………57
三、牟宗三的"主体"概念："一体朗现唯智心" ………64
四、唐君毅的"主体"概念："九境通灵系一心" ………74
五、结语 …………………………… 92

第三章　当代新儒家的判教与判准 ……………… 94

一、判教与判准的问题 ················· 94
二、儒学的"正统"与"歧出"之判 ····· 97
三、佛教的"圆教"与"权教"之判 ····· 108
四、结论 ·············· 123

第二部分 当代新儒学的方法论问题 ··············125

第四章 物自身、智的直觉与中国哲学：
概念移植的问题 ··············· 127

一、前言 ·············· 127
二、康德的概念与区分 ············· 128
三、牟宗三之疏通与改进 ··········· 133
四、对三教之解说 ··············· 136
五、解说上的困难 ··············· 143
六、结语 ·············· 178

第五章 超越分析与逻辑分析：
当代新儒学的方法论问题（一）··········· 180

一、前言 ·············· 180
二、逻辑分析的方法 ·············· 180
三、超越分析的方法 ·············· 185
四、冯友兰的分析方法：逻辑或超越 ······· 191
五、当代新儒家的"超越的反省"方法 ····· 202
六、结论 ·············· 208

第六章 直觉与玄思：当代新儒学的方法论问题（二）········ 209

一、前言 ·············· 209
二、"体证"的涵义与困难 ··········· 210
三、"体现"的涵义与困难 ··········· 213
四、一个思想实验——孪生哲人 ········· 216

　　五、建基于超越论证的玄思 ……………………………… 219

　　六、结语 …………………………………………………… 221

第三部分 "超越内在"的迷思之解构 …………223

第七章 当代新儒家的"超越内在"说 …………………… 225

　　一、前言：问题的提出 …………………………………… 225

　　二、对"超越外在"说的反对 …………………………… 225

　　三、"体用不二"说 ……………………………………… 226

　　四、"超越"与"内在"的涵义 ………………………… 228

　　五、"月印万川"与"大海水现为众沤"之喻 ………… 231

　　六、"自性即依他"说 …………………………………… 233

　　七、"不一不异"说 ……………………………………… 234

　　八、"超越内在"之滑转说 ……………………………… 237

　　九、结论：问题的试解 ………………………………… 240

第八章 皇帝的新心："超越内在"说再论 …………………… 246

　　一、前言："超越内在"说的问题 ……………………… 246

　　二、南乐山（R. C. Neville）的"创生新说" ………… 248

　　三、莱文（M. P. Levine）的"泛神新说" …………… 258

　　四、杜兰特（M. Durrant）的"道成肉身说" ………… 269

　　五、蔡斯（J. Zeis）的"三位一体说" ………………… 281

　　六、结语："皇帝的新心" ……………………………… 289

第九章 迷思与解构："超越内在"说三论 ………………… 295

　　一、释名Ⅰ："天人合一" ……………………………… 295

　　二、释名Ⅱ："超越内在" ……………………………… 297

　　三、衍义Ⅰ：滑转 ……………………………………… 299

　　四、衍义Ⅱ：吊诡 ……………………………………… 300

　　五、衍义Ⅲ：离言 ……………………………………… 305

六、实验 I ："孪生哲人" ·············· 307

七、实验 II ："德古来外星人" ·············· 310

八、辨异："人禽之辨" ·············· 312

第十章 德古来（外星人）的新儒家世界：

一个思想实验·············· 315

一、思想实验 ·············· 315

二、德古来的理想世界 ·············· 316

三、天人合一与人禽之辨 ·············· 322

四、宇宙化的道德与人间性的道德 ·············· 330

参考书目 ·············· 332

后 记 ·············· 339

第一部分
当代新儒学的理论建构

第一章
当代新儒家的"哲学"概念

一、传承与开拓

儒学是一种成德之教、自得之学,自以实践造道、转化生命为旨归。然若就其反思或理论层面言,它无疑也有其哲学的成分。儒学作为一种注重践履而又不乏理性反思的学问,它始创于先秦,而发煌于宋明。可惜自清以还,儒学之义理为考据所取代,以致斯学沉沦三百多年矣!然而,民初以来,尚幸有熊十力、梁漱溟诸先生出,力排众议,提倡当代新儒学,遂使濒临绝灭之旧学得其薪传,并能加以开拓,建立学术规模。随后因政治之变化,当代新儒学转而播种于港、台两地,此真可谓"花果飘零"矣!而其所以能"灵根自植"者,实有赖唐君毅、牟宗三及徐复观诸先生之努力,使其学脉得以赓续不断也。

就内圣外王的圣学理想而言,当代新儒家虽然远远未能做到"为万世开太平",却毫无疑问地能做到"为往圣继绝学"。这种继承当然并不是全盘的抄袭或刻板的模仿,而必有创造的述兆于其间。没有经过一种创造的转化,旧学便很难迎合现代中国人的新心灵，也就很难使之成为一种有生命力和影响力的学问。这种创造的转化当然不能靠新瓶来装旧酒，必须用一些新的酿制方法，甚至在旧材料的基础上渗入新的成分，才能提炼出一种既有传统品质又有现代风味的佳酿来。事实上，当代新儒学的几代人物都在有意无意之间从事这种脱胎换骨的伟大事业。他们都或多或少地从各种不同的外来学术资源中汲取新的语言和方法，来重新诠释和分析古旧的儒学，企图在其中注入新的生命和力量。例如，当代新儒家的第一代人物由于多有印度佛学训练的背景，所以在诠释和演绎旧学时，便使用了不少印度佛学的语言和方法。熊十力的《新唯识论》便是一个典型的例子。而当代新儒家的第二代人物由于多在大学读书时有正规的西方哲学训练，所以他们对旧学做出新诠之时，西方哲学的语言和方法便成为不可或缺的分析工具。牟先生以康德为桥梁作中西会通工作便是最好的例证。我们从今天的角度来看，使用新的概念架构和分析方法来重新整理和发扬旧学，如果不是使儒学现代化的一项必要条件，似乎至少也是一种无可避免的趋向了。

我们都知道，在任何旧的传承与新的开拓之间，创造转化的工作是至为艰巨的。当代新儒家在这方面付出了不少宝贵的心血，做出了有目共睹的成绩，这是非常值得我们钦敬和赞叹的。然而，任何开天辟地的伟大事业都不是一蹴而就的，这里仍有许许多多由于尝试转化的失误而带来的问题，等待我们在诸前辈、先进的基础上作进一步的努力来解决。本章的目的，即在诸前辈、先进的启发之下，尝试去探讨当代新儒家的"哲学"概念，从而对其相关的实践、真理、言说及圆教的问题一一检讨，希望在旧新转化的失误中厘清一些问题，此或有助于我们将来找寻正确的方向。不过，我们必须承认：要不是站在诸前辈、先进的肩膊之上，我们绝不可能看得更远一些的！

二、"哲学"的概念

对当代新儒家来说，几乎每一位都强调中西文化及哲学之异，标示中国哲学之特质。他们认为儒、道、佛三家之学若当作一种哲学来看，它们的"哲学"概念与西方的是迥然不同的。以下，我们可分四方面来察看他们所说的中西哲学之异。

1. 中国哲学重实践，西方哲学重思辨

以实践和思辨两种方法之不同来判分中西哲学之异，从而显示中国哲学之特质，这是熊十力所特别强调的。他认为：

中国哲学由道德实践而证得真体。（证者证知。此知者义深，非知识之知，乃本心之自证，而无有能知所知等相。真体，犹云宇宙本体。）异乎西洋学者之抟量构画，而无实得。（无实得者，言其以穷索为务，终不获冥应真理与之为一也。）[1]

由"实践中体现真理"与"唯任理智思维"穷索于外，此二者之不同，[2]即表示治学方法之差异。熊十力指出：

吾侪治西洋科学和哲学，尽管用科学的方法，如质测乃至解析等等。治中国哲学，必须用修养的方法，如诚敬乃至思维等等。[3]

---

1 熊十力：《读经示要》，台北：广文书局，1970，卷一，页102。

2 同注1，卷二，页97。

3 熊十力《十力语要》，台北：广文书局，1971，卷一，页52。

而所谓"修养的方法"，亦即是"体认的方法"。故云：

> 中国哲学有一特别精神，即其为学也，根本注重体认的方法。体认者，能觉入所觉，浑然一体而不可分，所谓内外、物我、一异种种差别相，都不可得。唯其如此，故在中国哲学中，无有像西洋形而上学，以宇宙实体当作外界存在的物事，而推穷之者。[4]

牟宗三先生也有类似的看法，他认为：

> 〔希腊的哲学家〕都以对待自然的方法对待人事，采用逻辑分析的态度，作纯粹理智的思辨。把美与善作为客观的求真对象，实与真正的道德无关。[5]

而

> 中国的哲人多不着意于理智的思辨，更无对观念或概念下定义的兴趣。希腊哲学是重知解的，中国哲学则是重实践的。[6]

具体言之：

> 比如说问仁，孔子并不把仁当做一个概念来下定义，也不是文字上来训诂，他是从你的生活来指点，当下从心之安不安来指点仁。这就不是用知识的态度来讲仁。……你如果不安，仁不就显现出来了吗？可见仁不是个知识的概念，不是科学上的观念。这不是很深刻吗？这一指点，你要了解仁这个观念，照孔子的方法，就要培养如何使我们的心不麻

---

4 同注 3，卷二，页 22。

5 牟宗三：《中国哲学的特质》，台北：兰台书局，1973，页 9。

6 同注 5，页 10。

木，不要没有感觉。[7]

依照上述二位先生的观点，可知西方哲学重思辨、分解或知识的方法，故西方哲人喜用经验的质测、概念的解析以及逻辑的分析；而中国哲学则重践履、体认或修养的方法，故中国哲人崇尚反己以躬行、默识而心通。因此，对大多数当代新儒家来说，二者简直是南辕北辙。他们认为：用向外穷索的思辨方法来了解知识是恰当的，但若以之了解美、善，对待人事，势必是"自远于真理而终不悟也"。[8]

2. 中国哲学所欲体证的真理是超知识的，西方哲学所欲穷索的真理是知识的

为什么中国哲学要用实践、体认的方法，而不能用思辨、知解的方法呢？依据许多当代新儒家的看法，主要是由于哲学内容的不同，也就是"真理"概念之差异。譬如熊十力就曾指出：

> 哲学，大别有两个路向，一个是知识的，一个是超知识的。西洋哲学大概属前者，中国与印度哲学大概属后者。前者从科学出发，他所发现的真实，只是物理世界底真实；而本体世界底真体，他毕竟无从证会或体认得到。后者寻着哲学本身底出发点而努力，他对科学知识亦自有相当的基础。而他所以证会或体认到本体世界底真实，是直接本诸他底明智之灯。易言之，这个自明理，不倚感官的经验而得，亦不由推论而得，所以是超知识的。[9]

---

7 牟宗三：《中国哲学十九讲》，台北：学生书局，1983，页48-49。

8 同注1，卷二，页97。

9 同注3，卷四，页24-25。

熊十力认为东方哲学的真体或真理是一种超知识的自明理，自不能用知识的方法来探究。所以，他便用一种判教式的语言判定：

> 夫西洋科学、哲学，其知日驰，毕竟不得冥应真理。(此中真理，谓宇宙本体。冥应者，谓与真理为一。而知识或理智之用，则只是意计构画，不可与真理相应也。意计一词，本佛籍，谓意识周遍计度也。)此方经学，由实践而默识本原。(本原，系用为真理或本体之代语，他处用此词准知。)易言之，即体神化不测之妙，于人伦日用之间，乃哲学最高境。[10]

熊十力进而指出：

> 真理元不待外求，更不是知识所推测的境界。[11]

> 而真理必须躬行实践而始显，非可以真理为心外之物，而恃吾人之知解以知之也。质言之，吾人必须有内心的修养，直至明觉澄然，即是真理呈显。如此，方见得明觉与真理非二。[12]

此无疑是宋明儒"心即理"之当代版本。

对于这种超知识的真理，牟先生则用"内容真理"一词以称谓之。他说：

> 儒家、佛家、道家以及西方宗教家所讲的那些话……不是外延真理，可是它也不是诗，它的真实性和诗的真实性还是不同。既然不同，我们就不能只用个概念的诗歌来把它打发掉，这是不行的。它既然有真实性，所以我们在外延真理以外，一定要承认一个内容真理。这种内容真理不是科学知

10　同注1，卷一，页67。

11　同注3，卷一，页37。

12　同注3，卷二，页24。

识，它不能外延化，但是它是真理。[13]

对牟先生来说，由于仁理是一种内容真理，因此我们不能抽象地讲仁，而必须使用一种启发语言来表达它，这样才能掌握到它的具体的普遍性。[14]总之，这种作为宇宙和人生本体的内容真理是超知识的，是不能用知解的方式把它对象化、外延化，否则这种真理就无法被吾人体认得到并能自我呈露出来。[15]

3. 中国哲学的终极道理或意境是超言说的或只能以非分别说表之，西方哲学的思想内容则须透过言说、概念来理解

依照许多当代新儒家及其追随者的看法，中国哲学的真理不只是超知识的，而且这种终极或核心的意境或义蕴更是不可言诠的，或只能以辩证的、诡谲的或非分解的言辞来表达。熊十力强调：

> 易系传曰：书不尽言，言不尽意。此先圣苦心诲人语也。……圣贤所穷者极其大，所造者极其微，其深远之蕴，何可于文言中表达得出。文言毕竟如筌蹄，要须会意于文言之外耳。[16]

而这些义蕴只能靠"反己体认"，是"莫可言说"的。[17]其原因在于：

> 真常之道，本非言说所及。言说所以表诠物事，而道不

---

13 同注 7，页 25。

14 同注 7，页 35 – 36，39，41。

15 同注 7，页 30 – 31。

16 同注 1，卷二，页 110 – 111。

17 同注 1，卷二，页 154。

可说是一件物事。使道而可言说，则必非常道矣。[18]

或谓：

> 语言是实际生活的工具，是表示死物的符号。这道理是
> 迥超实际生活的，是体物不遗，而毕竟非物的，如何可以语
> 言来说得似？虽复善说，总不免把他说成呆板的物事了。[19]

这正是熊十力的"不可言诠"说。

牟先生也有类似的观点，他说：

> 所通所一之义理（无限）与能通能一之神明（智慧），皆
> 非表现可见者之所能尽，亦即非名言之所能尽其蕴也。……
> 心性之为德，其内容尤其无穷无尽也。所谓不可思议也。[20]

不过在另一方面，牟先生认为这种真理还是可以用语言来表达
的，只是这种语言并不同于科学语言。他说：

> 我们要表现真理必须使用到语言，逻辑实证论者因为把
> 真理限定成一种，所以他把语言二分，一种是科学语言，除
> 了科学语言以外就是情感语言。因此他说形上学的那些话也
> 是情感语言，只满足我们主观的情感。这种二分法是不行
> 的。所以唐君毅先生就曾经提出一个观念来，他提出从我们
> 事实上使用语言所表现的来看，当该是三分：科学语言是一
> 种，文学语言是情感语言，至于道家、儒家所讲的，这些还是
> 学问，他们所讲的是道。道不是情感，道是理性。但是这个
> 理性我刚才说过，它不是在科学、数学里面所表现的那个理

---

18 同注 3，卷二，页 25。

19 同注 3，卷四，页 5。

20 牟宗三：《才性与玄理》，香港：人生出版社，1970，页 250－251。

性。它既然是理性，因此表达这种理性的语言就不是文学语言这种情感语言，可是这也不是科学语言。所以唐君毅先生提议把这种语言叫做启发语言。[21]

这种"启发语言"是一种怎么样的语言呢？依照牟先生的意思，也许包括所谓非分别说、非分解说、辩证的诡辞或诡谲语等。例如他说："'正言若反'所示是辩证的诡辞。正因为它不给我们知识，它把我们引到一个智慧之境。"[22]这种引领智能的功能，也许就是"启发"的意思吧！

总之，依照许多当代新儒家及其追随者的看法，中国哲学的终极义理或意境乃是不可诠表的，或只能以一种非分别说的方式来指点、引领我们到达智慧之境，亦即使之能在我们真实的生命中自我呈现出来。

4. 中国哲学的至高理想是圆教或内圣外王的圣境，西方哲学则欲求客观世界的真象

就儒家言，圣学之究极境地是内圣外王；就佛家言，其终极的关怀则在圆教。熊十力认为：哲学并不是象牙塔上的东西，它除可成就个人之外，亦有济世的功能。故云：

> 综会各种思想，以深穷宇宙实相、人生真性，不能不有赖于哲学。若夫社会政治各种问题，高瞻远瞩，察微洞幽，数往知来，得失明辨，为群众之先导，作时代之前驱，励实践之精神，振生人之忧患，此皆哲学所有事。[23]

---

21 同注 7，页 28。

22 同注 7，页 143。

23 同注 1，卷二，页 121。

或简言之，即"中国哲学注重经世，所谓内圣外王是也"。[24]对熊十力来说，内圣与外王的关系是直通的。换言之，能内圣者必可通至外王。故熊十力用非常肯定的语气说："天下万世之为治者，由乎义，则人极立，王道行，太和成。（太和即世界大同。）"[25]

牟先生并不赞成"直通"的观念，故代之以"曲成"的观念。他说：

> 依儒者之教，内圣必然函蕴着外王，因无隔绝人世独立高山之顶之内圣。然外王之事必以内圣中之德为条件。（不是说先成了圣人才可以为王。圣人不必是王者，王者亦不必是圣人。内圣与外王的关系是综合关系，不是分析关系。内圣必然函蕴着外王，这必然是综和的必然，非分析的必然。故只说外王之事必以内圣中之德为条件。）[26]

此虽以"外王之事必预设内圣中之德为条件"，但要"一心开二门"，既开真如门，亦开生死门，既成真谛，亦成俗谛，便须本心明觉或无限智心"自我坎陷"而作辩证的开显。由此进一步说，牟先生乃提出"圆教"一观念。他说：

> "依理性通过实践以纯洁化一己之生命"，这是教中的一主要部分。这一部分，笼统地言之，就是成德的一部分……在成德以外而有独立意义的"改善存在"之期望即"幸福"之期望。这是教中的第二部分。这一部分必涉及"存在"。因此，期望"德福一致"便是教之极致，即"自然存在与德间之相应

---

24 同注 1，卷二，页 142。

25 同注 1，卷三，页 164。

26 牟宗三：《圆善论》，台北：学生书局，1985，页 167－168。

和而谐一"是教之极致。……德福一致是圆善，圆教成就圆
善。就哲学言，其系统至此而止。[27]

由是可知，在一些当代新儒家的眼中，内圣外王、一心开二门、
圆善以至圆教的理念，乃是中国哲学的至高理想，此皆为西方哲
学所缺且亦其所不能达至者。

此上四点，乃大略概括当代新儒家一些重要代表的"哲学"概
念。由此四点乃可引出若干问题，兹一一分节析论如后。

三、实践的问题

传统的儒、道、佛三家之学皆重实践躬行，主张反己体认，这
几乎是这些学问的承担者与反对者都能接受的一个共识。然
而，对那些承担者来说，当他们强调只有用实践、体认或修养的
方法才能造道证真，而以理论、思辨或分解的方法不足以达至真
实理地之时，他们对于实践在哲学中所应扮演的角色，以及思辨
在哲学中是否必要的问题，乃是犹疑不定的。为什么这样说
呢？他们不是很确定地、很明显地表示实践方法在这些哲学中的
重要性吗？不是一直在贬抑思辨的方法吗？是的，在他们的著作
中，此一褒与一贬之对比是非常强烈的；但实践在这些哲学中的
哪一位置上担当重要的角色，而思辨又是否要被置放在哲学的严
墙之外，却是不确定的、不明显的。对当代新儒家的一些重要代
表来说，他们在此一问题上无疑是一直徘徊在两个对反
(contrary) 的观点之间，而无法做出明确的抉择。

---

27 同注 26，页 269－271；类似观点见页 330 及 334。

他们在对反中的第一个观点是：由于实践、体认或修养的方法是保证可以造道证真的唯一方法，所以理论、思辨或知解的方法是不必要的，甚且是必不可要的。为什么是不必要的呢？熊十力的理由是："真理唯是自明的，不待析别与推求，而反之本心，恒自明自了。""若以知解推求，必不能实见真理。""真理唯可以由体认而实证，非可用知识推求。"[28]及"哲学所究者为真理，而真理必须躬行实践而始显，非可以真理为心外之物，而恃吾人之知解以知之也"。[29]因此，熊十力即使并不认为儒家像道家那样反知，却承认它的真理是超知的。这种超知的观点，正表示理论、思辨或知解的方法对于哲学的终极目标——造道证真——而言，是不必要的。

依照当代新儒家的好些重要代表的看法，理论、思辨或知解的方法对于造道证真而言，不仅是不必要的，而且也是必不可要的。所以熊十力说：

> 哲学所有事者，要在剥削经验界的一切杂染，而证会实体。（证会者，盖吾之良知，即是实体。良知炯然自知，使之证会。此知无分别相，不于实体作外想故，所知能知是一事而不可分故。……）[30]

由于理论、思辨或知解的方法是分别说，自亦不能消弭能所、主客之对待，而哲学之证会则在泯能所、去分别，以达一真无待之境，二者当然是不相容的。为求哲学的证会，就必须放弃知解、

---

28 同注 3，卷二，页 23。
29 同注 3，卷二，页 24。
30 同注 3，卷四，页 22。

～ 14 ～

知识的方法，否则便会产生妄想、戏论。熊十力忧虑地说：

> 知识由经验事物而起，于其所知，恒作物解。今此云本体者，实不可作一物想。如作物想，即是倒妄，即成戏论。[31]

由此可见，知解或知识的方法无疑被视为造道证真的一大障碍，而当代新儒家的忧虑也是可以理解的。

对于这种障碍，牟先生更以般若的呈现为例来加以说明。他说：

> 般若是我们真实生命中的智慧，它必须从主体方面，通过存在的实感而被呈现或被展示，这是不能用语言或概念加以分析的。因为，假若告诉我们什么是般若，那么般若只是一个概念，而顺着这个概念，我们很容易的就会执着这个概念而想入非非。一旦落入执着、妄想，般若智慧就永远无法展现。[32]

依此，当我们运用概念、知解的方法企图理解般若，证解真体时，便很容易会产生执着、妄想或戏论。要消除这些偏执、障碍，佛、道二家提出许多破执去妄的工夫，而儒家则以默识心通的反己工夫来超脱知解、概念的蛛网。因此，为了完成造道证真这一哲学的终极目标，知解、概念的方法无疑会被视为必不可要的。

他们在对反中的第二个观点是：如果实践的方法是合理的而且是有效的，则它必须有理性的根据或批判的根基；而这种方法的确被肯认为合理的及有效的。依据此一观点，我们可以推论出

---

31 同注3，卷一，页18。

32 同注7，页356。

实践的方法必须有理性的根据或批判的根基。然而，要建立理性的根据或批判的根基，理论、思辨或知解的方法似乎是必不可少的。当代新儒家虽然没有明显地接受此一推论的结论，却在弘扬旧学而提出论据之时，隐然地接受了此一结论。例如熊十力说：

> 清人中，纵不力攻宋儒者，其言及义理之学，则亦只谓于身心修养有补而已。果尔，则所谓宋学，只是训条或格言而已，其足谓之学耶？须知，宋学上承孔孟，于天人之故、造化之原，万事万物之理则，皆文理密察，而会归有极。[33]

儒学不只是训条或格言，而须密察宇宙、人生之故、原及理则等。因此，要会归有极，自然不是靠自家胡乱摸索前进，或单凭外在的格言或训条之指示去做工夫；而必须寻找实践之合理根据，并在此合理根据的支持下去做工夫。熊十力曾认为真理元无二，循思辨则得其分，由证会则致其全，[34]而一切科学知识亦不过是大本的发用，[35]必须汇归或依附于玄学之上。[36]此即以哲学或玄学为一切学问之大本，而能裁判一切学问。故云：

> 哲学，毕竟是一切学问之归墟，评判一切知识，而复为一切知识之总汇。佛家所谓一切智智，吾可借其语以称哲学。苟无哲学，则知不冥其极，理不究其至，学不由其统，奚其可哉？……哲学者，所以研究宇宙人生根本问题，能启发高深的理想。[37]

---

33 同注 3，卷二，页 2。

34 同注 3，卷二，页 12。

35 同注 3，卷一，页 52 及 53。

36 同注 3，卷二，页 13。

37 同注 3，卷二，页 50。

试问：哲学作为一种能评判一切知识的基础，能汇归一切学问的大本，它可以没有任何理性的根据或批判的根基内含其中吗？

牟先生就曾指出中国哲学在实践之外还须有实践的根据，他说：

> 此"成德之教"，就其为学说，以今语言之，亦可说即是一"道德哲学"（Moral Philosophy）。进一步，此道德哲学亦函一"道德的形上学"（Moral Metaphysics）。道德哲学意即讨论道德的哲学，或道德之哲学的讨论，故亦可转语为"道德底哲学"（Philosophy of Morals）。人对于哲学的态度不一，哲学的思考活动（厘清活动）亦可到处应用，故"道德底哲学"其系统亦多端，其所处理之问题亦可有多方面。但自宋明儒观之，就道德论道德，其中心问题首在讨论道德实践所以可能之先验根据（或超越的根据），此即心性问题是也。由此进而复讨论实践之下手问题，此即工夫入路问题是也。前者是道德实践所以可能之客观根据，后者是道德实践所以可能之主观根据。宋明儒心性之学之全部即是此两问题。以宋明儒词语说，前者是本体问题，后者是工夫问题。就前者说，此一"道德底哲学"相当于康德（I. Kant）所讲的"道德底形上学"，即其《道德底形上学之基本原则》一书是也。康德此书并未涉及工夫问题。此盖由于西哲对此学常只视为一纯哲学之问题，而不知其复亦是实践问题也。[38]

由此可知，单就宋明儒的心性之学而论，除了做工夫，讲实践之外，其最主要的成分还包括实践所以可能的理性根据。换言之，除

---

38 牟宗三：《心体与性体》，台北：正中书局，1968，第一册，页8。

了工夫本身之外，还有工夫论和本体论（心性论和天道论），都是宋明儒所特别关心的课题。牟先生以康德之书比拟，更可见宋明儒的心性之学亦包括有理论、思辨的成分。质实言之，中国哲学之可贵，并不在其只有格言或训条，亦不在其只叫人实践而不说明实践之可行性及理据，而在其能理性地、批判地反思实践的问题，为如何实践和为什么实践提出合理的解说和理据。

综合上述两个对反的观点，可见当代新儒家在实践的问题上实在面对着一种两难的抉择：如果视哲学的主要目标或终极理想为造道证真，而达至此真实理地的唯一方法是实践的方法；那么，思辨的方法由于会构成障碍，故是不必要的，甚至是必不可要的。但是，如果中国哲学不仅只是中国工夫，在实践之外仍须提出实践的理据，则工夫论、心性论及天道论等便是中国哲学中不可缺少的部分，而且是使其中的实践有别于盲目行动，使其中的信仰有别于迷思的合理根据；那么，中国哲学的研究方法便不能缺少思辨的方式了。这两种观点虽然不是互相矛盾，却是互相对反的（即不能同为真），亦即是不能相容的。当代新儒家又如何去消解此一困境呢？他们也许会说："思辨的方法所建构者是权说，至于圆教的终极境界，便要开权显实；到时一切思辨的东西都会被开决掉，剩下来的便只有实践的体悟了。"这种说法虽然美妙，但却做出了极大的让步，即承认了思辨的方法对于中国哲学的探究不仅不是不必要的，而且也是必不可少的。因为，没有任何权说，便无任何开权显实之可言了。

当代新儒家强调要以实践去体认本体真如，反对用思辨的方法去研究，实在是有一番苦心的。他们非常担心的是：思辨方法的运用会把本体真如物化，因而妨害生命主体之自我呈露。例如牟先生说：

> 那个主体是永远不能对象化的，它总是往上转，这才是
> 真正的主体。道德宗教最后一定是归到这个地方来。你一把
> 它对象化，主体的意思就没有了；这样一来，从主体所发的
> 这个"明"也没有了。本来主体是有明的，可是你把这个主
> 体对象化，它那明的意思就没有了，也就是能够表现价值、判
> 断是非的那个明没有了。[39]

> 所以这个明它必须把主体恢复它主体的地位，也就是把
> 人当人看，不当物看。不当物看，主体才恢复；主体恢复，从
> 主体发的那个明才真正能显。……这个良知所表示的这个主
> 体永远不能客体化，不能对象化。你如果把它客体化当个对
> 象来看，那你是看不到良知的。良知只有在你不把你自己当
> 成对象，而存在地归到你自己身上来……良知这个明才呈现
> 出来。[40]

这种担忧无疑是值得我们同情的，但却很容易杯弓蛇影。即是
说，每当我们谈及良知、般若等主体时，我们很容易会错把谈及
的内容当作物化的对象。其实，讨论的对象并不等同于物化的对
象。我们把良知、般若等作为讨论的对象，并不涵衍或涵蕴把它
们视为客观的事物，因而使之物化、僵化了的意思。我们谈论艺
术，不一定就把艺术物化了；我们讨论上帝，不一定就把上帝物
化了；同样的，当我们论及良知、般若之时，这也并不表示我们
正在把良知、般若物化。如果一论及良知就马上会把良知物化，那

---

39 同注 7，页 30 - 31。
40 同注 7，页 31。

孟子不是老早就把良知物化了，阳明不是老早就把良知僵化了吗？可见讨论是免不了有内容的，却不必因此而把讨论的内容变成了物化、僵化的东西。当代新儒家如果了解这一点，也许就不会对思辨的方法如此"戒慎恐惧"了！

四、真理的问题

当代新儒家自觉他们所追求的哲学真理与科学真理是不同的，而且对二者各别的特性及其间之关系有一确定的观点与评断。然而，这些观点与评断是否准确无误呢？以下，我们提出两个问题来讨论：第一是有关两种真理之汇归或依附关系的问题；第二是有关"内容真理"之意义及其表现的问题。兹逐一析论如后。

有关两种真理之关系的问题，熊十力说了不少。依照他的看法，哲学上所谓"真理"，亦名"本体""本原"或"真体"，乃指宇宙本体、人生实理。[41]他认为："通常以析观一切事物而得其公则，无有谬误者，谓之真理。今此真理一词则不可作是解。此云真理乃隐目宇宙本体。程子云实理，佛家以真如名真理，皆同此旨。"[42]由是可知，此种哲学真理与科学真理的主要不同之处，乃在前者为一种存有的项目，而后者则只是一种认识的项目或语文的项目。依照熊十力的看法，这种存有的项目与一般客观世界的存有的项目并不相同，它是不能成为思辨、知解的对象的。因为它若一旦被对象化，它就成为思辨、知解的概念，也就

---

41 同注 1，卷一，页 67 及 102。

42 同注 1，卷二，页 54－55。

变成了一种认识的项目或语文的项目，而不复是哲学的真体了。这种真体只能"由实践而默识"，[43]由"道德实践而证得"，[44]由"反己"而"自明"，而不能以"知见卜度""向外寻求"。[45]因此，它是"超知能的""超越理智的"或"超知识的"。[46]此种真理不能作为思辨、知解的对象而被发现，而其证解则在"真理自身的呈露"，"故无能所可分，故离意想猜度"。[47]

既然这种哲学真理与科学真理绝不相同，似乎便很难说二者有什么关系了。但熊十力却十分地肯定二者有密切的关系。依照他的观点，这二者可以用全（体）与（部）分的关系来说明，也可以用体与用的关系来说明。有关全与分的关系，熊十力解释说：

> 科学尚析观（析观亦云解析），得宇宙之分殊，而一切如量，即名其所得为科学之真理。（于一切法，称实而知，是名如量。）玄学尚证会，得宇宙之浑全，而一切如理，即名其所得为玄学之真理。（于一切法，不取其相，冥证理体，而无虚妄分别，是名如理。）实则就真理本身言，元无所谓科学的与玄学的这般名字。唯依学者穷究之方便故，则学问不限一途，而或得其全，或得其分，由此，假说有科学之真理，与玄学之真理，于义无妨。[48]

---

43 同注 1，卷一，页 67；及卷二，页 97。

44 同注 1，卷一，页 102。

45 同注 1，卷一，页 71。

46 同注 1，卷一，页 82；卷二，页 54－55；及同注 3，卷一，页 44；卷四，页 23－24 及 25。

47 同注 3，卷一，页 44。

48 同注 3，卷二，页 12。

然而，作为浑全的哲学或玄学真理，如何可与作为分殊的科学真理构成关系呢？熊十力在许多地方都强调两种真理"本不为同物"，[49]何以此处又强调只有一种真理而假说有全与分之别而已呢？如果不同只是对思辨的主体与超越的主体为不同，而本质无异，一若康德的现象（appearance）与物自身（thing-in-itself）为同一物之两面，则两种真理便不能被视为"本不为同物"，而所谓全与分之关系仍然是有待说明的。所谓全与分的关系可以被视为类或集的整体与其份子的关系，或当作是类或集的整体与其子类或子集的关系，也可以当作是材质积聚的整体与其成分的关系，或可以被视为有机组织整体与其次组织单元的关系。但是，我们看不出哲学真理与科学真理的关系属于上述任何一种的关系。如果这里没有任何理性的说明，这种全与分的关系无疑便是一种十分奇妙的关系。

昔日唐君毅先生即曾对此两种真理之关系提出质疑，而熊十力为了说明这种关系，乃提出"理一分殊"的说法。他说：

> 学者探索真理，则有由科学之途，析观宇宙，得其分殊，而竟昧其全者，似其所得之真理，犹不免支离破碎，而须要有所汇归或依附。若尔，则赖有玄学，明示宇宙之为浑全的。其所以为浑全的者，乃于分殊相上不执取此分殊相。易言之，即于分殊相而见实相。（实相即实体之异名。）……浑全不是离开一一分殊的，而别为空洞之一境，又不是混合这些分殊的而作成一个总体。却是即此一一分殊的而直见其皆实体之呈显。易言之，即于宇宙万象而不计着为物界，但冥证一极如

---

49 同注3，卷一，页52。

如。(一者,言其无待。极者,言其为理之极至。如如者,常
如其性故。盖于分殊而识其本体,当下即是真常。)其微妙
如此。[50]

依熊十力此一观点,"理一分殊"固可用以说明"即于分殊相而
见实相"之关系,但却不足以说明两种真理之关系。这只是说明
了超越的理体内在于现象世界的分殊相之中,而没有说明对分殊
相加以分解的科学真理如何依附或汇归到哲学真理之上。照熊十
力的说法,玄学固不在分殊相上执取分殊相;但依我们的理解,科
学何尝不是如此的呢? 其实,科学的目标并不是要或不仅仅是要
追索分殊相上之种种差别,而是要探索种种差别背后的普遍法
则。对于分殊相言,科学也不是要去执取其分殊而不及普遍;因
此,科学真理并不是支离破碎的。即使科学真理之全不及哲学真
理之全那么浑全而玄一,但二者似不属分殊与理一之关系。

为了补救"理一分殊"说之不恰当,熊十力又提出"体用"说
来补充说明。他说:

> 总之,体则法尔浑全,用则繁然分殊。科学上所得之真
> 理,未始非大用之灿然者也,即未始非本体之藏也。(用者体
> 之用,故《易》曰藏诸用。藏字义深,如本体是顽空的而没
> 有用,即现象界不能成立,科学亦不可能,焉有所谓科学之
> 真理? 唯体必有用,所以科学有可能。而其所得之真理,方
> 可说是依实体显现故有。所以从本体方面说,此理亦是他所
> 内涵的,故谓之藏。)如此,则玄学上究明体用,而科学上之

---

50 同注3,卷二,页13。

真理，已得所汇归或依附。[51]

依此，科学真理虽得其汇归或依附，但它的地位在熊十力的判教中明显地是被贬抑的。故说："科学真理虽依玄学真理为基地，然不得与玄学真理同为真理。（他的本身，是站在一种设定之上的。）"[52]虽然我们觉得道德与知识是平等的，甚或是颇难比较的，但这并不是问题的关键。问题的关键是：这种"体用"说是否真能成立呢？

依照"体用一源，显微无间"或"工夫所至，即是本体"之古义，或牟先生以良知为体、物自身为用之新义，或熊十力自己的"作用见性"或"作用即是本体之显"之"体用不二"说，[53]我们似乎都不太可能把科学知识或闻见之知当作德性主体或超越主体之用。如果德性主体与科学知识之间的关系是体用的关系，亦即以哲学真理与科学真理之间的关系为体用的关系，则科学这种新外王便是由德性主体直通地开出的，而道德便成为知识成立之既充分又必要的条件。故熊十力强调"此理亦是他所内涵的，故谓之藏"，而"唯体必有用，所以科学有可能"，这正表示"充分条件"的意思；"如本体是顽空的而没有用，即现象界不能

---

51 同注3，卷二，页14。此外，同注1，卷二，页146有云："一切闻见皆是此心之发用。"同注3，卷一，页52有云："修养以立其本，则闻见之知，壹皆德性之发用，而知识自非修养以外之事。"另卷一，页53有云："只须如阳明所谓识得头脑，即由修养以立大本，则如吾前所云，一切知识，皆德性之发用。"及卷一，页55云："将见一切知识，皆是称体起用。"都是把道德本体视为秘密藏，将一切科学知识或真理汇归于其中。

52 同注3，卷二，页19。

53 同注3，卷四，页23。

成立，科学亦不可能"，则正表示"必要条件"的意思。然而，这是明显地违反事实的说法。试想一下，没有这个秘密藏的本体，现象界便不能成立，科学便不可能，也就没有科学真理吗？显然不是。西方人的科学比我们东方人的进步多矣，而熊十力也承认他们的文化背后的精神跟我们的是迥然不同的。西方人没有重视也没有接受我们中国人的德性主体，为什么竟能使科学有极高度的发展和成就？这岂非表示他们有用而无体？或有用而体不显？再想一下，我们中国人很早就重视德性主体，这种信仰在历史上对我们的文化也曾产生过巨大而深远的影响，但为什么中国人的科学一直如此落后呢？当然，我并非要把科学落后的责任推卸在德性主体的身上，而是要指出这是"称体起用"说的一个反例。由是可知，这两种真理的关系是不能用体用来说明的。牟先生后来以"自我坎陷"说说明其间之曲成关系，以取代熊十力的直通关系的说法，正是要避免直通说的困难；但其间须用到"现象与物自身""意志因果"及"实践的必然性"等概念，此中的理论困难也是不太容易解决的。[54]

其次，有关"内容真理"之意义及其表现的问题，牟先生说的最多。他说：

> 形上学，还有道家、佛家、基督教里面的那些话，真的只是满足我们私人的情感吗？你可以说它不是外延真理，但是

---

54 "自我坎陷"说固然是流于漫话式的说明，但更大的理论困难，则在以康德的"物自身"(thing-in-itself) 和"智的直觉"(intellectual intuition) 概念应用到中国哲学上来。有关讨论可参阅本书第四章"物自身、智的直觉与中国哲学：概念移植的问题"。

它不是外延真理并不能就说它不是真理。这些都是内容真理，这种真理我们不能用"概念的诗歌"来打发掉。[55]

儒家、佛家、道家以及西方宗教家所讲的那些话，你如何交待呢？它不是外延真理，可是它也不是诗，它的真实性和诗的真实性还是不同。既然不同，我们就不能只用个概念的诗歌来把它打发掉，这是不行的。它既然有真实性，所以我们在外延真理以外，一定要承认一个内容真理。这种内容真理不是科学知识，它不能外延化，但是它是真理。[56]

牟先生说法的要点是：儒、道、佛三家及基督教所讲的话都有真实性，科学真理不是唯一的真理，上述四家所说的虽不是科学真理这种外延真理，也该是一种真理。牟先生叫作"内容真理"。然而，"内容真理"的意思是什么呢？（其实我们也不确知"外延真理"的意思，不过这里暂置不论。）只说它与外延真理不同是不够的，这还须要说明不同在哪里。

为了说明这不同之处，牟先生乃借用黑格尔（Hegel）的"具体的普遍性"这一概念来分析。他说："外延的普遍性是抽象的普遍性，而内容的普遍性是具体的普遍性。"[57]然而，

什么是具体的普遍呢？这在西方人是很难了解的，但在中国人就很容易了解。比如说孔子之讲仁，仁是个普遍的原则，但是你不能说仁是个抽象的概念。仁是不能和科学、数学、逻辑里面所谓的抽象概念相提并论的。照孔子所说，仁是可

---

55 同注 7，页 23 - 24。

56 同注 7，页 25。

57 同注 7，页 31 - 32。

以在我们眼前真实的生命里头具体呈现的。[58]

比较来说：

> 比如二加二等于四，这是普天下的人都要承认的，这里面没有主观性，没有主体性，也就无所谓弹性。但是具体的普遍性就有弹性，因为它具体，这个具体就是指有弹性说的。这种真理既可以说有普遍性，也可以说它有独特性。这个独特性不是形容事件，因为真理不是事件。……当我们从外延真理进一步说到内容真理的时候，你就要正视这个具体的普遍。[59]

然而，把有待澄清的"内容真理"的包袱转移到"具体的普遍性"的肩膊之上，是否就解决了问题呢？

顺着牟先生的意思，我们固然同意"不能说仁是个抽象的概念"；因为宋明儒的仁是即心即理的本体，不是存于我们心中的概念。但是，我们也可以用类似的理由说柏拉图的理型不是一个抽象的概念，甚至可以说桌子不是一个概念；因为前者是超越的客观存有，后者是经验的客观事物，都不是我们心中的概念。不过，理型和桌子虽不是概念，但并不妨碍我们用概念字"理型"和"桌子"来把它们概念化。如果不把它们概念化，我们又怎么可能论谓它们呢？仁这一本体也是一样，我们若不用"仁"这一概念字把它概念化，当我们每次想讨论仁这一本体时，我们怎么可以确定讨论的对象而进行讨论呢？这是不可能的。其实，《论语》中用过很多"仁"字，难道这不是一个概念字吗？难道它的大多

---

58 同注 7，页 35。

59 同注 7，页 36。

数字例（word tokens）不是用来表示同一对象或内容吗？孔子在《论语》中许多地方都对"仁"字有所解释，虽然没有十全十美的界说，但我们基本上还能掌握到他的意思，了解这一个概念。（例如透过他对事例的举证与概念的联结而获得了解。）当然，许多概念字都不必先有绝对完美的界说才算是概念字，例如"人"字无论解释为"两脚无毛的动物"或"理性的动物"，或任何其他意思，都很难算得上是绝对完美的界说，事实上至今我们还没有找到"人"的理想界说；但这并不妨碍"人"成为一个概念字，并不影响我们把它当作一个概念字来使用。不过也许有人会说："你一旦把仁对象化、概念化，它就不再是仁了！它变成了一个概念。"这话虽然是对的，但却是真而多余（true but trivial）的说法。因为把仁对象化、概念化而成为"仁"，与仁那本体之自身来比较，二者当然是不等同的了。我们在做概念化的工作时，从来也没有想过用"石头"来代替石头，用"爱心"去取代爱心，更不会以"人"去消灭人。以为把仁这主体对象化或概念化就会使它消失掉，不免是杞人忧天！我们不把它对象化或概念化，我们又如何讨论它呢？我们如不讨论它，就连它是什么或不是什么也不可能知道。当然，把讨论的对象概念化只是把它当作讨论的内容，把它视作概括的对象，并不表示把它物化了。对于任何可被理解、可被讨论或可被诠表的对象来说，概念化是使它们可被理解、可被讨论或可被诠表的一个先决条件，仁也并不例外。

如果"仁不是一个抽象的概念"只表示仁不等于"仁"这无关紧要的意思，则说"仁有具体的普遍性"或"仁这真理是具体地普遍的"，也就没有什么特殊的意义。我们也可以把亚里士多德（Aristotle）的理型（idea）或善的理念理解为具体地普遍的，即以此普遍原则是具体地表现或呈现在各个不同的事物或事件之中的。又例如把圆的理念设想为具体地普遍的，因为它具体地呈现于各个圆的特殊事物（如圆桌、圆杯等）之中。如果这样地比较，我看不出为什么仁是具体的普遍而圆的理念却不是！由是可知，用"具体的普遍性"一概念来分判"内容真理"与"外延真理"之不同，似乎并不是太恰当的，因而我们对"内容真理"一词的意义还是未能获得确切的理解。

此外，牟先生也尝试借用罗素（B. Russell）的"命题态度"（propositional attitude）一概念来了解那表现或表达内容真理的内容命题。他说：

> 内容真理就不能客观地被肯断。依罗素以逻辑作标准，若命题是系属于主体，如我相信什么什么（I believe so and so），我想怎样怎么样（I think so and so），这样的命题，是系属于我这个主观的态度，我相信，我想这后面的句子都不能客观化，故为内容真理。如我相信上帝，但你不一定相信。因上帝的存在不能被证明，这就不是外延真理，因其不能客观地被肯断，而是系属于我相信。但我相信，你不一定相信，我今天相信，明天也不一定相信，再如我想发财，我也不一定会发财，故有特殊性。[60]

---

60 牟宗三：《中西哲学之会通》（一），见《鹅湖月刊》第124期，页5；类似说法可参考注7，页25。牟先生虽说"具体的普遍性"一词来自黑格尔，却不一定就是黑格尔的意思和用法。上文指出就牟先生的用法而言，此概念也可用来说明亚里士多德的理型，其根据在牟先生常以天理不离气化事变而言其具体的普遍性。有关证据见本书第四章"物自身、智的直

然而，这种说法似乎并不是罗素的意思。

从罗素开始，一直到许多当代的分析哲学家，我们迄未发现有一位会认为含有命题态度动词的命题或在内涵脉络 (intensional context) 中的命题，与在外延脉络 (extensional context) 中的命题有不同的"真理"概念。罗素虽然有用"内涵的"一词，却未有把它加诸"真理"之上，而变成牟先生的"内容真理"(intensional truth)。对绝大多数当代分析哲学家来说，"真理"概念只有一个，不管是在哪一脉络之中。对奎因 (W. V. Quine) 来说，内涵脉络或间接脉络中的命题和模态命题 (modal proposition)，与外延脉络或直接脉络中的命题之不同，主要在前者中的语词是指涉上不通透的 (referentially opaque)。换言之，这样的命题与其成分命题之间的关系并不是真值函数的 (truth-functional)（即显示原子性原则不适用），而且代换规则 (rule of substitution) 并不是普遍有效的。（即显示外延性原则不适用），譬如说，"必然 P"或"我相信 P"之真值并不能由其成分语句"P"之真值来决定；而且，即使有一语句"Q"与"P"等值（例如"P"和"Q"之唯一不同在"P"含有语词"a"而"Q"含有语词"b"，而"a=b"），由"我相信 P"代换成"我相信 Q"并不能保持真值。这种说法并非以外延脉络中的命题之为真是外延真理，而不承认内涵脉络中的命题有其真值，或即使承认其为真，却以之不属外延真理而为内容真理。"内容真理"是牟先生的用语，罗素等人并

觉与中国哲学：概念移植的问题"第五节 (6) 与 (8)。至于牟先生说"系属主体"，其意思不甚清楚。类似地说，我们也可以贝克莱 (Berkeley) 的观念 (idea) 为"系属于主体"，且为"具体地普遍"的。

没有这样的创作。

牟先生说:"如数学真理不需通过个体生命来表现,只要通过研究者来研究,其他如科学的真理也是一样,这种真理我们以专门名词名之曰外延真理,这是罗素在逻辑上所使用的名词。"[61]然而,我们在罗素的著作中不只找不到"内容真理"一词,也找不到"外延真理"一词。我们可以在他的著作中找到"extensional"和"extensionality"等字,却没有发现罗素把科学真理视为外延真理的观点。罗素是藉含有命题态度动词之语句来说明维特根斯坦(L. Wittgenstein)所提出的原子性原则,和弗雷格(G. Frege)所提出的外延性原则,并不是普遍有效的;他并非主张在外延脉络中有外延真理,而在内涵脉络中没有真理,或即使有也只是内容真理。罗素并没有这些主张。事实上,牟先生说:"如我相信上帝,但你不一定相信。因上帝的存在不能被证明,这就不是外延真理,因其不能客观地被肯断,而是系属于我相信。"这些话是很容易引起误解的。它很容易使我们以为"我相信上帝存在"是一个表现内容真理的命题。其实,当你不相信而我相信上帝存在时,你是不接受"上帝是存在的"一句为真,或根本不承认这是一个有真假可言的命题;但你不必不接受"我相信上帝存在"一句为真,更不会怀疑这是一个有真假可言的命题。牟先生认为:"我想这后面的句子都不能客观化,故为内容真理。"这话不只前提假,结论假,而且论证也是不对确的(invalid)。因为,"我相信二加二等于四"后面的子句无疑是可以客观化的,而全句也不是什么内容真理;再者,这样的前提也推不出这样的结论来。总

61 牟宗三:《中西哲学之会通》(一),见《鹅湖月刊》第124期,页5。

而言之，若照罗素的意思，真理便只有一种，不管是在外延脉络或内涵脉络之中。罗素是要藉命题态度的问题来表示原子性原则和外延性原则并非普遍有效，而没有外延真理和内涵真理之二分。牟先生试图作此二分来说明中国哲学中儒、道、佛三家的命题和真理与科学的命题和真理并不相同，可谓用心良苦矣，可惜此一尝试似乎并不成功。

如果"具体的普遍性"和"命题态度"二说都不足以帮助厘定"内容真理"的意义，则以"内容真理"来阐明中国哲学中的"真理"概念，似乎是徒劳无功的。不过，当代新儒家虽然仍未能清楚地告诉我们中国哲学中的真理是什么，我们仍可从其使用的文脉中略知其用法及含义。例如牟先生说：

> 如果我们了解真理有内容真理与外延真理两种，那么我们就不能赞成逻辑实证论者对语言的二分法。我们要表现真理必须使用语言，逻辑实证论者因为把真理限定成一种，所以他把语言二分，一种是科学语言，除了科学语言以外就是情感语言。……道不是情感，道是理性。……它既然是理性，因此表达这种理性的语言就不是文学语言这种情感语言，可是这也不是科学语言。所以唐君毅先生提议把这种语言叫做启发语言。[62]

依此说法，这好像有一种启发语言可以用来表现或表达内容真理，以与科学语言用来表现或表达外延真理对比。科学语言用来表达或表现一种客观真理，即它可以用来描述及解释客观世界的事实，被我们视为一些真句。然而，启发语言又如何去表达或表

---

[62] 同注7，页28。

现本体真理或内容真理呢？它是否是一些可以用来描述及解释我们内心和宇宙的真实本体的真句呢？显然不是。由此，乃引出"自现说"与"表现说"的冲突问题。

照我的了解，除了若干习惯用法使混淆不经意地产生之外，牟先生的"表现"或"表达"的真正意思其实不是以语言去表现或表达真理，而是以语言去唤醒或引领我们自己本有的真理自我呈现出来。前者我叫"表现说"，后者我叫"自现说"。"自现说"预设真理为一存有实体，而"表现说"则预设真理为一语文项目。牟先生说：

> 这个启发语言，就如《大学》中所说的"大学之道在明明德"，也好像佛家讲无明，从无明变成"明"，它是表示我们生命的 enlightenment，使我们的生命明。[63]

这里，《大学》和佛家的语言分明不是用来表现或表达什么真理，而是用来"使"我们的生命"明"，亦即"使"我们的主体"自我呈现"。这种"自现说"不涉及语言表达的真句性，而是涉及语言使具有真实性的主体自我呈露的唤醒或引领功能。所以牟先生说：

> 良知只有在你不把你自己当成对象，而存在地归到你自己身上来……良知这个明才呈现出来。[64]

> 照孔子所说，仁是可以在我们眼前真实的生命里头具体呈现的。[65]

---

63 同注 7，页 28 − 29。

64 同注 7，页 31。

65 同注 7，页 35。

孝也是仁的表现……这情形本身虽然是特殊的，但是表现出来的是理，是普遍的真理。[66]

依此，这种真理的表现或呈现可以由经典的启发语言引发出来，而与一般以语言表现或表达真理的意思并不一样。如是，所谓启发语言也许很有唤醒、导引或指点的功能，这是语言的一种非认知的 illocutionary force 或 perlocutionary force（我想主要是后者），却毫无疑问地与一般语言的 representative function 并不一样。这种语言功能的价值虽不比认知功能的低；不过，我们必须注意的是：为了启发我们悟道或自发、自现其主体之明，我们不必一定要用语文行为（verbal behaviours）去完成这唤醒的工作，我们也可以使用非语文行为（non-verbal behaviours）去达至同样的目的。例如禅家的当头棒喝、烧庵斩猫等。

五、言说的问题

当代新儒家有关言说的问题基本上有两个观点：一是认为中国哲学的终极真理或核心义蕴不仅是超知识的（不是知识的对象），而且是超言说的（不是言说所能诠表的）；另一是认为即使是要使用语言来表现这种真理，也只能用一种诡谲的、辩证的或非分别的言说方式，以启发或引领我们到达智慧之境。这两个观点是否正确呢？

首先，让我们来看看第一个观点。依照这个观点，中国哲学的真理是不可言说的。但其理据何在呢？我想有以下几项。第一

---

66 同注 7，页 36。

项理由是"圣贤所穷者极其大,所造者极其微,其深远之蕴,何可于文言中表达得出"。[67]这个理由如果是指学问本身是一个无穷探索的领域,则这对科学而言,也可得到此一结论。而这种以有涯随无涯而形成的书不尽言及言不尽意的情况,似乎并不是中国哲学所专有的,乃是普天之下所有学问都有的问题。因此,这并不是一个相干而具有意义的理由。第二项理由是"所谓行为界及超言说界之修养之学之自身,此乃一切可讲之哲学,所不能及,而为一切可讲之哲学之外限"。[68]这个理由是以修养之学之自身(唐先生称之为"最大的哲学")超出可讲之哲学之外限,为言说所不能及。换言之,这是以中国哲学这种修养之学本身为实践而非论说,以中国哲学的终极或核心部分为中国工夫,而做工夫自不能也不应为论说所取代。如是,则"不可言说"与"不可以言说代替实践"便无分别,而这种说法即使是真的,也只能是多余的。因为,对任何实践的活动而言(例如学脚踏车或学游泳),这种"不可以言说代替实践"的说法也是成立的。所以这种"不可言说"的说法并无多大的意义。

其实,上述的第一项理由是"说不完",而第二项理由则是"说不等于做"。这两项理由即使成立,却是无关宏旨的,无关痛痒的,亦即并非有关键意义的说法。当代新儒家乃提出第三项理由,即有关言说的限制及阻碍之问题。例如唐先生说:"名言之运用,可障碍智慧之表现,并造成思想之混乱,并非由于名言之

---

67 同注 1,卷二,页 110-111。

68 唐君毅:《哲学概论》,香港:孟氏教育基金会,1961,下册,页1219。

自身之有何魔力，而唯由于名言之能规定限制吾人之思想之方向。思想向一方向进行时，其他方向即如隐而不见。"[69]此即认为道是浑全、整一，而言语之表出一定有所肯、否，有所涉及；其肯定或否定某一方面，即不能顾及另一方面；其涉及某一领域，即不能兼顾全部领域。毫无疑问的，当我们用言语肯定"A"时，即限制及妨碍我们同时去肯定"非A"，否则就会产生相互的矛盾。然而，一致性是我们理性的最低限度的要求，是任何理性语言所不可违反的。如果"道是全、是一"意即道包含着矛盾的内容，理性的言语当然是不能表述它的。但是，我们愿意接受"道是一个矛盾的大浑沌"这样的一个结果吗？如果我们不愿意付出这么大的代价来换取"不可言说"的说法，"不可言说"的这个理由便是不能成立的。

当代新儒家主张"不可言说"或"不可言诠"的第四个理由，也是有关言说的限制及阻碍的问题；但第三个理由是有关言说方向或范围上的限制，此则涉及言说的本质及功能上的问题。依照熊十力的说法，"本体"是"非想所及，非言可表"的，因为"如作物想，即是倒妄，即成戏论"。[70]"言说所以表诠物事，而道不可说是一件物事。使道而可言说，则必非常道矣。"[71]"语言是实际生活的工具，是表示死物的符号。这道理是迥超实际生活

---

69 唐君毅：《道德自我之建立》，香港：人生出版社，1963，附编，页85。如果"限制"是指思想方向之片面性，则只要人有足够的聪明才智，便可克服所谓"隐而不见"之现象。下文把"限制"理解为一致性的规限，才能说明"隐而不见"为一必然现象。

70 同注3，卷一，页18。

71 同注3，卷二，页25。

的，是体物不遗，而毕竟非物的，如何可以语言来说得似？虽复善说，总不免把他说成呆板的物事了。"[72]牟先生则认为：

> 这个良知所表示的这个主体永远不能客体化，不能对象化。你如果把它客体化当个对象来看，那你是看不到良知的。[73]

> 般若是我们真实生命中的智慧，它必须从主体方面，通过存在的实感而被呈现或被展示，这是不能用语言或概念加以分析的。假若告诉我们什么是般若，那么般若只是一个概念，而顺着这个概念，我们很容易的就会执着这个概念，而想入非非。一旦落入执着、妄想，般若智慧就永远无法展现。[74]

上述种种说法不外是说：言说只能表诠物事、死物、概念或客体对象，而道、主体、良知或般若不是这些呆板的东西；因此，言语不能表诠之。这个论证无疑是对确的（valid），但却不是真确的（sound），即它的前提和结论并不是真的。因为，言说除了可用以表诠物事、死物、概念或客体对象之外，也可用来论说非物事或非概念的东西，例如心灵状态、精神活动或价值取向等内容。所以我们即使勉强承认第二个前提为真，这个论证的第一个前提无疑是假的。这个论证的结论之所以为假，原因是这句话所表示的和当代新儒家许多话所表示的并不一致。例如宋明儒说"心即理""性即理""道即器"或"道非物"等，当代新儒家说"仁是具体的普遍""般若是非分别智""良知是本有之知"或"良

---

72 同注 3，卷四，页 5。

73 同注 7，页 31。

74 同注 7，页 356。另一种说法是："当你用语言说它时，它已不是它自身。"这种说法是自我否定的，或没有把问题形构清楚，因为既不是它自身，何来"用语言说它"？

知是智的直觉"等，难道这些话不是在论说或表诠那真实的本体或主体吗？这和"言语不能表诠之"一语不是不一致的吗？

　　总结上述四项理由来说，可知第一、二项理由虽可成立，却是无关宏旨的；第三、四项则根本不能成立。然而，当代新儒家或他们的后继者也许会说：将来我们可以提出其他更多更好的理由来，如是，则"不可言说"或"不可言诠"的说法便未必是错误的。不过我们要在这里指出：这一"美丽的新世界"是永远不能实现的，因为"不可言说"或"不可言诠"的说法是自我否定的（self-refuting）！即是说，当我们断定"道是不可言说的"（这里用"A"来表示此语句）为一真句时，我们会推论出它不是一真句，即推出它的否定句来。此一论证可陈示如下：

　　(1)"A"是真的。（假设）

　　(2)"A"是真的若且唯若 A。（去除括号原则）

　　(3) A。(1，2 [取单条件]；MP)

　　(4) 如果 A，则道是不可用任何谓词来形容它的。（"A"的解说）

　　(5) 道是不可用任何谓词来形容它的。(3，4；MP)

　　(6) 道是不可用"不可言说"来形容它的。(5 的个例)

　　(7) 如果道是不可用"不可言说"来形容它的，则"A"不是真的。(6 的解说)

　　(8)"A"不是真的。(6，7；MP)

　　我们知道，这个论证是对确的，而结论（8）主要是以（1）（2）（4）及（7）四个前提推出来的。由于（4）和（7）都是语言的真理（linguistic truth），而（2）乃是塔尔斯基（A. Tarski）有关"真理"概念的约定（T）(convention [T]) 之个例，可知（8）主要是靠（1）推出来的。换言之，由"'道是不可言说的'是真的"一前提，可以推论出"'道是不可言说的'不是真的"一结论，这显然是自我否定的。至此，我们可以断定：如果"不可言说"或"不可言诠"的说法是自我否定的，则当代新儒家及其后继者即使将来找到他们认为更好的理据以支持是说，也是注定失败的！不过，也许仍会有人像有责任感的医生一样，为垂死的病人做最后的努力说：这"自我否定"的说法非常好！正因为这"自我否定"，不是恰好地说明"道是不可言说的"吗？但是，这位医生不过是一位只知自己有仁心，而不知自己无仁术的医生！因为他只知道由自我否定构成的矛盾前提可以得出"道是不可言说的"之结论，而不知它也可以得出"道是可言说的"一结论。换言之，他仍然不明白"矛盾句可推出任何语句"此一逻辑真理！

以上我们已分析过当代新儒家有关言说问题的第一个观点，即"不可言说"的问题。以下，我们即讨论他们的第二个观点，即有关辩证的诡辞或非分别说的问题。这种观点主要是由牟先生提出来的，他说：

譬如般若经说"般若非般若，是之谓般若"，这是诡辞（paradox）。但是若真存在地体现般若或实相般若，就必然用这类诡辞以暗示之。这在佛教名曰遮诠语。遮诠语不是对一肯定而作否定，因而成一否定的陈述。这里没有肯定否定的矛盾，亦没有客观地指说什么或抹去什么。它毕竟没有说任何客观的事。它只主观地消融了一切粘滞，而结果是主观地一无所有，是生命的绝对洒脱或解脱。这就是真般若。这里没有矛盾或不矛盾，这即是超越了逻辑层。当然我的辩说过程仍须是逻辑的，我的逻辑的辩说中辩说到某分际而须出现吊诡语，这吊诡语我们须名之曰"辩证的诡辞"，而不名之曰"逻辑的陈述"，这也是逻辑陈述层次以外的。[75]

而"逻辑的诡辞"是指一种语句，无论肯定或否定它，都会推导出一个矛盾语句来。既然牟先生这种"辩证的诡辞"没有肯定否定的矛盾，当然就与"逻辑的诡辞"不同。但是，它为什么仍被称为"诡辞"呢？

牟先生认为："诡辞意即奇怪、诡异的意思。……道家的诡辞不属于 logical paradox，乃属于 dialectical paradox。"所谓"辩证的诡辞，用老子的话，就是正言若反"。[76] "'正言若反'所示的辩证的诡辞，正因为它不给我们知识，它把我们引到智慧之境。"[77]因此，依照牟先生的意思，辩证的诡辞之被称作"诡辞"是由于那是奇怪、诡异的，而且有辩证的意思，故冠上"辩证"二字于其上。用道家的说法，就是"正言若反"。例如《书经》上说的"无有作好""无有作恶"，便被牟先生视为正言若反的诡辞。因为：

> 说好、恶，这是正言，无有作好、无有作恶，这不是对好恶那个正言的一个反吗？这个反正好可以把好、恶真实而自然地显示出来。这个好恶就是老子所说的正言，而这个正言是从作用上透露，不是从分析上肯定。从反面上透露这个正言，这不是诡辞吗？[78]

75 牟宗三:《中西哲学之会通》(十四)，见《鹅湖月刊》第 139 期，页 5。
76 同注 7，页 142。
77 同注 7，页 143。
78 同注 7，页 141。

然而，以反面的话作用地显示正言，亦即以之来暗示正言，这也许可以"主观地消融粘滞"，"引领我们到智慧之境"，甚至也可以说是"没有矛盾或不矛盾"，但却很难说是"主观地一无所有"，更不能说是"超越了逻辑层"。为什么呢？

主要的原因是：如果诡辞不是命题，不是陈述，[79]它便不是具有认知功能的语言，而是具有其他功能的语言。如是，它当然没有所谓"矛盾不矛盾"的问题；但却不能说它"超越逻辑"，只能说它"与逻辑不相干"。正如一句抒发情意的诗无所谓真、假，当然无所谓矛盾不矛盾；但却不能把它视为超越逻辑。任何语言如果具有认知的功能和意义，都必须遵守逻辑的规律。如果有任何语言，其功能和意义是非认知的，那就没有遵守或不遵守逻辑规律的问题，因为那是与逻辑不相干的。如果"超越"的意思等于"不相干"，则任何两样不相干的东西都可说是"超越"对方。"超越"当然不是取这个无关宏旨的意思。然而，不管"超越"取什么实质的意思，诡辞似乎并不能超越逻辑与思辨。例如牟先生在分析"无有作好""无有作恶"之时，他说明了这些诡辞都是可理解的，换言之，都是可被认知的。他指出这种反面说话是要来暗示"好""恶"的正言，亦即以反话来暗示"不要有造作的好"，"不要有造作的恶"。[80]经牟先生这样的解说，我们都能充分地明白这种正言若反的诡辞的意义和功能，实在不必借用"辩证""诡谲"或"玄同"等字眼来把这种言说方式神秘化，我们委实看不出其中有什么"奇怪""诡异"的奥秘。又如牟先生分析"不生

---

79 同注 7，页 240。

80 同注 7，页 138－139；类似的说法见页 141 及 144。

之生"这种诡辞时说：

> 何谓不生之生？这是消极地表示生的作用，王弼的注非
> 常好，很能把握其意义。在道家生之活动的实说是物自己生
> 自己长。为什么还说"道生之德畜之"呢？为什么又说是消
> 极的意义呢？这里有个智慧，有个曲折。王弼注曰"不禁其
> 性，不塞其源"，如此它自己自然会生长。"不禁其性"，禁是
> 禁制，不顺着它的本性，反而禁制歪曲戕贼它的本性，它就
> 不能生长。"不塞其源"就是不要把它的源头塞死，开源畅
> 流，它自会流的。这是很大的无的工夫，能如此就等于生它
> 了，事实上是它自己生，这就是不生之生，就是消极的意义。[81]

牟先生在这里把"不生之生"分析为"不禁其性，不塞其源"，而
"消极地表示生的作用"，这都是分解的说法。透过这种分解的说
法，我们都能充分地了解，所谓"不生之生"并不是自相矛盾的
语句；因为其中第一个"生"字表示积极的意义，第二个"生"字
表示消极的意义。"不生之生"意即不是一般鸡生蛋的生，而是
"不禁其性，不塞其源"而使之有生存空间的那种"生"。"鸡生
蛋"的"生"是积极意义的"生"；"不禁""不塞"而使其顺性
畅流的"生"是消极意义的"生"。故此，"不生之生"即表示"不
积极地生而是消极地生"。此语不但不自相矛盾，而且十分符合
逻辑规律，甚有认知意义，又焉能谓之"超越逻辑"呢？而且这
种说法是很有洞见，很有智慧的一种主张，无论主观地说或客观
地说，又焉能说是"一无所有"呢？由此可见，诡辞既可被分析
成非诡辩，诡辞便不过是一种修辞上的需要，而并不是表达本体

---

81 同注 7，页 106－107；类似的说法见页 145。

道理或义蕴的一种不可或缺的言语方式。

经过上述的分析之后，可见诡辞是可被分解的，而且是具有认知意义的。不过，我们得承认，诡辞的主要意义和功能不在认知，而在启发、指点或引领我们造道证真。诡辞本质上并不是一种奇怪、诡异、诡谲或辩证的表达方式，因为经过我们后设的分析之后，它除了具有认知的意义和功能之外，更主要地显示其唤醒、启发或引导的功能。这种语言的功能也许可以启发我们采取无执、无为(或四毋)的态度，并引领我们透过实践以达道至真，但它却并不能用来表达或表现任何真理。其实，具有这种引领功能的语文活动是可被视为修养工夫的一部分的，而不是用来表现或表达什么。例如牟先生说：

> 当我们视辩证为一种曲线式的呈现，而不是视为可以用辩解的思考去了解的一个对象时，那么在我们了解辩证时所用的一切概念、解说，统统化掉了。此即是辩证的非分别说，这就好比禅宗所表示的方式一样。[82]

> 用非分别的方式把道理、意境呈现出来，即表示这些道理、意境，不是用概念或分析可以讲的，用概念或分析讲，只是一个线索，一个引路。照道理或意境本身如实地看，它就是一种呈现，一种展示；而庄子在某一层面所表现的思想正是如此。譬如庄子讲天籁时，用的就是非分别说，他并未正面地告诉我们什么是天籁，他只是暗示。[83]

> 般若本来是一种呈现，是无法用概念来说明的，所以佛

---

82 同注 7，页 336。
83 同注 7，页 347。

用非分别的方式，将般若智慧呈现出来，此与庄子所用的方式差不多。这种表示法，即是辩证的诡辞；而此种诡辞即指示我们般若是我们真实生命中的智慧，它必须从主体方面，通过存在的实感而被呈现或被展示，这是不能用语言或概念加以分析的。因为，假若告诉我们什么是般若，那么般若只是一个概念，而顺着这个概念，我们很容易的就会执着这个概念，而想入非非。一旦落入执着、妄想，般若智慧就永远无法展现。[84]

这些话无疑都很有洞见；但是，非分别说的诡辞是否具有表达或表现真理的功能呢？

从这些话中，我们可以知道，佛之般若或儒、道二家的道理或意境本身是一种呈现，不是一个概念；因此，我们不能用语言、概念去分析它，否则它就不能自我呈现或展示出来。依照牟先生的说法，我们只能用非分别说的诡辞来遮拨、扫除执障，从而引领我们使主体在存在的实感中自发其明，亦即自我呈露出来。牟先生这些话都很有洞见，但却不必把诡辞视为一种"表现""表达"或"暗示"真理的言说方式。因为，这作为主体的真理是自我呈现的、展示的，而不是任何语言（包括诡辞）所能表达的、表现的或暗示的。暗示或隐喻是相对于明示或直喻而言，凡不能明示的亦不能暗示。而牟先生上述在"主体……被呈现或被展

---

84 同注 7，页 356。这段话正好是对"般若非般若，斯之谓般若"这一诡辞的一种非诡辞的解说。这不过表示：般若是一种呈现，不可当作"般若"概念来执着，才可称之为真般若。因此，所谓诡辞只是一种修辞方式，并非不可缺少的。

示"中用一"被"字,及在"将般若智慧呈现出来"中用一"将"字,很
容易使人误会主体是"被"什么呈现出来,或由什么"将"它展
示出来。因此,主体虽不可被明示出来,但也不能被暗示出来;它
既是自我呈露,也就不能由任何言说将它展现出来。其实,我们
在上一节讨论真理的问题时,已指出"自现说"与"表现说"是
不相容的。牟先生这里无疑是徘徊在二说之间。例如他说:"在
判教时,圆教是最高的境界。但是我们将第一序和第二序分开:前
者表达法的内容和系统,以分别说表示;后者表达圆教,以非分
别说来表示。"[85]这好像认为非分别说也是可以用来表达或表示
圆教的真理,而不仅是真理的自我呈现或展示。这里显然会引起
误解。圆教的真理或主体自我呈露,哪里需要非分别说来将它表
达或表示出来!正如牟先生所说的,非分别说的诡辩"好比是禅
宗所表示的方式一样";它的功能主要是遮拨、扫除一切执障,因
而亦可被视作引领工夫的一部分。依照禅宗的方式(似不宜用"表
示"二字),它可以是用问答或公案式的话头来帮助求道者破除
执障,也可以用棒喝交驰或烧庵斩猫的动作来帮助他们扫除执
着。换言之,为了消除语言戏论、概念妄想以及其他一切执障,而
使人能自发其主体本有之灵明,便要如实地做实践的工夫。此
时,禅宗可以用语文的行为或非语文的行为以完成此引领、启发
或唤醒的功能。禅宗话头如"麻三斤"或当头的一棒虽与"如何
成佛"的问题并无意义的关联,它亦不取其表面的表述意义或象
征功能,但它在此一看似荒谬的对答中,实有一种阻截我们继续
作概念性的思考,并转而引发我们自己着实地做工夫的作用。因

---

85 同注 7,页 369。

此，它虽然没有表述或断言的 illocutionary force，却无疑具有一种警策或发起人心的 perlocutionary force。

如果上述的分析没有错误，则我们可以得到以下的结论：非分别说的诡辞只是一种修辞的方式，不是一种必不可少的表达或表示主体真理的言说方式。这一种语文行为也可以和其他非语文行为一样，具有同一种警策或引发的功能。就其可以用非诡辞来解释它而言，这种言说归根结底并不是超越逻辑的；就其非认知功能而作的 speech act theory 的分析而言，它也不是超越分解的。

六、圆教的问题

内圣外王乃是儒家一直以来的理想，而一心开二门、圆善及圆教乃是当代新儒家所最关切的课题。牟先生对这些问题都有极深刻的见解；但仍有一些概念上的问题需要厘清，有一些理论上的困难有待解决。

有关内圣外王的问题，熊十力主张直通，而牟先生主张曲成。这种曲成乃是辩证的曲成，即在一心开二门的格局下，自由无限心（良知、智心或般若）自我坎陷而建立认知主体，并由此认知主体的架构表现而开出科学与民主这些新外王来。这种由无执转出有执的辩证的开显不是偶然的，不是可有可无的，而是"无而能有"的（由于这是在"知体明觉这个'天钧'上圆融无碍地转"，故可"无而能有"，亦可复归于"有而能无"[86]），其间且

---

86 牟宗三：《现象与物自身》，台北：学生书局，1975，页 177－178，及 27。

有一种辩证的必然性[87]或实践的必然性[88]。所以牟先生认为:"大悲心是作为科学知识的超越根据。""科学知识是由般若智的辩证发展而成,是菩萨道所需要的。"[89]这种辩证的曲成或开出理论无疑是非常深刻而极富启发意义的,但却有不少概念上的问题有待厘清。譬如说,"辩证的必然性"或"实践的必然性"是什么意思呢?牟先生说它不等于"逻辑的必然性",亦即不是"分析的必然性";所以牟先生在分析"内圣必然涵蕴外王"时,便说这种必然是综和而非分析的。[90]而牟先生在说到"道德地必然"或"实践地必然"时,他是把它等同于康德的"道德地必要"或"实践地必需"的意思。[91]康德说"道德地必要",意为一种"主观的需要、信仰";[92]因此,严格言之,牟先生的用语若严守康德的用法,在此一脉络之下的"necessity"一词似不应译作"必然性",而须译作"必需性"。如是,牟先生所谓"辩证的必然性"不过是表示一种非分析的、非直通的必需性;而"实践的必然性"亦不过是表示一种实践上主观的需要、信仰而已。依照这样的了解,内圣就不必然保证外王,外王也不过是内圣在实践上的主观需要或祈盼而已。此一结果虽然不免令我们对道德或无限自由心之效力大感失望,但却无损于它在道德或心性领域中如实的价值和地位,而且这样较弱的"开出理论"(其实是"希出理论")与

---

87 同注 7,页 278 – 279。

88 同注 26,页 31 及 140。

89 同注 7,页 278 – 279。

90 同注 26,页 167 – 168。

91 同注 26,页 229。

92 同注 26,页 236 – 238,244 及 265。

客观事实是相容的。事实上，西方明显地有这种新外王而没有我们东方的内圣，可见内圣之圆满发展在主观上是需要外王的，但却不是必然保证有外王的。

有关圆善及圆教的问题，牟先生晚年作《圆善论》，实在有一番苦心，希望能圆满地解决此一哲学的终极问题。所谓"圆善"，乃指德福一致的终极圆满的理想。为了实现此一理想，亦即成就圆善，必须有圆教以证成之。至于"圆教"的意思，牟先生说：

> 逻辑、数学、几何中的法是形式法，物理、化学等中的法是材质法。关于这两类法的知识系统都非是教，唯独那"能开启人之理性使人运用其理性通过各种形态的实践以纯洁化其生命而达至最高理想之境"者，始可说为教。……"依理性通过实践以纯洁化一己之生命"，这是教中的一主要部分。这一部分，笼统地言之，就是成德的一部分……在成德以外而有独立意义的"改善存在"之期望即是"幸福"之期望。这是教中的第二部分。这一部分必涉及"存在"。因此，期望"德福一致"便是教之极致，即"自然存在与德间之相应和谐一"是教之极致。……德福一致是圆善，圆教成就圆善。就哲学言，其系统至此为止。[93]

依照牟先生的这种分解，圆教的第一部分是有关如何使自由无限的主体自然呈露的问题，亦即（广义的）成德的问题，而第二部分乃是有关幸福的期望的问题，而哲学的极诣则在综合此两部分而求德福一致的圆善。能成就圆善，圆教亦已完成矣。

---

93 同注 26，页 269－271。

有关成德部分的问题，各种圆教的说法不尽相同，各有见地，而当代新儒家亦言之详矣，此处可暂置不论。但有关德福一致的圆善问题，则甚值得我们进一步的讨论。牟先生承康德之说，指出"幸福必从现实世界肯定"或"幸福必须寄托于现实世界与 physical body"之上。[94]因此，福是要受现实、外在的条件限制的，此即命之问题。比较来说，成德是一己之事，所谓"为仁由己，而由人乎哉"！可说是"操之在我"的。但幸福之获取并不是纯粹自我所能主宰之事，而往往会遭受到客观、外在因素所左右。面对此一义、命分立的困境，如何使德福一致以达至圆善的终极理想呢？西方许多哲学家，包括康德在内，都曾作过努力的尝试，但都并不成功。而牟先生则别出心裁，巧妙地提出另一与西方思路迥然不同的解决办法。他说：

> 圆教所成的德福一致是必然的，此"必然"是诡谲的必然，非分析的必然。此诡谲的必然亦可以说是德福同体，依而复即，德当体即是福，福当体即是德；但此两"即"是诡谲的即，非分析的即。[95]

这简直是一个对圆说的圆说，对圆唱的圆唱！

在圆唱曲终之后，我们要问：什么是"诡谲的必然"呢？这固然不是"逻辑的必然"或"分析的必然"，但这是不是"辩证的必然"或"实践的必然"呢？似乎也不是。因为"辩证的必然"或"实践的必然"虽不是分析的，却是综合的；[96]而牟先生认为德

---

94 同注 7，页 329。

95 同注 26，页 279。

96 参阅注 90 论"内圣必然函蕴外王"之"综合"说。

与福之相"'即'是诡谲的'相即'，非分析关系，亦非综和关系"。[97]
而且在圆教之下的"色心不二"，其中"色心之诡谲的相即既非
分解的综和，亦非分解的分析"。[98]，可见"诡谲的必然"也不
是"辩证的必然"或"实践的必然"。如果与这两种"必然"都
不一样，那"诡谲的必然"意指什么呢？似乎问题的关键在于牟
先生所强调的体同、体异的问题。牟先生批评性起系统只是"分
解地说'断烦恼，证菩提'，或'迷即烦恼，悟即菩提'，或'本
无烦恼，元是菩提'，这皆非圆说"。[99]圆说是"烦恼即菩提"，"生
死即涅槃"。因此，天台性具说之"同〔事〕体依而复即"是圆
说，胡五峰之"天理人欲同体而异用，同行而异情"是圆说，都
表示诡谲的相即。[100]依我的初步了解，所谓"诡谲的相即"似
乎是表示不能离开同一事体去理解迷、悟之间的转化或升降的关
系。这里主要的问题是：牟先生如何用"诡谲的相即"和"诡谲
的必然"来说明德福之间的关系呢？

牟先生很巧妙地说：

> 德福之诡谲的相即（德福同体）是依圆圣言。一切圆圣
> 皆是"天之戮民"，然其所受之桎梏之戮（天刑）即是其福之
> 所在，同时亦是其德之所在。盖桎梏天刑即是其一切存在状
> 态之迹，即迹而冥之，迹即是其德之所在；迹随本转，则迹
> 亦是其福之所在。故德即福，福即德。[101]

---

97 同注 26，页 304－305。

98 同注 26，页 272。

99 同注 26，页 273。

100 同注 26，页 274－275。

101 同注 26，页 304－305。

并谓"天刑即是福"。[102]此说巧妙则巧妙矣，但问题是：此说即使成立，那"福"便不是一般意义的"福"，亦即不受任何现实、外在条件限制的特殊意义（甚至是僻义）之"福"。无怪乎牟先生称此为"命之超化"矣！[103]依照此义，无论你在任何或有现实一般之福或无现实一般之福的情况下，只要你能达至圆圣之境，就是既有德，又有此特殊之福了。这样的特殊之福，我们叫它"非人间之福"或"非现象之福"，或可径称之为"本体之福"吧！然而，把"福"的意义改变了，是否就可以解决德福一致的问题呢？牟先生的巧妙说法即使成立，我看也是只能解决"德与本体之福的一致"之问题，而并不是解决了"德与一般之福或人间之福的一致"之问题。

不过，我认为就前一问题而论，这也不一定得到解决，其间实有一极大的理论困难。例如牟先生说：

> 在神感神应中（神感神应是无执的存有论中之感应，非认知的感性中之有执着的被动的感应），心意知物浑是一事。吾人之依心意知之自律天理而行即是德，而明觉之感应为物，物随心转，亦在天理中呈现，故物边顺心即是福。此亦可说德与福浑是一事。[104]

牟先生以"明觉之感应为物"之"物"为"物自身义之物"，而"意之所在为物"之"物"为"现象义之物"；[105]今以"物随心

---

102 同注 26，页 326。

103 同注 26，页 304 及 326。

104 同注 26，页 325。

105 同注 26，页 319。

转"，"物边顺心即是福"，或"存在随心转即是福"，[106]岂非是以物处于物自身状态为福？所以牟先生说：

> 圆圣依无限智心之自律天理而行即是德，此为目的王国；无限智心于神感神应中润物、生物，使物之存在随心转，此即是福，此为自然王国（此自然是物自身层之自然，非现象层之自然……）。两王国"同体相即"即为圆善。[107]

至此，我们可以确定地说，上述我们称这种福做"本体之福"是不错的，这委实是一种不吃人间烟火之福！如果此说成立，则"生死即涅槃"之"生死"也该是"物自身层之生死"，"烦恼即菩提"之"烦恼"也该是"物自身层之烦恼"，而"天理人欲同体而异用，同行而异情"之"人欲"也当该是"本体意义之欲"矣！这显然是不对的。"生死即涅槃"是说不离生死所在之事体而转化出涅槃，"烦恼即菩提"是说不离烦恼所在之事体而转化出菩提，而"人欲即天理"亦不过是说不离人欲所在之事体而显示出天理（"无明即法性"与"和光同尘"等亦可作如是解）。因此，生死、烦恼及人欲等始终是经验界的事象，而不是本体界的物自身。只有那转化了的事体随无限智心同时朗现，才是物自身。对福而言，它所在之事体随心之升降浮沉而有现象与物自身之分；但"福"只是用来形容现象界之事体所处之某种状态，或对人而言所产生的某种心理状态。它是指人于现象界中的一种处境，而非人或事体本身，自然就没有物自身之身份的问题了。

牟先生曾批评康德的意志因果说或特种因果说，他认为康德

---

106 同注 26，页 326。

107 同注 26，页 333。

把属于智思界的自由意志与属于感触界现象的行动之间的关系
当作是一种特种（非物理）的因果关系，显然是忽略了行动本身
不一定属于现象，也可以有物自身的身份。[108]牟先生认为意志
因果之因与果皆属智思界或本体界，如果用儒家的用语，就是体
用的关系了。[109]据此，牟先生把无限智心与其智的直觉
（intellectual intuition）所及之物自身一体朗现视为体用不二之关
系，亦即是特种因果的关系。换言之，意志因果的原因是本心，结
果是物自身身份的行动（例如德化了的行动——孝行）；本心是
体，那物自身身份的行动是用。[110]依此，把体用关系或意志因
果关系的说法应用到圆善的问题上来，[111]上述牟先生所谓"德
福一致"之"福"或"目的王国与自然王国同体相即"之"自然
王国"，便只能取其物自身之意义来理解。然而，在另一方面，牟
先生是一直强调无限智心与德化了的行为或价值化了的行为或
天理所贯注中的行为之关系为体用不二、智如不二或色心不
二，对儒家言，即以道德行为为物自身，为天理良知所感应者。如
是，这岂非对同一事体而言有两个物自身或两种意义的物自
身？一个是德化了的行为，一个是福化了的行为。未德化、未福
化之前的物理行为是现象，德化此物理行为固是物自身，福化此
同一物理行为也是物自身。这样一来，"同体相即"岂非变成是

---

108 同注 7，页 300－301。

109 同注 38，第一册，页 161，172，464 及 571。

110 有关例证，参阅第四章"物自身、智的直觉与中国哲学：概念移植
的问题"。

111 同注 26，页 209。

二物自身即于同一现象之上？[112]

至此，我们可以说，即使我们承认"天刑即是福"，接受了此种不近人情及不吃人间烟火的幸福观，也难以用体用不二或意志因果的说法来妥善地给福安排一个座位！如果它坐了物自身的位置，德该坐在哪里呢？也许有人会说："德即是福，福即是德，它们同体嘛！所以它们同坐在一起，为同一的物自身。"此说显然是不能成立的。因为，这样便是同体而同用，而不是同体而异用了；便是同行而同情，而不是同行而异情了。也就是说，它们唯一不同之处只是：一个叫作"阿德"，一个叫作"阿福"，除此之外，它们二者并无任何本质上的差别矣！

---

112 若"德"指"道德心"或"天理"，则"德福一致"便是体用不二的关系，道德心便是创造物自身意义的本体福或本体福化了的事物，而不创造道德行为。若"德"指"道德行为"，则"德福一致"便是指对同一物理行为的两个物自身之关系的问题。牟先生在《现象与物自身》之中没有"福"的问题，他只是把物理行为视为"意之所在为物"之物，把道德行为之实事、实德视为"明觉之感应为物"之物。显然牟先生是以智的直觉所及之道德行为为物自身身份。牟先生后来的《圆善论》加进了"福"的问题，且以福或福化了的行为具物自身身份。因此，把牟先生前后二书的观点合并起来，便出现了对于同一现象有两个物自身之问题：即德化的行为或实德，与福化的行为或本体福。牟先生以道德行为或实事、实德为物自身身份之观点，见注86，页444-447。

七、结论

庄子有云:"圣人怀之,众人辩之以相示也。"牟先生写《心体与性体》一大著时,亦谓自己亦只"辩示而已"!牟先生乃当代最重要的中国哲学家之一,其卓越的成就主要还是在于他在著作中所辩以相示的思想,而这些思想主要仍是理论思辨的成果,并非是不可言说的,也不是以非分别说的诡辞来建构成的。因此,我们实在应该反省一下:思辨、分解、分析或知解的方法在中国哲学上的重要性,是否需要有重新客观而公平的估量?

上文对当代新儒家的"哲学"概念之分析,引出了四项相关的问题,即实践、真理、言说及圆教的问题。透过这些问题,作者提出了一些有待澄清的概念和一些有待解决的问题来讨论,从而指向使中国哲学消解神化的一个方向。作者相信:要中国哲学继续向前发展,消解神化是一项至为重要的工作。

第二章
当代新儒家的"主体"概念

一、前言

　　一般而言，当代新儒家为建立其学说体系，都会以某种"主体""心灵"或"自我"的概念作为基础。他们往往会把这一系列的概念至少分为两种：一种是在经验层面的，如所谓"经验主体""感性自我"或"形下心灵"等；另一种是在超越层面的，如所谓"超越主体""绝对自我"或"形上心灵"等。前一种指涉在时间系列中经验地发生的心灵活动所系属的主体，是形而下的、现象界的元目（entity）；后一种则指谓那既超越又内在于个人的无限心体，是形而上的、本体界的元目。他们倾向于主张：经验主体是缘起的、无常的、生灭的、他律的，因而也是虚假的，不足以作为个人的真实本质，更不足以作为安身立命之所依。相反的，超越主体则是绝对的、恒常的、无限的、自律的，因而也是真实的，不仅可以作为个人的内在真性、道德的潜在动力，甚或可以作为天地万物背后或其中的精神实体、宇宙创生的根基。

　　当代新儒家继承宋明儒学的"心性—天道论"，以心、性、天为一贯。他们认为由此心出发，可以体悟天地万物之一体性，以及达至天人合一的境界。由此心之体不离用，熊十力乃建立一"草木瓦石同此心"的"良知"概念；由此心之觉润无方，牟宗三先生乃建立一"一体朗现唯智心"的"本心"概念；由此心之感通无碍，唐君毅先生乃建立一"九境通灵系一心"的"主体"概念。此三家的"主体"概念虽各有偏重，表达方式亦各有特点，惟以心、性、天为一贯之"本怀"，以此心为既超越又内在的、即道德即存有的"基石"，可谓并无二致。

由此"本怀"与"基石"之开展，可见三家立论之背后实有一伟大的道德情操及宇宙情怀，不得不令人发起由衷的钦敬之心。然而，情操与情怀虽极真切，却不足以保证立论之真确无误。三家之学若作为一种主观信仰的境界，当有引领、提撕精神之作用；但若作为一种客观学理的论述，他们的道德形上学中的"主体"概念既难证立，亦会引发理论上的困难。本章的目的，主要在分析三家的"主体"概念，及揭示其所引发的理论难题。

二、熊十力的"主体"概念："草木瓦石同此心"

牟宗三先生虽承认在圆顿意义上草木瓦石可以"潜具"天命之性，但他并不承认草木瓦石可以"潜具"良知。[1]依此，他所主张的"一而非多，同而非异"的"天道性命相贯通"之说，或"心、性、天分析地自一"之说，便不能应用到人以外的禽兽及草木瓦石上来，而非"体物而不遗"者。如是，对人以外之物不可

---

1 牟宗三:《心体与性体》，台北: 正中书局，1968，第一册，页 71, 234。

言"心即理"或"心即天"，则"超越内在"或"内在超越"之说便无由确立矣！牟先生之说或许可以避免"枯槁有心"的麻烦，但若要彻底地贯彻"心、性、天为一"的"超越内在"或"内在超越"之说，此无限心必须是遍万物而为言的。无怪乎熊十力继承王阳明之先绪，力主"草木瓦石也有人的良知"了。当然，这种说法并不是有关主观境界之说，亦即不是"我心呈现'草木瓦石也有人的良知'之境界"，而是"客观地表示'草木瓦石也有人的良知'之存有真实"。如只属主观境界或精神投射，王阳明便不足以响应他的学生朱本思有关"人有物无"（良知）之实在问题，而熊十力亦不必讲"石头步步破险"而使其"良知"呈现之"石头（进化）记"矣！

熊十力的"草木瓦石同此心"一论旨，在其最后遗著《存斋随笔》中，有较为详细的论说。由于在本书其他章节中对熊十力其他著作中的此一论旨已有所论析，故此章乃专就《存斋随笔》一书所论加以检讨。[2]

一般宋明儒学的追随者都喜以"体用一如，显微无间"的论述方式来贞定他们的本体概念，熊十力亦不例外，他常以"体用不二而有分"或"体用不一不二"来概括他的新儒学思想的核心。这种"体用"关系亦可以后来其他当代新儒家常用的"既超越又内在"一概念来表示。例如熊十力说："当知万物共有一元。此一元者不是超脱万物而独在，乃是遍在乎万物而为每一物内在的宝藏。"[3]这里所谓"超脱"而"独在"，似是"超越而外在"之

---

2 详论见第七章"当代新儒家的'超越内在'说"。

3 熊十力:《存斋随笔》，载《体用论——熊十力论著集之二》，北京：中

说；但"共有"而"遍在"，或下文自注中所谓"无定在而无所不在"及"共同禀受"，实乃"超越而内在"之说。他认为此（狭义的）"一元"一方面"内在"于"各各物"而为"各各自身之主公"；另一方面又是不可分的"共有"而能"默运"于"一切物"中之"大生命"。[4] 此"大生命"或"大我"是为一切物所"共有"而又"自有"的。若只"共"而不"自"，"便不异于〔超越而外在的〕上帝"矣！[5] 故此，此"通天地万物为一体"之"大体"，熊十力认为是"无有多数的和个别的分界"的，[6] 亦即"一多相即"之义。如用"大海水"与"众沤"来比喻"体"与"用"的关系，则可说"每一个沤，皆以一大海水为其自身，大海水不可分割故。大生命不可分割，犹大海水也。任何物，皆是禀受大生命的全体，不是于大生命中取一分来也"。[7] 由是可知，此（狭义的）"一元""大我""大生命""主公"或"大心"等，由于对万物为既"共"且"自"，既"超"且"内"，故此"大体"无一多之分，亦即以个体性原则（principle of individuality）为无效者。所谓"不二而有分"或"不一亦不二"之吊诡性的描述，其实即已设定个体性原则之失效。由于熊十力又认为此"大体"只能由实践体证而不能由思辨认识以致之，故是离言绝思的。这种"吊诡性"（paradoxicality）和"离言性"（ineffability）正是泛神论（pantheism）或神秘主义（mysticism）最重要的两个理论特

华书局，1994，页644。

4　同注3，页702。

5　同注3，页720－721。

6　同注3，页737。

7　同注3，页727；类似说法见页687。

征，因此，熊十力的"体用不一亦不二"的"超越内在"或"内在超越"的本体论述，实有极浓厚的泛神论或神秘主义的色彩，抹也抹不掉。

熊十力此一"理论"在理性上固不能被证立，而其借用佛家的比喻性的描述亦难有帮助。譬如他的"大海水与众沤不一不二"之喻，只能表示二者"相即而不得全"，不能说明每一沤均可"全揽"大海水。勉强说"得全"而非"取分"，并要求不要把比喻看得太紧、太死，其实是其比喻不足以帮助说明其理论立说之原意，反过头来要以理论立说"支持"比喻之不足处，可谓光天化日下的削足适履。至于熊十力喜用的另一比喻"月印万川"，却只能表示"得全而不相即"，不能表示"既得全亦相即"，因而与原来要建立的"一即一切"或"一即多"之说不相协合。使用比喻的用意在辅助理论说明之不足，如今比喻的关键处出问题，正表示有关的比喻之不恰当，帮不了忙。如果要求读者"活看"有关的比喻，灵活到要用理论说明补比喻之不足，这种"活看"和"强说"便无任何分别了。其实，"超越内在"或"内在超越"是针对西方希腊和基督教传统的"超越外在"或"外在超越"而立说的，不可能将"超越"和"内在"二词的意义任意变改，否则中西文化及哲学之对比便变得无的放矢了。如果二词的意义不被任意变改，则"超越"涵蕴（imply）"外在"，而"外在"与"内在"为相互对反（contrary），"超越"与"内在"一定在逻辑上亦为相互对反，二者绝不可能同时为真。这里的两难是：如果把上述二词的意义变改了，当代新儒家花了九牛二虎之力去说明"超越内在"说比"超越外在"说优胜，便变得枉费工夫了。因为既然当代新儒家的"超越"与西方的"超越"概念不同，其"内在"也不与西方的"外在"概念相互对反，那何来可比较之处呢？徒口说"我的'超越'与你的'超越'概念之唯一不同之处在我的可容纳'内在'而你的不可以"，和"我的'女人'与你的'女人'概念之唯一不同之处在我的可以同时是'男人'而你的不可以"一样荒谬！即使有所谓"另类逻辑"或"另类语言"，也不可能秘而不宣地说服他人。在另一方面，若不把上述二词的意义加以变改，新儒家的"超越内在"或"内在超越"说便是自相矛盾的概念，不只现实上不可能成立，更是逻辑地不可能成立。因此，不管变改词义与否，以"超越的一"同时亦为"内在的多"这种"辩证的诡辞"都是难以证立的。

即使我们退让一步，勉勉强强地承认熊十力的"体用不一不二"的"超越内在"概念自身不矛盾，但由此概念而建立的本体论旨也会与他所相信的孔孟儒学的一些核心论旨有所背离，而绝无调停之可能。此即涉及"自力"与"他力"之冲突的问题，或"自由意志"与"气质命定"之刺谬的问题。在"自力"方面，熊十力无疑是肯定人及其他物均可凭"己力"以克服物质的困险，为能自我变改的。例如他说："生物初出生，此乃大生命力从其潜伏于物质宇宙中，经过长远时间，备受闭塞不通等险难，今乃以刚健之动战胜物质之闭塞，而得通畅，是乃非常之大变也。"[8]此"战胜"之能，即"自力"也。故他说："依天帝者，消灭自有之能。依自力者，自发无限之能，无有不成。"[9]此"无有不成"之能乃"自发"而"无限"者，可见熊十力对"自力"的信心十足。故

---

8 同注3，页703。

9 同注3，页715。

又云："故生命之出现，必须经过险阻艰难。然生命力至刚健，终乃破险难而出。"[10]此"终乃"能"破"之力，自非来自天帝，而为熊氏所深信之"自力"也。

熊氏虽深信"自力"之说，可是他所谓"自力"并非个体的人或物"独有的自力"，而是在"一即一切"的"超越内在"说的限制下之"共有的自力"，亦即那"既超越又内在"的"大生命力"或"宇宙大心"之力量。熊十力相信这种"生命、心灵之真性"是体物而不遗的，故此不只人有良知，禽兽也有良知，就是连草木瓦石也有良知，也有大生命力体现于其中。依此，人及其他有生命之物（包括草木瓦石）均可凭此所谓"自力"以克服艰险。此艰险何来呢？熊氏认为是来自气质、物质或形体的因素。若某物所禀具的气质愈"粗笨""闭塞"，则其内在的良知、生命力遇到的险阻愈大，所发出之"自力"愈费劲，愈难"破险而出"。但无论如何，此"自力"始终有其克服之能，"无有不成"者。故石头也有进化而为人，充分呈现其潜伏的良知、生命力之一天。此即熊氏之"玄学进化论"，与达尔文的"科学进化论"比较，可谓十万倍的大胆和创新！[11]

熊氏此处继承王阳明的先绪，主张"草木瓦石同此心"，比佛家的"枯槁有性"可谓更进一步。这样的主张可以使天道、心性彻底地通而为一，使"超越内在"或"内在超越"说贯彻到底，达至体物而不遗。相对来说，基督教的"道成肉身"（incarnation）及

---

10 同注3，页745。

11 有关熊十力的"玄学进化论"的问题，可参阅第十章"德古来（外星人）的新儒家世界：一个思想实验"。

"三位一体"（Trinity）说虽也属"超越内在"或"内在超越"之说，但却只能是"体（现象界的）耶稣而不遗"，而不能彻底地"体物而不遗"。熊氏这种彻底的"天人合一"说与孔孟儒学及朱陆儒学都是极不相同的，因为这些先哲都没有放弃"人禽之辨"。当然，熊十力也好像没有放弃"人禽之辨"，但落实了他的"体用不一不二"之说不得不破坏"人禽之辨"的大义。换言之，熊氏的"超越内在"说加上"气质限制"说，将使"自力破险"说不限于人，而"人禽之别"便只是程度之别而非本质之异。差异之处尽在气质之清通与浊塞之多寡程度，而非孟子的"几稀"。孟子以禽兽无恻隐之心，而熊氏以万物同具良知大心，故此"几稀"的本质性的差异便没有了。尤有甚者，若"自力"是就"良知大心"或"大生命力"言，而不是就个体的人（或物）所独具的"良知小心"或"自由意志"而言，则此"良知大心"或"大生命力"之呈现于各个人或物身上，其破险之是否成功实有赖气质限制之程度，而不在"良知大心"或"大生命力"之所谓"自力"之上。虽云每一物皆可凭此"共有的自力"以克服险阻，但此"大心"或"大我"何以能充分在君子身上起现，而不能充分在小人身上发用，实不在"共有的自力"，而在于"独有的气质"有以致之。同样的，何以人能由道德实践以成圣成贤，而草木瓦石仍须等待其进化而为人之后才有此可能，原因亦不在那"公有的大生命力"，而实在于草木瓦石各别的气质限制所致。如是，某些人或物不能充分呈现其良知，唯一的原因是气质的限制或命定。虽云在无限的宇宙发展历程中此"公有的大生命力"总可以在各个物中成功地破险而出，但就人类或禽兽的有限生命而言，终其一生而未能成圣成贤之故，明显是由于自家的气质限制或命定也。既然"公有的大生命力"不会偏帮君子而不助小人，正如日光之下无二照，而小人之道德实践上的失败纯因气质等外在因素，君子之成功亦如是，则不肖者之不济实无道德责任可言，亦不必有任何道德上的努力可说。更由于此一在各个人或物中之所谓"自力"是公有而非私有者，故此"自力"实非各个人或物中私有的自由意志之"自律"或"自主"，严格言之，实无意志之"自由"可言，而只有气质之"命定"。至此，熊十力的"大心主义"将使人的意志之"自由"成为虚说，使"人禽之辨"被剥落，而落入"气质命定论"的死胡同之中。

若不放弃熊十力的"草木瓦石同此心"的"大心主义"，我们便不得不背离孔孟儒学及朱陆儒学之本义，其代价不可谓之不大。

三、牟宗三的"主体"概念："一体朗现唯智心"

牟宗三先生认为儒、道、释三教皆有其"无限智心"的概念及真实的体证。若用康德（I. Kant）的哲学来接合、会通，他认为一方面既可使中国哲学的生命体悟得以明确化、系统化，而另一方面亦可以济补西方哲学之不足、不切之处，可谓相得益彰。牟先生认为康德的"现象"与"物自身"之区分本甚有意义，只可惜康德把"物自身"（在《纯粹理性批判》[Critique of Pure Reason]中）当作一个限制概念，一个事实上原样的概念，而不视之为一个具有价值意味的概念。再者，康德以智的直觉归于上帝，认为人不能有之，牟先生断言这将使"全部中国哲学必完全倒塌，以往几千年的心血必完全白费，只是妄想"。[12]故此，牟先生主张我们必须肯定"人虽有限而可无限"，人有智的直觉，才能稳定"现象"与"物自身"之区分，并使中国哲学之义理充分显豁出来。由是，牟先生对康德哲学加以改造，采取"依义不依语"及"依法不依人"之会通方式，从而为中国哲学确立一套"最圆满"的道德形上学。

牟先生对中西哲学的会通工作奠基于他的"主体"概念之上。他说：

> 智的直觉既可能，则康德说法中的自由意志必须看成是本心仁体底心能，如是，自由意志不但是理论上的设准〔postulate〕，而且是实践上的呈现。智的直觉不过是本心仁体底诚明之自照照他（自觉觉他）之活动。自觉觉他之觉是直觉之觉。自觉是自知自证其自己，即如本心仁体之为一自体而觉之。觉他是觉之即生之，即如其系于其自己之实德或自在物而觉之。智的直觉既本于本心仁体之绝对普遍性，无限性及创生性而言，则独立的另两个设准（上帝存在及灵魂不灭）即不必要。[13]

此"自觉觉他"亦即牟先生常说的"一体朗现"之义。无论是儒家的"仁心"，道家的"智心"，或佛家的"般若（智）"，皆属所谓"无限智心"。一切自觉觉他的活动皆本乎此种无限智心，故亦可说"一体朗现唯智心"。然而，牟先生这种会通工作是否成

---

12 牟宗三：《现象与物自身》，台北：学生书局，1975，序页3。

13 牟宗三：《智的直觉与中国哲学》，台北：台湾商务印书馆，1971，页200。

功，由此会通而提出的"无限智心"或"无执主体"的概念是否可以证立，委实值得商榷。

就"物自身"作为一个"价值意味的概念"而言，牟先生基本上是从两个角度来考察的。第一个观点是有关"质的无限性"的问题，第二个观点是有关"目的王国"的问题。他说：

> 康德亦实未明朗地决定说物自身是一个价值意味底概念，他说物自身常是与事实问题不分的。当然，假定自由的无限心可以呈现，而智的直觉亦可能，则价值意味的物自身即可被稳住，而其价值意味之何所是亦可全部被显露。但是，这样一来，我们对于感性与知性即有一价值上的封限，而不是定然之事实。如是，在我们身上，无限心与识心有一显明的对照，即执与不执之对照；我们即由于此对照而有一标准，以之去决定物自身是一个价值意味底概念，并能显明地决定我们的知性感性（即识心之执）之所知定是现象，而不是那有价值意味的物自身，并能充分地决定这分别是超越的分别。[14]

然而，在此价值封限之下所显示的物自身的"价值意味"何所是呢？牟先生的解说是：

> 对不执的主体而言，何以即为有价值意味的物自身？这样的物自身何以即能稳定得住？例如在无限心底明照上，一物只如如，无时间性与空间性，亦无生灭相，如此，它有限而同时即具有无限性之意义。无时空性，无生灭相，此两语即显示一价值意味。说"独化"，是化无化相的，是无有转化

---

14 同注12，页12－13。

之过程的。说自在自得，是一个价值意味，不是事实问题中
的一个光秃秃的"在"。说"无物之物"，这是物无物相，即
不作一有限的现实物看，这表示一个价值的意味。……又
如，当自由无限心呈现时，我自身即是一目的，我观一切物
其自身皆是一目的。一草一木其自身即是一目的，这目的是
草木底一个价值意味，因此，草木不是当作有限存在物看的
那现实的草木，这亦是通化了的草木。康德的目的王国本有
此义，但他不能充分证成之，从上帝的创造处说，尤其不能
稳住此义。[15]

又谓：

> 此"在其自己"是具有一显著的道德价值意义的。此如
> 康德说视任何物，不但是人，其自身即为一目的，而不是一
> 工具。视之为一目的，它就是"在其自己"之物。[16]

此说似可言之成理，其实并不尽然。

就"无限性之意义"一点而言，牟先生是以"无时空性，无
生灭相"来规定，亦即是以一种遮诠而非表诠的方式表示。有些
"无限性"的概念是可以用表诠的方式来表达的，例如数学上的
"无限性"概念，有些可以用递归程序（recursive procedure）来
界定。用遮诠的方式只能表示某讨论对象不是什么，究其极是不
能正面而直接地告诉我们它是什么。再者，"无时空性，无生灭
相"的事物很多，不一定都有价值意义（如范畴或形式）；有价
值意味的东西也不一定没有事实上的原样之义（如上帝或灵

---

15 同注 12，页 17 - 18。
16 同注 12，页 436。

魂）。更何况在概念上"无限性"并不涵蕴"价值性"，反之亦然。因此，单靠"无限性"一点，实不足以支持"价值意味"的论旨。至于"独化""自在自得"及"无物之物"之不作有限的现实物看，当然就不会受"时空性""生灭相"所规限，但它们之具有价值意味主要仍在于某一主体之赋予。若有某一主体赋予价值，不管对象是有限的现实物或无限的自在物，同样都可以使之价值化。如果说物自身既不是现象物，也不是本体物，甚至不是任何意义的对象，我们当然可以说物自身不是一个"事实原样"的光秃秃的"在"，因为它只不过是纯粹的价值性的构造，只是主观的价值投射而已。若然物自身不是主观境界上的构想，也有其客观的意义，则此具有价值意味的物自身必须在本体意义上是一个真实的东西，而非纯为主观者。"事实原样"不一定是经验界、现象界的事实意义，也可以是超验界、本体界的真实情况。放弃后一意义的"事实原样"，物自身便会失去客观的意义，只能是主观上玩弄的光景。只有价值意味而不"在"，便不能算是"无（现象）物之（本体）物"，而只能算是"（既无现象物亦）无（本体）物"，即什么客观的东西也没有，只有主观的构弄而已！

就"目的王国"一点而言，牟先生的说法也不尽符合康德的原义。我们知道："目的王国是受普遍的道德法则约束的理性存在者的共同体。每个人作为这一王国的成员，这一普遍的法则又是他们自己立法的结果，因此人人都有责任服从自己的立法。"[17]故此，作为"目的在其自己"的个体是指那些拥有自由的立法

---

17 陈嘉明：《建构与范导——康德哲学的方法论》，北京：社会科学文献出版社，1992，页272。

者，即只有作为理性存在者的人才可以成为"目的王国"的成员。相反的，对所有人以外的自然万物来说，它们"是为了什么目的〔而存在〕呢"？康德认为："是为了人，为了让人通过他的理智学会如何在多方面利用这些创造物。"[18]换言之，只有"人是自然的最终目的"，人以外的万物本身并不存在价值的问题。只有人基于实现其终极的目的，才因万物之"合目的性"而赋予万物以工具的价值。正由于万物之"有用性"，才使之成为服务于人的终极的目的之手段。因此，依康德之说，人以外的万物本身并非"目的在其自己"，并非以"自在的目的"而存在。更何况它们即使以物自身身份存在，但由于它们不等同于自由，那便不可能成为自律的道德立法者与服从者，因而亦不可能成为"目的王国"的成员。即使退一步想，勉强承认人可视一草一木为"目的在其自己"，因之一草一木被"通化"了而具有价值意味，但这价值意味毕竟是人所赋予的，而非为一草一木所本有的。换言之，如果人之"目的自在性"是本所固有的，一草一木之"目的自在性"便只能是由人的主观精神投射出去的构造。我们知道，只要不违反逻辑规律，任何主观的构造都是可能的，我们委实不能相信这种主观的构造与其他的有何不同，为何有其独一无二的客观真实性或绝对必然性。

基于以上各点，我们认为牟先生对"价值意味"一概念并不能提供一个明确而清晰，并可有效应用的定义或描述，因此，他在"现象"与"物自身"的区分上之"价值封限"恐怕就稳定不

---

18 《康德全集》第 5 卷，页 506；《判断力批判》下册，页 89。以上均转引自注 17 所引书，页 308。

下来。其实，康德之所以把"物自身"视为一事实性的概念，而不是或不仅是价值性的概念，是用心良苦的。因为他设定"物自身"一概念，明显是用以针对贝克莱的主观唯心论的说法。贝氏认为"存在即被感知"(To be is to be perceived)，并不承认知识对象的客观实在性，或不承认知识有客观的来源。所以康德在其《纯粹理性批判》中提出物自身对感性之"触动"或"影响"(affection)之说，其立说之用意正是针对贝氏者。他在《未来形而上学导论》(Prolegomena to Any Future Metaphysics) 一书上反驳那些批评《纯粹理性批判》的人，也是针对此点而发。依康德此一说法，如果知识不是纯粹主观心灵的构造，则心灵以外的客观对象必须被肯定。以物自身为"触动"或"影响"感性之外在根据，其用意在说明知识之客观来源。因此，若把"物自身"概念视为纯粹价值意味的概念，而放弃其表示某一客观的事实原样之义，则康德对贝克莱的反驳马上失效，而知识对象的客观实在性便无由确立。我们认为，若于此"依义而不依 [康德] 语"，势必会陷康德于"不 [成] 义"，后果是极为严重的。

牟先生虽然表面上亦承认康德此一有关感性的被动性、接受性的论旨，但在实际运用有价值意味的"物自身"概念来说明其与感性的关系时，却未能自相一致。牟先生认为"识心之执"是感性"就着无限心处有价值意味的物自身而绉起或挑起现象"，[19]由于感性与物自身的关系须透过无限智心之中介，二者非有"实即"的关系，故牟先生说："现象只是识心虚即于物自身（即而

---

19 同注 12，页 17。

不能至）而挑起绉起并执成的。"[20]由这种"虚即"关系，乃有"凭依关系"之说。牟先生说："现象与物自身间的关系颇难言。我们只说它是凭依关系，即现象是由感性的认知心凭依物自身而挑起的。"[21]由于无限智心是能所无待、主客不分的，它不可能产生能所对待中的现象；而与之一体朗现的物自身也是无待之物，物无物相，"对象"只是虚说，[22]故它也不可能主动地引生出有待的现象。因此，本体界的无限智心或物自身与感性发生关系而产生现象，主动性便只能落在感性身上，故牟先生乃提出"挑起""绉起"及"执成"这一主动性而非接受性的说法。当牟先生说："感性底接受本身就是一种执。它接受一个外物即是执着一个现象；即因它这一执，外物始成为现象，此是感性主体之挑起。"[23]他似乎没有察觉到这里隐藏着"接受性"与"挑起性"之互相矛盾。"执"不是"被执"，"挑"不是"被挑"，怎可称为"接受"呢？此中所谓"接受一个外物"之"外物"更是来历不明！这"外物"当然不是已执成之后的现象身份之物；而物自身既然只有价值意味而无对象相，也不可能是此一"外物"。由是可知，要说明现象之产生，这"一个外物"必须是未被执成为某现象之前的某一有事实原样之义的对象。尤有甚者，现象中之杂多性由何而来？这是决不能从一体朗现的无待的无限智心与无对的物自身身上得到的。无怪乎牟先生在说明物自身之"具体的普遍性"时，以其

---

20 同注 12，页 318。
21 同注 12，页 445。
22 同注 13，页 198，210。
23 同注 12，页 219。

具体之分殊来自"事现""气行"之中，而非来自本体界。这无疑是反其道而行，把杂多（manifold）、分殊之源归诸现象界本身，而非康德及牟先生原初所希望的相反方向。[24]至于牟先生偶尔提及物自身中也有气的成分，此说或可把现象之杂多、分殊之源归诸物自身，避免反其道而行。但可惜此说所引出的难题更多更大，因为气是有形迹的，是形而下的对象，又怎可能包含在形而上的、与物无对的物自身之中呢？故此在大方向上，牟先生还是经常要反其道而行，不得不与感性之被动性、接受性的原义有所背离。

牟先生有关无限智心之自觉觉他，因而与物自身一体朗现之说，其立论虽甚奥妙，但有关"无限智心"与"物自身"二词之确义，以及无限智心与物自身二者之关系，牟先生都未能给予充分的说明。例如，牟先生认为无限智心是自由的，草木瓦石虽有其物自身，却不是自由的。[25]因为他认为无情之物虽有法性义之佛性（即正因佛性），却不可能真有觉性义之佛性（即缘、了二因佛性）。[26]用另一方式表示，即只有无限智心是（实）体，物自身只能是（经）用。[27]故牟先生认为："物自身不是通常所说的形而上的实体（Reality），如上帝，如自由意志，如梵天，如心体、性体、良知等等，乃是任何物在两面观中回归于其自己的

---

24 详细论证见第四章"物自身、智的直觉与中国哲学：概念移植的问题"。

25 同注 12，页 117-118。

26 同注 13，页 318-319；又同注 12，页 119。

27 同注 12，页 128-129，444-445。

一面。"[28]如是，无限心体与各个物自身虽可一体朗现，但毕竟有体与用之异。然而，由于"依康德，现象与物自身之分可以到处应用，知体明觉亦可以现象与物自身视之"。[29]"即使是上帝、自由意志、不灭的灵魂，亦可以现象与物自身这两面来观之。"[30]那么，无限智心或知体明觉的物自身之为"物自身"与草木瓦石等的物自身之为"物自身"有何分别呢？其间之分别是至为明显的，前者作为第一种"物自身"既是（实）体亦是（经）用，其体与用不只"圆融地合一"，而且是"分析地自一"的；但后者作为第二种"物自身"只能是用而不能是体，故虽"自在"而非"自由"者。牟先生并没有把"物自身"分为两种，但顺着他的"体用说"，他不得不把此一概念一分为二。我们若将他的第一种意义的"物自身"应用到其"挑起说"之上，便会引出"现象我之感性凭依本体我（即我之在其自己或知体明觉的物自身）而挑起现象我自己"这样一种非常怪异的说法，更且与"无执我自我坎陷为有执我"之"坎陷说"不一致。因为"现象我凭依本体我而挑起现象我"并不是"本体我自我坎陷成现象我"。"挑起说"与"坎陷说"无疑是南辕北辙，不相协合的。若退而求其次，以二"物自身"之义无别，都归诸第一义上去，则由于"心（体）即理（体）"，而"行为物的物自身为实事（用）"，可推知"理体"与"实事"实为同一的物自身，本无分别，那么，牟先生所谓"理在事上行以起用"的说法便成废话。尤有甚者，此说将使草木瓦

---

28 同注 13，页 106。

29 同注 21。

30 同注 28。

石的物自身亦为自由而有觉性，因而使"人禽之辨"及"人与草木瓦石之别"之儒学大义毁坏殆尽。再者，此说亦会陷入"一即一切"的模式之中，使诸物自身之个体性被解消，从而引出活物论或泛神论的怪论来，故此路实不可取。

此外，牟先生所主张的行为物的物自身含有气的成分的问题，他所没有注意到的行为物的物自身与行为物中之诸事物的物自身之间的整体与部分的关系如何安排的问题，逆觉体证中同时或随时呈现或跃动的感性、知性活动是否为一体朗现之必要条件的问题，智的直觉之"创造性"在儒、道、释三家的用法之间是否兼容的问题，等等，如无适当的解答，都会给"一体朗现唯智心"的说法带来极大的麻烦。这些问题已另文处理，此处不赘了。[31]

四、唐君毅的"主体"概念："九境通灵系一心"

唐君毅先生晚年著《生命存在与心灵境界》一巨著，"为欲明种种世间、出世间之境界（约有九），皆吾人生命存在与心灵之诸方向（约有三）活动之所感通，与此感通之种种方式相应；更求如实观之，如实知之，以起真实行，以使吾人之生命存在，成真实之存在，以立人极之哲学。"[32]而心灵之境与物不同，因"物在境中，而境不必在物中，物实而境兼虚与实。如云浮在太虚以成境，即兼虚实。又物之'意义'亦是境。以心观心，'心'亦

31　同注24。

32　唐君毅:《生命存在与心灵境界》，台北: 学生书局，1977，上册，页1。

为境"。[33]至于境为心所感通，此既不限于心之所知，亦不同于心所变现。因为，"心之知境，自是心之感通于境，此感通中亦必有知；但知之义不能尽感通之义，知境而即依境生情，起志，亦是感通于境之事。"而且感通"有心境相互为用之义，不能只言心变现境"。[34]唐先生认为"有种种境，为种种心灵活动所感通者"，即以"境不一，心灵活动亦不一，而各如如相应，而俱起俱息。不相应者则相离。如以视心对色境，以闻心对声境，则声境与视心相离，色境与闻心相离。然色境与视心、声境与闻心，则相应而不相离。一切心境关系，皆复如是。谓境有真妄，与真妄心各相应而不相离，亦复如是"，[35]此即唐先生所描绘的一幅有关心与境的关系之图像。

依照唐先生所绘图像的工笔部分，此心灵活动与其所对境之种种，分而言之，可"有互相并立之种种，有依次序而先后生起之种种，有高下层位不同之种种。此互相并立之种种，可称为横观心灵活动之种种；依次序而先后生起之种种，可称为顺观心灵活动之种种；有高下层位不同之种种，可称为纵观心灵活动之种种。凡观心灵活动之体之位，要在纵观；观其相之类，要在横观；观其呈用之序，要在顺观。以空间之关系喻之，横观之并立之种种，如左右之相斥相对；顺观之种种，如前后或先后之相随相继；纵观之种种，如高下之相承相盖。综观此心灵活动自有其纵、横、顺之三观，分循三道，以观其自身与其所对境物之体、相、用

---

33 同注32，页3。

34 同注32，页5。

35 同注32，页6。

之三德，即此心灵之所以遍观通观其'如何感通于其境之事'之大道也"。[36]由是，以生命心灵之三观对应三境（客观境、主观境及超主客观境），乃有九境，即：万物散殊境（体）、依类成化境（相）、功能序运境（用）、感觉互摄境（体）、观照凌虚境（相）、道德实践境（用）、归向一神境（体）、我法二空境（相）及天德流行境（用）。

　　除了心与境有感通之外，唐先生认为人之心灵之诸活动，亦能"自相感通"。[37]正因如此，才有真妄之颠倒及转妄成真之可能。至于由最先而最低之一境至最后而最高之一境之间的升降转易的关系，唐先生认为可由人当下一念之次第转化得以说明。[38]由于心灵诸活动之能自相感通，乃有一念之自化而自生，并因之而有境界之升降进退。然而，"在此诸境中，无论自智慧或德行上言，人之生命存在与其心灵及世界中之事物，固有原属于高境者，或原属于低境者。若能如实知其所属，而有一与之相应之当然的感通之道，则皆是而皆善。……此九境者，固原有其可如此开之理。人在其生活境界中，亦实有此九境。"[39]唐先生认为人之所以能如实知其所属，以免淆乱其层位，并能由如实知起真实行而立人极，实基于一具此种种活动之主体。此主体即在尽性立命之境（即天德流行境），"为一通客观之天道，其性德即天德之一超越而内在的主体，而不同于一般之以特定经验规定之一经验

36　同注32，页9。

37　同注32，页12。

38　唐君毅：《生命存在与心灵境界》，台北：学生书局，1977，下册，页948－949。

39　同注38，页952－953。

的我，或经验的主体者。"[40]

唐先生透过"九境通灵系一心"的构想而建立的"神圣心体""超越主体"或"道德自我"等概念，可谓体大思精、气度恢宏。然而，其立论虽内含极高的慧识，但立论毕竟仍需论证，若论证有所不足，便不无可予质疑之处。此处，我们可提出三个疑难的问题：其一是，"九境何以判高低"？其二是，"一心何能通九境"？其三是，"一心如何得实证"？兹一一论析如后。

就第一个问题来说，我们认为唐先生并没有提供一个绝对而无异议的判准，以判定九境之高低。虽然他一方面承认"人之心灵活动依其一以遍运遍观于宇宙人生之事物所成之哲学，即不同于依其另一以遍运遍观于宇宙人生事物所成之哲学。由此而宗不同哲学之人，各有其不同种类之人生观宇宙观，而不能互观其所观，乃恒互斥其所观者之非是。则宗不同哲学者，虽各能遍观，而不能互遍观其遍观，不能有对遍观之遍观"，[41]此即承认相对主义之现实性与可能性；但在另一方面，他又认为这并无义理上之必然性。因为若真有义理上之必然，"则哲学义理之世界之全，即为一破裂之世界，而一切哲学将只能各成就一遍观，而无一能成就对遍观之遍观……其心灵活动之遍运，亦不能至乎其极；而其心灵活动所依之生命存在，亦不能真通于或成为一无限之生命存在矣。"[42]

唐先生这里的论证有点像"如果神不存在，则人间世界之

---

40 同注 38，页 997。

41 同注 32，页 22。

42 同注 32，页 23。

全，即为一破裂之世界"或"如果良知不存在，则人间世界之全，即为一无道之世界"一样充满关切之情，却未能确立有说服力的理据。此外，由于他相信人之哲学心灵在遍观活动上有一"不断超越之历程"，他认为由此"以观一切哲学之冲突，可既知其必有冲突之义理上之所以然，亦可知其冲突之所以似必然，更可知其似必然者之可由此不断超越之历程，而见其非必然；以见哲学义理之世界，实非一破裂之世界，或虽破裂而仍能再复其完整之世界"，而且"其心灵之遍运，即无'不能至乎其极'之可说，而能为此哲学的哲学者之生命存在，亦无所谓必然之限极，而未尝不可通于一无限之生命存在矣"。[43]唐先生于此由"心灵之遍运不能至乎其极"之非必然，以证"心灵之遍运能至乎其极"之可能，无疑是确当的。但是，前者虽非必然，却仍有其可能，相对于后者之可能，只是"两可"，并不足以确立后者之实能或必然。若单就"两可"言，无神论与有神论皆非必然，不足以令我们倾向于接受哪一方。同样的，我们既不能证明"心灵之遍运不能至乎其极"之必然，亦不能证明"心灵之遍运能至乎其极"之必然。如是，此亦不足以令我们接受唐先生之所信。

唐先生在上述的论说中似乎以为由"不断超越之历程"之"无限"，可通于一"无限之生命存在"之"无限"。实质前者指"无穷的过程"，而后者表示"不受现象界所规限的永恒生命"，二者并不相同。正因为此一遍观活动的过程可以有无穷尽的超克，而不停止在某一点上作为绝对的终站，相对主义才得以成立。这"不断超越之历程"，不只不利于建立"对遍观之遍观"的绝对判准，更

---

43 同注32，页23－24。

且不太可能使人之哲学心灵"通于或成为一无限之生命存在"。因为其心灵之遍运既然有一"不断超越之历程",那就不太可能停下来以"至乎其极"了。因此,唐先生所谓"无'不能至乎其极'之可说",与"不断超越"之说是不相协合的。至于他所谓"自为"而非"观他"之著述在陈述义理之先后之序上,可有"自觉之理由",而其"理由"在其"心通九境"之"心"为一既可"包涵"亦可"通达"之"心",此"心"可修成一"桥梁""道路",使吾人得由此而至彼,并可使吾人经过所立之言说而忘其言说,从而归言于默而兴大教,有如实知而起真实行,遂使其生命成为普遍、悠久、无限之生命。[44] 唐先生此说美则美矣,可惜美言不必可信。因为对于拥有不同判准的绝对主义者来说,皆可将唐先生的美言据为己有,并"包涵"唐先生之若干说法于其下而"通达"之,以趁起一己更高之标准。因此,唐先生并没有足够的理据使我们相信他所提供的判准是无诤的。

就具体内容来说,唐先生对最后三境所做的判教式的融通与淘汰,乃是极具争议的。在唐先生的早期著作中,已有不少讨论儒家境界与基督教境界孰高孰低的论述。其中最重要的一个观点,乃是以上帝之无限存在为"超越外在"的,而儒家的仁心则是"超越而内在"的。他认为"超越外在"的上帝"可为不真实之观念,亦为阻碍人生之真实化者"。[45] 因为"人在此之全不自觉其己心之具有内在之光明,而唯求远接彼超越外在之天光,更不自觉其能见此天光之光,必然由己心而出,且必与天光之大

---

44 同注 32,页 26 - 29。

45 唐君毅:《人生之体验续篇》,香港:人生出版社,1961,页 121。

小，如如而相应。今乃并此光，而客观化外在化之，则此天光即为吾人之自心之光明所设之一虚影之所覆盖，而吾人视此虚影所覆之天光，为吾人之所托命，与吾人自己之所在，而不知由自觉其内在之光明之泉原，直接求超化其内在之黑暗，以自开拓其光明；此即为一高级之颠倒"。[46]此即以天心须预设人心以通之，才有光明下达之可能；但如此一来，人心既与天心如如相应，则孤悬而外在化的天心只是人心之虚影而已，并无独立之真实性。唐先生似乎纯从人心之"感通"去了解天心下达之可能，完全忽略了基督教神灵之"启示"的下贯意义。基于康德的二律背反 (antinomy)，超越外在的上帝虽难以证明其存在，而欲证其仅属人心之虚影，恐怕也有同样的困难。至于唐先生自己所推崇的"超越而内在"的仁心，则不只是难以证明，而且是不可能证明其存在的，可谓连虚影也没有。

为什么连"虚影"也没有呢？且看唐先生的论据，他说：

> 在此，人终将了悟到其精神生命，原是一宇宙性的精神生命，其真实心灵，原是一宇宙性的真实心灵。谁使我对于其他人物的痛苦，感受痛苦？此只能是因我之生命与其他人物之生命，原是一个生命。谁使我对其他人之罪恶感到刺心？只能是因我的心与其他人之心，原是一个心。[47]

又谓：

> 我有此心，人有此心，而同其无限量，以相摄相涵，而此心之广居，在人我之中，亦在人我之上，而人我皆天之所

---

46 同注 45，页 144。
47 同注 45，页 120。

生；则此心亦天之所与，天与人此心，而人再奉献之于天地，不私之为人之所有，则人皆得自见其心之即天心矣。知其心之即天心，以还顾其有限之生命存在，则此有限生命之存在，皆依此无限量之即己心即天心，以生以成，而为其昭露流行之地；则有限者皆无限者之所贯彻，而非复有限，以浑融为一矣。而一切颠倒之非人之本性，在究竟义为虚幻而非真实，亦至此而见矣。[48]

然而，单凭所谓"感通"，实不足以证知有一"在人我之中，亦在人我之上"（即"既内在又超越"）的"宇宙性的真实心灵"或"宇宙性的精神生命"，以使我与他之生命"原是一个生命"，我与他之心"原是一个心"。由"感通"可以使自己经验得或体验到有心灵向内及向外之知、情、意之"感通活动"，而不足以证知客观地有一"共同的生命或心灵"存在。再者，人与我俱为有限的存在，都是有个体性的；因此，即使人我之中都同有此心，此"同"亦只能是类型相同（type-identity）而非个体相同（token-identity）。同样的，人我皆天之所生，天乃无限的存在，与人我之有限性不同，即使此心为天所与，但在人我之上而属天之天心与在人我之中而各有所属的人心，不只不可能为个体相同，亦不可能有类型相同的关系。我们认为人的心灵、生命与宇宙的心灵、生命是不可能为同一"个"心灵、生命的。若将此个体性原则放弃，勉强浑融一切，说"此心"既超越于人我之上，又内在于人我之中，便会引出自相矛盾的结果。因为"超越"涵蕴"外在"，而"内在"又与"外在"互相对反，则此"既超越又内在的仁心"必

---

48 同注 45，页 155。

成一自相矛盾的概念，而只能为泛神论者或神秘主义者张目。依此，如以"超越外在"的上帝为"虚影"，则"超越内在"的仁心连成为"虚影"的资格也没有，又何来"更高两层"呢？

严格言之，"超越外在"的上帝若为"虚影"，而使人生产生"颠倒"，则基督教的"归向一神境"理应比没有"颠倒"而不为"虚影"的常识境界为低，何以仍能高高在上地排在第七位呢？因此，唐先生在其晚期著作中虽仍以基督教之一神为执着，但已很少直斥其为"虚影""颠倒"，而较为同情理解地对待之。不过他对七、八、九这三境之分判，仍然是缺乏公平合理的判准的，更遑论绝对而不可移易。他说：

> 至于问此根原或此天地之心、天地之生命之果为何物，则可依纵观其在一切生命存在上，而名之为一神，为上帝，亦可横观其遍在一切生命存在之执障之底层，而非一切执障之所能蔽之大光明藏，恒求破执障，以自显者，而名之为如来藏心、真如心、法界性起心。更可顺观其即吾人之生命心灵之本始所在，而名之为"内在于人之心，而以天地万物为一体"之本心。此根原之有种种不同之名，唯由人之所以识之之途而异。此不同之名，有如由不同之路转向一路之不同指标，然其所指，只能为一根原。天下无二道，圣人无两心，万流赴海，滴滴归原，不能有异也。然要必先由人之尽性立命之途中识得之，其道方为至顺；而于所识得者，方能亲切的知其存在。此即儒家之义之所以为夐绝。唯当人之自我之执深重，而智慧不足，又贡高我慢之人，则又非谓在自我之上另有神灵上帝为大我，不能自克其傲慢，以勉于谦抑。又当人自觉沉陷于罪业苦难之中，全无力自拔之人，亦宜信一神灵

之大我，以为依恃。此一神之教之所以不可废也。在智慧较高之人，而自知其我执法执深重者，则必先以破除我法诸执，而观其所执之空，方能自见其深心本心；故宜说此深心本心，为一在缠之如来藏，为无明所覆之真如心、法界性起心。此即佛教之所以不可废也。故唯有人之执障较浅，我慢不甚，依赖心不强者，然后不必先用其智慧以破执，而用其智慧以直契悟其具先天之纯洁性、空寂性之赤裸裸之生命中之灵觉，而直下由此以见其形而上之本心之所存。此则儒者之道，待其人而后行者也。相较言，一神教与佛教之说，对一般执障深重之人，实更能契机。而人果能先信一在上之神灵或在缠之如来藏，亦可进而识得此神灵与如来藏，即人之与天地万物为一体之本心，则三教同归矣。[49]

唐先生此一判教虽谓可使"三教同归"，但其实只是先预设了"天下无二道，圣人无两心"，然后站在儒家的立场，以"尽性立命境"或"天德流行境"为最后归宿，则"三教同归"亦不过是二教归于一教而已。由此以谓此本心可为智慧不足之下品人置于天上，可为中品人置于地下，进而以上品人可直契本心之本始所在，体悟得自家本心本来是"既超越又内在"者。此一教判，恐距公平合理之标准尚远。

此一教判之不公平、不合理，可归结为以下数点：首先，基督教之一神乃一人格神，并非一纯形上实体，故没有理由依泛神论的方式把祂变改或扭曲为非客观外在的神体之本原，以待唐先生判教后复归为与儒者所说之人心贯通为一。其次，佛家之真如

---

49 同注38，页890−891。

心所即之理为空理而非实理，故宋明儒评之为"无具众理以下之事"而只属"空守本心"，其本心与儒者之本心实难兼容，不太可能化易为同一或可有升降关系而相连之概念。因此，如果儒者以其"本心"之义为夐绝，为二教之义所不能相比，并由于有关概念不能加以变易或化改而使之相容或相连，则基于"天下无二道，圣人无两心"，儒者若能坚守其原则，便必须斥二家之"本心"为"伪心"，斥二家之神体为"伪体"，只属"虚影"或"光景"而已，绝不可能有"万流赴海，滴滴归原"的壮观景象。相反地，若二家之"本心"或"神体"之义亦可言之成理，而不可定为"虚影""幻象"，则三教俱可各说各的，各圆其圆，各高其高，不必强为包涵，以免引至"以我为主"之假包涵、真扭曲。如是，儒家不必假包涵二家。若定要视二家之所说为"虚影""光景"而后包涵之，佛家亦可视儒家之"本心"为"我执"，基督教亦可视儒家之"心通九境"为"我慢"。若以"无执"或"谦抑"为准，二家亦各可包涵儒家之说于其"下"，而非其"上"也。假若二家之所说依实情是"真虚影""真幻象"，儒者理应把二教之"幻境"逐出"九境"之外，而不必为其排座次，论高低。其实，绝对主义虽然很有吸引力，但由于自古以来都没有人成功地找到一个支持它的独一无二而为众所不诤的绝对判准，故任何号称为"夐绝"的绝对之教都不过是以自准来自判之教而已。

就第二个问题来说，我们认为唐先生只是预认了一心可以通九境，而没有提出具体的论证来说明其可能性。不过，当唐先生说到人之生命心灵活动可有伸屈、开阖、消息之种种变象，亦可以辩证的历程理解之时，此或隐含若干有关一心可通九境之理据。他说：

> 至吾正面的贯通九境之道，则要在知一境之显为一境，即
> 隐另一境于其中，而可本显以知隐，亦可更本隐而再显之。由
> 此而可次序将诸境一一转出而说之，以成其依序以升进之
> 说。此则颇得力于西哲之言辩证法者。[50]

如是，此"一心"岂非等同或类似于黑格尔的"绝对精神"或"绝
对理性"？无怪乎唐先生会说：

> 吾人上来先分论九境，更综论九境之开合，及尽性立命
> 境之通达余九境，更论生命存在心灵之主体升降中之理性运
> 用。此皆通九境为说，以使人能总持其义。然凡此中所论之
> 理性皆为一具体之理性，亦即通贯于普遍与特殊、一与多、同
> 与异等，一切相对者之绝对理性。[51]

依此，只要作为"绝对理性"之"一心"是存在的，经过一种辩
证的历程，便没有任何东西是不可以被通贯的了。然而，如果在
九境中有一二境之立说者认为他们所说的"心灵"不是"通贯于
一切相对者之绝对理性"，甚且是与之不兼容者，唐先生又何能
说服他们去改变想法呢？例如一神教以其上帝为最高的主宰、裁
判，而否定其上更有一精神实体把祂和其他东西通贯起来；又或
佛家以唐先生的"绝对者"仍为一种大我执，而亟欲去之；则我
们是否仍能以此"绝对理性"强行通贯之，而不必理会二家之反
对呢？我们总不能以"我是为你们好的，因此你们必须被我通
贯，才能在我之下如理地给你们一个位置"这种"以理贯之"的
方式为公平合理者。更何况此一"绝对者"之证立谈何容易！此

---

50 同注 32，页 48。

51 同注 38，页 1043。

则留待下面第三个问题之讨论时再作检讨。

如果就唐先生提出的具体例子来说，他的通贯说也是很成问题的。例如他说：

> 此吾人之心灵生命与境之感通之一事，无论如何单纯，吾人若加以反省，亦皆不难开为上述九境。如对一当前之一白色境而有感通，则此一白色境中，其白为一相，而以此一相，状此境，推至心外，以附属于此境，谓其存于此境之中，即为一个体之白的存在。此白的存在，即可视为一个体物。将此白之相，再收回此心，再以之状此先已谓其有之白的个体物，或存在，此白即成一性质或性相。对此性质性相，更加以自觉，即形成一概念。以此概念之内容中之有此白，判断此个体物或存在，而见其有吾人先所肯定之性质，即此判断为真，亦即此概念之内容，与此存在物内容之性质，有一贯通；而可说此存在物属于此概念所定之一类之物，更可说此物之数为一。……于此吾人若说由感此白物，而见此白物之存在，有自持其为白之功能，足为因，以有排斥阻止其外之非白之色出现之果，及引生我之白之感觉之果；吾人之能感觉之活动，亦是施用于白物之一功能，而以此感觉白物之事为果者，则此白之感觉，又可说兼以白物与此感觉活动为因而成，亦此二因之果。吾人若以有一感觉之事为目的，而开眼以生起感觉，或置白物于前，则皆为其手段之一。此即成前三境。于此，若吾人再自觉其有白之感觉与所感觉之白物之相，在感觉中，则又可谓此感觉之摄此白物。即知凡所感觉之物，皆能为感觉之活动之所摄者，而更本理性以知所感觉物之自身，亦可为能感觉者，则入于感觉互摄境矣。由此

再自观照其心中之白之相、白之意义，则成观照境。知此白之意义，而视之为一理想意义，求一白物保存其白，或使不白之物成为白，或使其感觉活动不向于非白之物，使非白之感觉不生起。此即皆为人之对内对外之一具体的理想。而人之求实现此理想，即属广义之道德实践境。此即次三境。

由此更谓此白在我心灵中，亦在天地间，应有天地间之心灵之知之，即进至归向一神境。若谓此白不属于我，亦不属于客观之天地，此白在我缘生性空，在客观天地中亦为缘生性空，为一空中之法，则可进至超主客分别之我法二空境。至于谓此白即在我与境之感通之中，我有相续生起此白之感觉之性，白亦有命我相续生起此感觉之命，则为尽性立命之言矣。由此言之，则此九境者，皆可由人当下一念之次第转进，而次第现出。其切近之义，乃人皆可由当下之一念之如此次第转进以求之者。此真屈原离骚之所谓"肠一日而九回，魂须臾而九迁"也。[52]

上述的心通九境说无疑是十分牵强的。就前三境而言，由于个体物的观念或境界之产生是离不开概念的，因此我们实在没有理由割裂了第一境与第二境，而以前者为首出而后转向后者。个体物与概念之分是我们理性分析的结果，并不是感知的心灵活动实际上有此先后之分别。其次，因果或功能关系的观念或境界之可能形成，须依靠第五境中的观照、理性的能力，否则因果、功能关系无由确定。就次三境而言，第四境的感觉互摄其实也须预设第五境的观照、理性之能，故唐先生亦言其须"本理性以

---

52 同注38，页946-948。

知"也。至于将所谓白"视之为一理想意义"，由之而言求白之存或求白之感觉之存为"广义之道德实践"，恐怕只有思辨的形上学家才会通贯到此一境界。就最后三境而言，由此白而想及有一神灵之知以知之，此乃自由联想而得之可能性，其间之升转实可不必。若所谓通贯说可以容许此种自由联想，似乎没有任何东西不可被通贯。如是，我们甚至可由此求白之存而未必能存而想及有一魔鬼以障之，似亦无不可。前七境皆不否定此白之境与心之活动之实在，而第八境却以之为缘生无性，并欲去除与此有关之我法二执，则前七境之心灵又如何能转变为第八境之心灵，此中关节似极难说明。这是由前七境的认识心还灭为第八境的真如心吗？还是来一个"自我反坎陷"，由有执返于无执？此即关涉现象心与本体心之是否可以转化或一体化的问题，不能纯以"辩证"二字"跳跃"过去。至于最后一境的尽性立命境或天德流行境中所谓白之感觉所及性命之说，恐怕与先儒谈性命之说相去甚远。自宋明儒学至今所言天道所贯之性命，皆就道德形上学的义理之性及命言，实与宇宙生化论的气质之性及命相关而不同，不可于后者言"尽"与"立"之义。所谓"我有相续生起此白之感觉之性，白亦有命我相续生起此感觉之命"，实与宋明儒"尽性立命之言"不可同日而语。当然，由第七的一神之境如何能经自觉由白之心与境转进于第八的去执之境，再而飞跃至第九的天德之境，可谓"曲折离奇"。因此，我们认为若要"肠一日而九回"，必断；欲"魂须臾而九迁"，必散。

就第三个问题来说，我们认为唐先生那贯通九境的"一心"不仅是难以证立，而且是不可能证立的。一如上述，此"一心"乃"即人心即天心"的"既超越又内在"的"本心"。唐先生对此有许多描述，例如：

> 人依此超越的信仰，而信仰一切人与有情，皆能成圣而
> 自求成圣者，必愿望其外之一切生命存在之成圣，而永以此
> 愿望，涵摄其外一切生命之存在，则亦必愿望其自己与其外
> 之一切生命存在，成圣之后，其圣心之互相涵摄。此初视为
> 一一个体之圣，在其"心各能涵摄其外之一切生命存在，而
> 一一圣心能互相涵摄"之意义下，即不能只视为分立之一一
> 个体。若谓之为一一个体，此一一个体，当是全部开朗，而
> 外无边界之个体，而互以他为自之个体，即无异为一个体。今
> 若径谓之为一个体，则诸圣体无异一神体，诸圣之心，即一
> 神心，合为一神圣心体。然此所谓一体，乃自其非多个体而
> 说。自诸圣之各原为一有情生命之个体所成，而有个体义以
> 观，则此一亦原自非一，于此神圣心体，亦只宜以非一非多，即
> 一即多说之。[53]

我们暂时可不管"愿望"心之互相"涵摄"是否真能使一一个体
客观地全部开朗，以至消除个体之间的边界，也暂不理会"涵
摄"之为何义；然由"互'以'他'为'自之个体"，不可能"无
异'为'一个体"。因为"以……为"只是主观的想望，而"无
异为"则是客观的陈述。由此主观的想望或愿望而建立的"非一
非多，即一即多"之说，其实即上文所谓"既超越（为一）亦内
在（为多）"之说，乃是一种包含自相矛盾之说，亦违反理性上
的个体性原则。这种有泛神论或泛心论（panpsychism）倾向的
"大心"或"宇宙心灵"不仅难以证立，更且是逻辑地不可能成

---

53 同注38，页968—969。

立的。

唐先生对此"一心"的另一描述是：

> 若一切佛圣，皆同此无自他之别，则一切佛圣，即亦同体，而无自他之别，便可说非多而为一。然自一一佛圣之所由成而观，则又非一而为多，以其初亦是一般之有情生命故。合此二义，则一切佛圣不能说定是一，定是多，而当说即一即多，非多非一。……自此非多非一之义言，则非思议境，乃不可思议境。[54]

此"不可思议境"实即"不可言说境"。若不可言说而勉强说之，亦只能以"非多非一，即多即一"之吊诡性语言以表之。我们知道，不可言说性（ineffability）与吊诡性（paradoxicality）乃是泛神论或神秘主义的两个最核心的理论特征，而唐先生之所述，正显示其通贯九境之本心具此二大特征，无怪乎唐先生也说此义在西方、印度"亦有之"。[55]然而，神秘主义者或泛神论者所自称之"自证"向来是受人非议的，他们的说法既然违反了理性上的个体性原则，有关概念内部亦自相矛盾，所以其说不可能有任何理性上的证明及说服力。不过我们若细心考察唐先生的说法，当知他其实并非真以此本心为不可言说或内含吊诡的。因为他只是以未成圣前之有情生命之心为多，以成圣后之神圣心体为一，即以不同阶段说或多或一，而非在同一阶段说有关个体生命心灵即一即多，非一非多也。如是，未成圣前之心灵与已成圣后之心体应不一样，否则成圣前后之心灵早已合为一体，便只能说一而非多，亦

---

54 同注 38，页 1033－1034。

55 同注 38，页 1034。

即所谓多从来没有出现过。因此，严格言之，成圣前之心是多而非一，成圣后之心是一而非多，二种心灵根本不同，始有转化之义可说。如是，超越者的圣心与内在者的人心为异质者，因而此圣心亦只能为"超越外在"者，不复为"超越内在"矣！

虽然此"一心"之证是不可能的，或在概念上为自相矛盾者，但唐先生仍努力尝试证之。例如他说：

> 此〔心〕必立之故，简言之，即在吾人之见此主体之活动与活动之相，乃动而愈出，相续不穷者。由此相续不穷，即见其泉原之不息，根本之常在。此泉原根本，即以喻此主体。何以由此活动相续不穷，即知此活动之有一主体之在？此非由此活动之相续不穷，即可直接推论此主体之在。而是人于直感其活动相续不穷之时，即同时直感一超越于其先所感之一切已有活动以外，尚有一由无而出之活动。人即于此活动由无而出之际，或由无至有之几上，感此活动出于吾人心灵或生命存在之主体，而为一不同于一切已有之活动，以只为此主体之所知者。故人若对此直感之义而有疑，而必欲求此主体存在之论证，即初只能是一反证。即人若谓无此主体，为此相续之活动之所自出；则已有之活动是多少，即是多少，不应更增，亦不应更相续生起。今既有增，有相续生起，即证无此主体之说之非。[56]

针对此论，有三点可说：第一，任何自我反思的活动或序列性的思考活动都可以包涵"尚有一由无而出之活动"，不必是神圣心体的活动。例如，吾人于思考自然数时，恒可有一加一以成后继

---

56 同注38，页1000。

数之"相续不穷"的思考活动，并同时"直感一超越于其先所感之一切已有思考活动之外，尚有一由无而出之活动，是动而愈出的"。如是，我们能否由此以证一神圣心体之在呢？第二，"直感"心灵活动之动而愈出，相续不穷，并不等于"直感"一主体本身；即使"直感"有一主体在，也只能证有关一主体在之"此感"之真实，而非证得一主体本身之实在。第三，以人若"无此主体"，则心灵活动"不应更增"，而"相续不穷之活动"即不可能，实即以"相续不穷之活动"须预设（presuppose）"此〔超越〕主体"，以后者为前者之必要条件；并因所预设之"主体"为超越、形上的项目，故由之而证"此主体"之在，实为一"超越论证"（transcendental argument）。有关超越论证之困难，不足以作为真确的论证，另文已有讨论，此处不多说了。[57] 其实，若须有所预设，何不直接简单地预设人的大脑？即使计算机亦可有"动而愈出"的活动，何以"不应更增"呢？基于以上各点，我们认为此一神圣心体是不能依照唐先生的论说方式而得证立的。

五、结语

为了照管宇宙人生的一切，"为天地立心，为生民立命，为往圣继绝学，为万世开太平"，当代新儒家乃苦心孤诣，在百死千难中弘扬通贯天人之"圣心神体"，在四面受敌的困境下承接往圣先贤之"道统"，其孤高的个人志节，其伟大的宇宙情怀，委实令人敬佩不已。然而，此乃百年以来历尽苦难的中国社会与文

---

57 详见第五章"超越分析与逻辑分析：当代新儒学的方法论问题（一）"。

化所孕育出来的真挚的道德宗教之信仰,而非绝对不可移易的道德宗教之学理。在学理上,当代新儒家为确立此一"神圣心体",可以从不同的观点出发,或受佛家"枯槁有性"之说影响而推进一步言"草木瓦石同此心",或承康德"智的直觉"之说而推进一步言"一体朗现唯智心",或用黑格尔的"辩证历程"之说而推进一步言"九境通灵系一心"。三说对此"神圣心灵"或"超越主体"之证立虽在学理上有极大的困难,但却有助于我们挖掘更深层的问题,从而使儒学研究的前景更为清朗,其功实不在解决问题,而在于引发问题也。

孔子强调道德内省而未有明显的"主体"概念,孟子竖立"道德主体"而未有明显的通贯天人的"宇宙心体"概念,至宋明儒始明显言"天道性命相贯通"。当代新儒家继之而起,将此"天人一体之心性"纳入"超越内在"或"内在超越"的模式之中,不免与泛神论或神秘主义为邻。其中熊十力的"草木瓦石同此心"之说更可能会引出"良知无用"和"气质命定"的危机,背离孔孟的"人禽之辨"的大义。孔孟儒学之真精神若套在"天人合一"的模式之下,恐怕会有所扭曲或变易,而难有健康的发展。自宋明以来,儒者多有"出入佛老三十余年,退而求诸六经",当代新儒家更多有"出入佛老及德国唯心论三十余年,退而求诸六经",其中六经的真义与孔孟的真精神如何被"创造地继承"或"创造地转化",恐怕值得大家再三思考。

第三章
当代新儒家的判教与判准

一、判教与判准的问题

当一个具有原创性的思想家建立了一套独特的思想之后,如果有后来者加以继承发展,延绵不断地传下去,往往便会形成一个思想文化传统。尽管后来的思想家所处的历史文化环境已有所变化,但由于这套独特的思想内部有丰富的内涵和吸引力,又或可用以响应新时代的问题,甚或可以付诸社会实践,于是一些后来的思想家便可能会用新时代的语言来重新诠释旧说,又或从另一新角度考察旧问题,从而引出新问题及新思想来。这无疑是历史上大多数思想文化传统的一项共同特征:"继往以开来"。

在一个思想文化传统的内部,往往会有一些自称是要"为往圣继绝学"的后来者,在众多号称"继往以开来"的工作之中,强调自己的诠释是最准确的,即使证据并不明显,也是与往圣之所思"遥远地默契的"。他们认为自己的考察也是最为合理的,即使他们的新说与先哲的旧说不尽相同,也是基于合理的发展而与先哲之所涵"存在地呼应的"。对于其他不同的诠释与考察之工作，他们都往往会视之为"歧出"，甚至是"异端"。当然，这种"正统"与"歧出"之相视态度是相对的。相反的，被指为"歧出"者往往也会说自己才是真正的继承者，对方才是走上了歧途。

何以在一个思想文化传统的内部，会有这种互指对方为"歧出"的现象呢？对于这个传统的外部的人来说，他们彼此之间都分享着许多共同之处；但他们各自却认为彼此有天壤之别，甚至势不两立。朱子斥象山为禅、为告子，清儒斥阳明后学为狂禅、为儒学之叛徒，无疑都是突出的例子。这些互指对方为"歧出"或"异端"的例子并非完全没有理性上的根据。他们要判分"正统"与"歧出"基本上是一种判教的工作，而判教之理性上的根据则是他们所认可的判准。由于彼此的判准不同，由之而作出的判教自然也会不同。双方不同意对方的判准，大可以各判各的，不必互斥对方。双方之所以要互斥，不只因为对方的判准与自己的不同，而且更重要的是，双方各自都认为对方不能藉其判准以把握他们所属的思想文化传统的"本质"或"内核"。换言之，由于这些思想文化传统的教内之士并不把这一传统理解为一连串有"家族相似性"（family resemblance）的文化现象，而是从一种"本质主义"（essentialism）的观点来看待自己所属的传统；因此，他们会认为：谁能把握或体悟到这一思想文化传统的"本质"或"内核"，谁便是"正统"的继承者，否则便是"歧出"于道统之外。由于他们往往认为自己从"百死千难"中体悟或把握到此一"本质"或"内核"，得来并不是偶然的，而是依循着唯一的正路，所以作为此一正路之指标的判准乃是"绝对的""必然的"。

然而，对一个"发展的东西"来说，我们真的可以找到一个"绝对的""必然的"判准，以判定谁是"真正继承者"吗？这"绝对"是相对于什么观点的"绝对"，抑或与任何观点无关而一真绝待的"绝对"？这"必然"又是什么意义的"必然"，抑或与任何可界定的"必然"（如"逻辑的必然"或"因果的必然"）不同的另类"必然"？这些都不是容易解答的问题。再者，要证明一个微小的物理对象有内在的"本质"已经是极端困难的工作，要证明一个巨大的思想文化传统有内在的"本质"，即使是经过"百死千难"之后，恐怕也难以竟其功！其实，这种"绝对主义"的自信"必然"（请原谅我这里借用"必然"两个字）会引出"相对主义"的互斥。此二者可谓"依而复即"，是"不一不二"的！

有关"本质主义"的问题，我已另文处理。[1]本章的目的，主要是就当代新儒家的判教工作分析其中的理论困难。本章特以牟宗三先生的"二判"为例，对之加以说明及考察。牟先生在宋明儒学方面有"正统"与"歧出"之判，在中国佛教方面有"圆教"与"权教"之判。虽然经过分析之后我认为这些判教工作并不成功，却衷心承认牟先生的工作大大地扩阔我们的思考角度，并把问题的深度挖至最深之处。个人认为：古今中外并无任何哲学问题得到真正彻底的解决，这虽不免令人沮丧；但哲学探究之可贵，往往在于有"伟大的失败"刺激我们进一步地思考与探索。否则，哲学便要停步，不可以再往前走了！

---

1 冯耀明：《本质主义与儒家传统》，收入刘述先与梁元生编《文化传统的延续与转化》，香港：中大出版社，1999，页 17－52。

二、儒学的"正统"与"歧出"之判

牟宗三先生相信历史上有所谓"儒家的本质",他认为宋明儒"对于孔子生命智慧前后相呼应之传承有一确定之认识,并确定出传承之正宗,决定出儒家之本质。他们以曾子、子思、孟子,及《中庸》《易传》与《大学》为足以代表儒家传承之正宗,为儒家教义发展的本质,而荀子不与焉,子夏传经亦不与焉"。[2]这里的"本质"是就"发展之本质"讲。"发展"虽然涵蕴"开新";但只要不是"歧出之新",而是"调适上遂的新",便对本质"不生影响","于客观事实无增减"。[3]所谓"调适上遂的新",表示"虽是引申发展,但却为原有者之所涵"。[4]然而,要判定是不是"为原有者之所涵",似乎不太可能没有主观的诠释和观点。因此,这种"发展之本质"似乎并不是纯粹客观事实的问题,而此"本质"亦不成其为"本质"矣!

如果没有理解错误的话,牟先生所谓"儒家的本质"乃是"天道性命通而为一"之旨。[5]由之而亦可说"宇宙秩序即是道德秩序","道德秩序即是宇宙秩序";亦可说"道体即是性体","性体即是心体"之义。由于天道、天理是"超越"的,而性与心是"内在"的,故亦可说此本体是"既超越又内在"的。以此"圈定""儒家的本质",便必须要证明后来宋明儒有而孔孟没有的一

---

2 牟宗三:《心体与性体》,台北:正中书局,1968,第一册,页13。

3 同注2,页16-18。

4 同注2,页18。

5 同注2,第一章。

些观念及论旨是孔孟学说之所涵。然而，牟先生在这里似乎是"心证"多于"论证"，不能给我们一个"绝对"而"必然"的答案。

我们可以举一些例子来加以说明。例如牟先生虽然承认"孔子所说的'天''天命'或'天道'当然是承《诗》《书》中的帝、天、天命而来"，但他认为这"并不向'人格神'的方向走。孔子虽未说天即是一'形而上的实体'(metaphysical reality)，然'天何言哉？四时行焉，百物生焉。天何言哉'！实亦未尝不涵蕴此意味"。[6] 这"实亦未尝不涵蕴"比"涵蕴"弱，而"意味"比"事实"更弱。孔子事实上有没有"形而上的实体"之观念，似乎不能由此"弱涵蕴之意味"来证成。又如牟先生虽然承认"孔子亦未说仁与天合一或为一"，但基于仁心之感通无外，及仁与天的"内容的意义"有相同处，所以他认为"合一或为一"之说"亦未始非孔子意之所涵与所许。如果天向形上的实体走，不向人格神走，此种合一乃是必然者。此亦是孔门师弟相承，其生命智慧之相呼应，故如此自然说出也"。[7] 孔子的仁之"感通无外"是否有本体宇宙论的涵义，《论语》中并无正面的证据；至于认为仁与天的"内容的意义"有相同处，也只是《易传》《中庸》以后的诠释。"如果天向形上的实体走"，这"如果"并不是孔子思想上的事实，而是某些后继者单方面强调的"生命智慧之相呼应"而已。此外，牟先生又承认"孔子未说'心'字，亦未说'仁'即是吾人之道德的本心，然孔子同样亦未说仁是理，是道。心、理、道都是后人讲说时随语意带上去的"。但他认为"实则落实了，仁

---

6 同注 2，页 21 - 22。

7 同注 2，页 22 - 23。

不能不是心。仁是理、是道，亦是心。孔子由'不安'指点仁，不安自是心之不安"。"这些字都是自然带上去的，难说非孔子意之所涵，亦难说孔子必不许也。"[8]从"不安指点仁"，足以显示孔子注重道德的内省。然而，道德的内省是否一定需要预设有一个与"超越"的天道"为一"或"合一"而又"内在"于人的自由的主体心灵，则是不难判定的问题。虽然这并非孔子所"必不许"的，但"不难说"这"非孔子意之所涵"。

平实地说，孔子谈道德实践须预设人有道德内省的心灵活动，但他并没有提出及界定"心"的概念。有心灵活动可以预设而不必预设心灵实体；有心灵实体也可以预设而不必预设那实体是"既超越又内在"的实体。孔子不必反对宋明儒的"道体""性体"及"心体"概念与观点；但他的思想并不涵蕴这些概念与观点，乃是明显不过的事实。宋明儒各家都以为得到孔孟的真传，体悟或把握到孔孟的真髓或本质，其实彼此都在做"创造的诠释"工作，各判其教，各立其统而已。牟先生以濂溪、横渠至明道为"圆教之模型"，直承先秦儒学之正统；以后分为三系，其中五峰、蕺山系与象山、阳明系皆能继承此正统，而伊川、朱子系虽在历史上被视为正宗，实则是"别子为宗"而已。牟先生此一判教工作正是以上述的"儒家之本质"作为判准的。牟先生认为：由于伊川及朱子说的"心即理""预设心性不一，心理为二"，他们所体会的道体、性体乃是"只存有而不活动"者。[9]如是，他们的"理"只是"但理"（存在之理），而非"动理"（创造的实体）。他

---

8 同注2，页23-24。

9 同注2，页61。

们的"心"是形而下的"气之灵"，心与理不是在本体意义上为"本体的自一"，而是在认知意义上为"关联的合一"。[10]这样的"心"并不是"既超越又内在"的"创造的实体"，而这样的"理"也不是"即存有即活动"的"创造的真几"。如此一差，便不能体会"儒家的本质"，遂"歧出"于"正统"之外了。牟先生此一断定之成立，是建基于上述的"儒家的本质"为孔孟学说之所涵一前提之上的。然而，如果孔孟学说并没有涵蕴此一"儒家的本质"，即使我们可以证明宋明儒其他各系的理论比伊川、朱子系的为优胜，也不足以证明伊川、朱子系较其他各系为"歧出"。既然此一"本质"并不是真正具有客观意义的"本质"，一切有关"正统"与"歧出"之判便只能成为"无本之论"或"不根之谈"了。

我们认为：不仅上述的"本质"并不是真正具有客观意义的"本质"，而且我们也找不到任何不受诠释者的概念语言所"美化"或"污染"的，"客观地摆在那里"等待我们去发掘它的"本质"。这是一种"所与的神话"(the myth of "the given")。尤有甚者，我们可以证明上述的所谓"儒家的本质"是与孔孟的思想有所背离的，而且其相关的观点也有极大的理论困难，是不易克服的。我们的根据在哪里呢？

依照牟先生的观点，宋明儒的大宗能够掌握"天道性命相贯通"之义，体会到道体、性体是"即存有即活动"的，天、道、理、性及心等是同一本体，无二无别的。因此牟先生认为：

> 性虽就个体立名，然就其根源处之为"体"言，则是普遍的（妙万物而为言），亦是一而非多，是同而非异，个体虽

多为异，然此性却不因其多而为多，因其异而为异。它只是一，只是同。"月印万川"，实只有一个月亮，并无万个月亮。[11] 换言之，本体只有一个，不因个体之多而使体现于各个个体之中的天命之性为多，亦不因个体之异而使其中之天命之性为异。然而，"人物同体"，人与其他动物及草木瓦石都同得此天命之性，那岂不是背离了孟子的"人禽之别"吗？所以当明道说"万物一体"，"万物皆备于我"，并把这些话理解为"皆有此理"，"都自这里出去"，而且是"不独人尔，物皆然"时，黄百家在《宋元学案·明道学案》上便下案语，认为"翻孟子案"，"只一家禅诠"矣！

为了避免背离孟子"人之所以异于禽兽者几稀"之说，牟先生乃提出"本体论的圆具"与"道德实践地具"之区分来"打圆场"。他说：

> 既是"于穆不已"之体不但创生万物，而且亦内具于万物而为性，即天道性命相贯通，则"内具于万物而为性"之义，本体论地言之，应是普遍地有效，"天道性命相贯通"亦应是普遍地有效，无理由单限于人。……如是，"本体论的圆具"义当是必然者，而且亦须立此义始显出"道德实践地具"上之有差别。……自"道德实践的具"而言之，人能具此理以为性，真能自觉地作道德实践以起道德创造之大用，故能彰显地"完具此理"，并能彰显地作到"万物皆备于我"。然而在其他动物以及草木瓦石则不能有此自觉，因而亦不能有此道德之创造，是即等于无此"能起道德创造"之性也。是故

---

11 牟宗三：《中国哲学的特质》，台北：学生书局，1994，页80。

> 创造实体在此只能是超越地为其体，并不能内在地复为其性，即其他个体并不真能吸纳此创造真几于其个体内以为其自己之性也。此即立显出人物之别矣。[12]

并说："虽同体而有人禽之辨，则人之所以异于禽兽者乃在心之自觉。"然对物言，"天只命其有个体之存在，而不能命其有'道德的创造性'之性也。"故只能说"天命之谓在"，不能说"天命之谓性"。[13] 依此说，由于"圆具者依实体的既超越又内在说"，[14] 我们似乎可以说：就"本体论的圆具"而言，此唯一的本体既超越又内在于人与物之中；但就"道德实践的具"而言，此唯一的本体对人是既超越又内在的，对物则是只超越而不内在的。此说若成立，固然可以说明"人禽之辨"，避免"翻孟子案"，但却要付出沉重的代价——引至循环性（circularity）或自我否定（self-refuting）之恶果。

首先，为什么"本体论的圆具"与"道德实践的具"不同呢？照牟先生的说法，主要的理由是在于后者独有的"心之自觉"或"能推不能推"的问题。然而，此说若成立，又必须预设人有心而物无心。但由于"心即性"，都是那唯一的本体，因此，说"人能道德实践地具天命之性而物不能，其原因在于人有心（能推）而物无心（不能推）"，与说"人能道德实践地具天命之性而物不能，其原因在于人有性而物无性"，并无实质的差别。但后者乃是一种循环的说法，并不足以说明此一"人禽之别"。要避免循

---

12 同注 2，页 71。

13 同注 2，页 234。

14 同注 12。

环,似乎唯一可行的办法是要把"性"这一概念一分为二,区分为"天命之性"与"道德之性"。如是,"人能道德实践地具天命之性而物不能,其原因在于人有道德之性而物无道德之性"便不是循环的说法。但如此一来,由于"道德之性"即"道德心",而"道德心"即"道德之天理";"天命之性"即"宇宙心",而"宇宙心"即"本体之天理";既然"道德之性"不同于"天命之性",则两种"理"与两种"心"概念亦不可能相同。换言之,"道德秩序"与"宇宙秩序"便不是同一的,而道德心性论的"实体"亦与本体宇宙论的"本体"不可能相即而自一。这无疑是"自一"说的否定。这里的两难是:要接受"自一"说,便会引至"循环性";要避免"循环性",似乎又不得不否定"自一"说。

其次,即使我们勉强接受上述牟先生的解说,他也只能拯救明道之说,而不能挽救阳明之说。因为自阳明至熊十力,都有一个泛心论(panpsychism)的倾向,是不可能藉牟先生的解说而使之不与孟子背离的。例如阳明说:"人之良知,就是草木瓦石的良知。"[15]熊十力承阳明之说,也认为草木瓦石与人类共有同一良知,[16]"我的本心"并不是"内在于我身内之心",而是"体现于我身之大心";又由于"体现于我身之大心"与"体现于石头之大心"无二无别,故可说此同一大心或本体"体物而不遗"。[17]熊十力甚至认为:"无机物出现时,生命心灵之性,只是隐而未

---

15 王阳明:《传习录》下,见吴光编:《王阳明全集》,上海古籍出版社,1992,页107。

16 熊十力:《读经示要》,台北:广文书局,1970,卷一,页94。

17 同注16,卷二,页14。

显，非本无也。"[18]如是，则孟子的"人禽之辨"在哪里可见呢？就在于禽兽的良知是"隐而未显"吗？但为什么此同一而共有的良知对禽兽言是"隐而未显"，对人类言却是"隐而能显"呢？原因当然不在于那非个人所独具、私有的良知、生命，[19]因为此共有的良知并不偏私于人。照熊十力的说法，人能显发而他物不能显发之原因在于他物之"形体闭塞、粗笨"。[20]至此，把"道德心"等同为"宇宙心"，[21]把个人私有的"良知"变为万物共有的"天地之心"，[22]将要付出极大的代价，那就是引来了一种使自由意志及道德责任成为多此一举之"气质命定论"！不只禽兽及草木瓦石可以用气质之限制来说明其良知不能显发，即使是小人或顽劣之人之所以不能变化气质而成为君子，也只能归咎于其材质与气禀之恶劣，与良知之自反、自觉实不相干。因为，这唯一的共有的良知是不会也不能特别去提携那小人或不肖者的！真对不起！这里的两难是：要接受"大心"说，便会陷孟子于"气质命定论"，使他的"扩充""存养"之工夫成为可有可无的例行公事；要避免"气质命定论"，"大心"说便不得不彻底地破灭了！

孔孟思想中本无"天道性命相贯通"的问题，因此也就没有所谓"既超越又内在"的问题。相反的，宋明儒中无论"心即理"一系或"性即理"一系，都有"既超越又内在"的问题。正如我在

18　熊十力：《明心篇》，台北：学生书局，1976，页3；又《乾坤衍》，台北：学生书局，1976，页324，也有类似的说法。

19　熊十力：《新唯识论》，北京：中华书局，1985，页641，252。

20　熊十力：《乾坤衍》，页328。

21　同注11，页71。

22　同注15。

其他论文中一再说明的，[23]这种"超越内在"说或"内在超越"说有不可克服的理论困难。若将此说强加于孔孟，恐怕后果是得不偿失的。依照当代新儒家对宋明儒学的解说，"超越"的天、道或理是"内在"于人或物之中而为其性或心的，此一唯一真实的形上的实体或本体是共有的，而不是某一个体之人或物所私有的。但问题是："超越"（transcendence）涵蕴"外在"，而"外在"又与"内在"（immanence）对反（contrary），除非改变了"超越"或"内在"的典型用法和意义，否则对任何实体而言，它是不可能对其他事物为"既超越又内在"的。然而，改变这些字词的用法和意义，一方面会使"超越内在"与"超越外在"之中西对比变得毫无意义，另一方面又会引出一些吊诡或诡谲性的说法，陷入不可思议的神秘主义的胡同之中。如果说"超越"的天道、天理与"内在"的性理、本心"类（型相）同"（type-identity）而非"个（体相）同"（token-identity），这是因为天命之性来自天，故不因个体事物之异而使各禀得的天命之性为异，但必因个体事物之多而使各禀得的天命之性为多；那么，这样的"超越"者与"内在"者密切相关（因禀受而为类同），而非有一同一个体之实体为"既超越又内在"者，这种说法还是可被理解的。但可惜的是，从朱子的"万个是一个，一个是万个"，"如日在天，只一而已"，[24]到牟先生的"是一而非多，是同而非异"，"'月印万川'，实只有一

---

23 参阅第七章"当代新儒家的'超越内在'说"；第八章"皇帝的新心：'超越内在'说再论"；及拙作《朱熹心性论的重建》，《国际朱子学会议论文集》，台北："中研院"中国文哲研究所，1993，页437－461。

24 朱熹：《朱子语类》，北京：中华书局，1986，第六册，页2409。

个月亮，并无万个月亮"[25]，都强调"超越"的"天上月"与"内在"的"川中月"是"一而非多"的，这就不免自相矛盾或产生不可思议的结果。所以以"月印万川"之喻为例，"天上月"与"川中月"是"一个"与"万个"之关系，二者可以"类似"，其或"类同"，却不可能是"一而非多"地为"个同"的。硬要说是"个同"，等于说这个比喻无效，需要在比喻的相关处用非比喻的说明来救助，使之符合"自一"之"即"的说法。熊十力的"大海水与众沤不一不二"之喻是"相即而不得全"（每一沤虽不离大海水，但不可能得大海水之全），而"月印万川"之喻则"得全而不相即"（每一川中月虽完全类同于天上月，却不可能个同地相即为一），二喻俱不足以说明"一而非多"之说的。[26]硬说"既得全又相即"或"既超越又内在"，便是自相矛盾而不自知！

为了避免"自相矛盾"之批评，也许有些论者会说"一非多""多非一"是概念分解上的说法，而非圆融化境上的说法。若"硬要"把"一"与"多"的"相即"关系说成是"个同"，从而否定"一多相即"（或"一而非多"）之"圆说"，这便是把本体"物化"或"对象化"的做法，"显然"是"对"那本体没有"体悟"，"对"那境界缺乏"体知"！针对这个问题，我要站在牟先生的一面反驳这种硬说我"硬说"之硬说。牟先生清楚地告诉我们：

> 心性为一，心理为一，是在分解道德实体之概念上所必
> 须建立者，是体之概念本身就是如此。而理气圆融之一，是

---

25 同注11。

26 有关此二喻之详细分析，见第七章"当代新儒家的'超越内在'说"。

尽性践形之化境，此并不碍理气之在分解表示上之有分，而且正因为有分别，始可言圆顿化境之为一。此"一"是混融一体之一，"不可分"是化境上之不可分，并不是概念上之不可分。心性为一，心理为一，此"一"是断定上之一，是内容意义上之一，并不是混融一体之一；而不可分亦是在体之概念上不可分，并不是化境之不可分。象山、阳明只说心即理，心即性，此"即"并不是化境上不可分，混融一体之"即"，乃是概念断定上之"即"。[27]

此概念分解上之"即""一"即是"自一"，而非"合一"。[28]依此，"超越"的"一"（天上月）与"内在"的"多"（川中月）在分解概念上为"自一"是不可能的。此外，使用"个同"概念时，其中的相关项可以是抽象的对象或不可感觉的对象，不一定是"物化"的对象。至于"对象化"的问题，相信是任何使用概念的学问研究所不可避免的。超脱于"能所对待"之格局而有学术上的理解，固然是不可能之事；即使可能，这样的"学问"也不可能有任何客观的意义。即使为了论证上的需要，我们暂且接受此一"可能"，但由于我们所用的"一""多""即"等词都是在"能所对待"之格局下，服从"个体性原则"的用语，持"既超越又内在"之说者便不可能使用我们的用语，而必须使用另一种在"能所无待"格局下的"一""多""即"等新用语。然而，他们这种"新语言游戏"如何玩，相信至今仍无人能交待清楚。

最后，即使我们为了论证上的需要，暂时再退让一大步，勉

---

27 同注 2，第二册，页 26。

28 同注 10。

强承认"超越内在"说或"内在超越"说是"可能"的；但落在具体内容上说，也会使孔孟之教产生极大的歪曲。牟先生虽然承认在圆顿意义上草木瓦石可以"潜具"天命之性，但他并不承认草木瓦石可以"潜具"良知。[29]如是，"心即理"及"心即性"便只能对万物之灵的人类来说，而不能是"体物而不遗"的。至于阳明至熊十力主张的"草木瓦石也有良知"，即使可以普万物而言，却使孔孟的道德心扭曲为宇宙心，而使儒学所特重的"自反""自觉""恻隐""羞恶"等显示意志自由及道德责任的精神涵义丧失殆尽，宁不悲夫！

至此，我们可以断定：孔孟思想中不仅没有这后加的"本质"，而且这所谓"本质"与孔孟思想实有所背离，更且有不可克服的理论困难。这是道德心性背负了本体宇宙论的沉重"包袱"，其"脊梁"便不得不被压得弯曲了！除非把这种"心灵胀大症"去除，否则道德主体性便不可能不被宇宙客体性所吞没，失却"道德自觉"的实义！

三、佛教的"圆教"与"权教"之判

在佛教义理方面，当代新儒家之间对"圆教"与"权教"或"别教"之判有不同的看法。牟先生认为在历史上后出的华严宗之教义只属"别教"，早出的天台宗之教义才是"圆教"；而唐君毅先生则不以为然。牟先生认为：

---

29 牟先生在注 2 所引书页 71 及 234 中认为草木瓦石不能有"心之自觉"；在《智的直觉与中国哲学》（台北：台湾商务印书馆，1971），页 319 中亦认为无情（草木瓦石）没有"觉性义之佛性"。

佛教的判教以圆教为最高境界，前此的小乘教、通教、别教都是权教。权者不实。权实乃相对而言。权就是方便、不究竟、非了义，它必然向着圆实处发展。进而言之，表达这圆实还有一个独特的模式，并不是各圆其圆，你说你圆，我说我圆。假如我们了解表达圆教的独特模式，便知道圆教只有一个，无二无三。这并不是独断。独断是说我圆你不圆，这还是各圆其圆；那么反过来，你也可以说你圆我不圆。[30]

然而，牟先生所主张的"圆教"如何可以避免他所说的"各圆其圆"之"独断"，而成为"无诤"的"只此一个"的"圆教"呢？这要视乎他所谓的"表达圆教的独特模式"及"圆教的义理内容"是否"无诤"。若非"无诤"，便是"可诤"，便不免仍然是"各圆其圆"之"独断"矣！

"表达圆教的独特模式"是什么呢？牟先生认为：

> 任何透过语言文字的方式来表达的系统，都不是圆教，因为各种说法都对立不一，如基督教有一套，回教也有一套；既各有一套，则统统不是终究之圆教。[31]

但牟先生用"表达圆教的独特模式"说圆教，也是透过语言文字的，岂非牟先生说的圆教也是"各圆其圆"的一种圆教？因此，"不立文字"是不可能的。实质上，牟先生所强调的乃是不能以分解的语言文字来表达圆教，故有"分别说"与"非分别说"（或"分解地说"与"非分解地说"）之区分。他说："一切大小乘法皆是依分解的方式而建立者。凡依分解方式说者皆有可诤处，因而亦

---

30 牟宗三：《中国哲学十九讲》，台北：学生书局，1983，页372。

31 同注30，页320。

皆是可诤法。"[32]但法华圆教则不同，"它虽是一系统，却不是依分解的方式说，而亦是依一'异法门'而说，即亦依诡谲的方式说。凡依分解方式说者即是权教，因而是可诤。因此，系统有多端。既有多端，即是有限定的系统。因此，是权教，是可诤法。法华圆教既不依分解方式说，故虽是一系统，而却是无限定的系统，无另端交替的系统，因而它无系统相，它是遍满常圆之一体平铺：低头举手无非佛道，因此，为圆实，为无诤。分解说者中之一切跷欹相皆归于平实，故为无诤。依阿赖耶说明一切法，依如来藏真心说明一切法，此皆是分解地说，故为权教，为可诤。'一念无明法性心'即具十法界，这不是依分解的方式说，而是依诡谲的方式说，故为圆教，为不可诤。"[33]

为什么天台法华圆教"虽是一系统，而却是无限定的系统"，或虽"是系统而无系统相"[34]呢？牟先生提出的理由是：

> 就法华经本身而言，并没有什么特殊的内容，经文十分简单，没有包含分别说的法。那么，法华经到底有什么特殊处呢？法华经主要的问题在于"权实问题"之处理。凡是分解说的都是权，而非分解说的才是实。如何处理权实的问题呢？照法华经所说，即是"开权显实"，开是开决，决了畅通之义，此可模拟于般若经之融通淘汰而实不同。"决了"，照康德的话说，就是一种批判的考察（critical examination）；而照佛教辞语就是一种"抉择"，也就是将以前所说的一切法，作

---

32 牟宗三：《佛性与般若》，台北：学生书局，1977，上册，页15。

33 同注32，页16–17。

34 同注30，页360–362。

一个评判、抉择，这不就是批判的考察吗？[35]

此"开权显实"的"批判的考察"是"属于第二层序（second order），其他分别说的法，则是属于第一层序（first order）或属于基层（basic order）"。[36] "它所说的不是第一序上的问题，乃是第二序上的问题。它的问题是佛意，佛之本怀；是权实问题，迹本问题，不是特殊的教义问题；它处理此问题的方式是开权显实，开迹显本。它只在此成立圆实教，以明佛之本怀。这显然是第二序上的问题，高一层的问题，也可以说是虚层的问题，因此，它没有特殊的法数、教义与系统，因而它亦无铺排。"[37]

既然是第二层序上的批判的考察，也该是依据某些判准来批判，也该有一套说法，何以却"是系统而无系统相"呢？我想主要的理由不在于是否有第二层序的问题，而是在于"开权显实"之方式。此方式即所谓"诡谲的方式"或"辩证的诡辞"，亦即所谓"非分别说"。[38]牟先生的"逻辑"是：第二层序上的"非分别说"与被它"开决"了的第一层序上的"分别说"不同，在于"分别说"是"可诤的"，而"非分别说"非"分别说"，故"非分别说"是"不可诤的"。然而，严格言之，由"A是可诤的"与"A非B"，是不能推论出"B是不可诤的"。有关"诡谲的方式"或"辩证的诡辞"之应用问题，我们稍后再作检讨。现在我们先要讨论这种"非分别说"是否可被理解的问题，是否有"可诤"与

---

35 同注 30，页 360。

36 同注 30，页 361。

37 同注 32，下册，页 576。

38 同注 30，页 352－362。

"不可诤"的问题。

牟先生时常提及的诡辞或诡谲的言辞有："无明即法性""法性即无明""生死即涅槃""烦恼即菩提""三道即三德"及"不断断"等。这些"诡谲地相即"的言辞如果用"分别说"来分析及理解，都具有"X即Y"的结构，而"X"与"Y"是对反的，即"X"涵蕴"非Y"，且"Y"涵蕴"非X"。如果"即"表示外延或意义的等同，这些语句无疑都是自相矛盾的。因此，我们相信这种理解方式极可能是不对的。另一可能的理解方式是："X"与"Y"都是分解方式下的词语，而"即"虽然不是表示外延或意义等同的意思，却仍然是分解方式下具有"另一意义"的词语。换言之，"X即Y"全句仍然是在分解方式下被理解的语句，尽管它并非自相矛盾，但仍然是属于"分别说"，仍然是"可诤"的。我们相信这也不太可能是牟先生的意思。牟先生的意思应该是："X"与"Y"是分解方式下的用语，但"即"字是非分解方式下的用语；或"X"与"Y"与"即"三者皆为非分解方式下的用语。由之组成的用语便是"非分别说"的语句。但如此一来，"开权显实"如何可能呢？权教的人说："离生死才有涅槃"，所以"生死即涅槃"是不可能成立的。圆教的人对权教此说作"批判的考察"，说"离生死没有涅槃"，所以"生死即涅槃"是必然成立的。如果后者真的是针对前者而作"批判的考察"，前后二者的"生死"与"涅槃"用语应是同义的，否则便是无的放矢，批判的只是稻草人而已。若"即"表示"不离"，全句表示"不离生死法而透过除病不除法可得涅槃"，这仍然是分解方式下的语句，无甚"诡谲"可言！若"即"字另有非分解的"玄义"，甚至"生死"与"涅槃"都另有非分别说的"殊义"，则全句便不能以概念分解的方式来了解；尤有甚者，它与权教由概念分解形成的语句便不能建立任何可被理解的关系。圆教不可能"批判"权教，不可能"决了"它，不可能"开决"它，因二者的语言全不相干，彼此不可能互相了解、诠释及沟通。权教的人概念分解地说"离而不即"，圆教的人非分解地说"即而不离"，但此"即而不离"之"即"是"玄义"之"即"，那"离而不即"之"即"则是常识意义之"即"，"玄义"之"即"是"诡谲的相即"，常识意义之"即"是"分解的相即"，二者之相关处在哪里呢？若用某一中介词语来说明二者之关系，此中介词语是分解的还是非分解的用语呢？若为非分解的用语，我们仍然需要有另一词语来说明此中介词与"分解的相即"之关系，此问题仍会无穷地延续下去。若中介词为分解的用语，则"诡谲的相即"与"分解的相即"之关系要成功地被此分解的中介词加以说明，必须预设"诡谲的相即"可用概念分解的方式来理解及分析，因而"非分别说"便变成"分别说"了！

这里出现的一个两难是：不是"有权而开不出任何实来"，便是"有实而开决不了任何权"。前者表示第二层序的圆实之说不过是另一种"各圆其圆"之说法，后者表示第二层序的圆实之说不可能与第一层序的权说构成任何可被理解的关系。如果是前者，牟先生所理解的天台圆教仍然是可诤的；如果是后者，由于它的说法不能被任何概念语言加以分析，因此它的说法既不是"无诤"的，也不是"可诤"的，而是没有资格成为"无诤"或"可诤"之对象！

如果我们细心分析一下由"无明"与"法性""诡谲地相即"而说的"一念无明法性心"或"不思议之烦恼心"之概念，便可以从一个更具体的角度了解此两难。例如知礼在《四明尊者教行

《录》卷二中曾说：

> 今观诸法即一心，一心即诸法，非一心生诸法，非一心
> 含诸法，非前非后，无所无能。虽论诸法，性相本空；虽即
> 一心，圣凡宛尔。即破即立，不有不无，境观双忘，待对斯
> 绝。非言能议，非心可思，故强示云：不可思议微妙观也。[39]

知礼所谓"境观双忘，待对斯绝"这种"无所无能""无对无待"的不可思议境是如何可以达至的呢？引文开头"今观"二字正可以回答此一问题。此"今观"所要观的是"当下一念心"，"今观诸法即一心，一心即诸法"，即表示观照得"一念心"与"诸法"是"色心不二"的，是"能所无待"的。然而，此"心"与"法"虽为"无待"，但"观此无待的不可思议境"之"能观之心"是否即是那"色心不二"中的"一念心"自己呢？如不是，此更高一层之"心"是什么"心"？即使暂时不管这是什么"心"，它也得对此"被观之境"或"无待的不可思议境"形成能所对待，才能对之有所观。若"能观之心"即是"被观之心"，即是那"色心不二"中的"一念心"自己，因而亦为"能所无待"（即不只"色心不二"为能所无待，观此"色心不二"之"心"与"色心不二"中的"一念心"及"色心不二"之"境"亦为能所无待），则我们又如何能知道这是"能所无待"的呢？除非我们另有一更高一层之"心"去"观"，否则我们没有可能告诉别人，甚至不可能自己知道，自己有一心灵进入"无待的不可思议境"之中。而此另一更高一层之"心"也不可能是那一"一念心"自己，否则便有无穷后退的问题。即使我们勉强接受此说，承认这"能观之

心"即被观之"一念心"自己，它自己观自己如何地与"诸法"相即，这里仍然有一难以解决的问题：若此"一念心"是"妄心"，它是不可能观照得此"无待的不可思议境"的；若此"一念心"是"真心"，它便是隔离开"妄心"之"真心"，因而亦违反天台圆教对"一念心"之规定；若此"一念心"是"真妄和合之心"或"真妄相即之心"，而此"心"既与"诸法"无待，它自己又怎能知道有此"无待"呢？它要知道有此"无待"，必先要了解什么是"无待"；要了解什么是"无待"，又必先要了解"无待"是与"有待"形成"对待"的。然而，当此"心"了解此"更高一层的对待"时，它便是透过了概念对比来认识或观得那"无待的不可思议境"，亦即是以"有待"的方式来观此"无待"。这里的两难是：不是此"无待之心"不能观得任何"无待之境"，便是此"无待之心"于观得之后变成了"有待之心"。我们认为：若然此"无待之心"不能观得任何"无待之境"，我们便没有理由相信有所谓"无待之境"；若然此"无待之心"于观得之后变成了"有待之心"，它所观得的究其实也只能是"有待之境"而已。若强把此"两难"当作"两妙"，当然便是"不可思议微妙观"也！

天台宗诸大师用到牟先生所谓"诡辞"来表达"无明"与"法性"为"诡谲地相即"时，通常附有一些比喻以助了解，我们正可以拿来分析一下其中"诡谲"之妙处。知礼在《十不二门指要钞》卷上对此"诡谲的相即"有所说明，他说："应知今家明'即'，永异诸师。以非二物相合，及非背面翻转，直须'当体全是'，方名为'即'。"[40]牟先生认为："无明与法性若是异体，则

---

[40] 《大正藏》第四十六册，页707。

虽依而不即，犹各自住，这是别教；若是同体，依而复即，纯依他住，并无自住，方是圆教。同体者同一事体之谓。"[41]此说颇不易理解，但我们可以找到一些比喻及在具体脉络上使用此词之用法以助了解。诸喻条列如下：

第一个比喻：无明即是明，当知不离无明而有于明，如冰是水，如水是冰。(《维摩诘所说经》)[42]

第二个比喻：譬如高原、陆地不生莲华，卑湿淤泥，乃生莲华。……烦恼泥中乃有众生起佛法耳。(《维摩诘所说经》"佛道品第八")[43]

第三个比喻：如一珠向月生水，向日生火，不向无水火。一物未曾二，而有水火之殊耳！(《摩诃止观》卷六下"正修中观")[44]

第四组比喻：如寒来结水，变作坚冰；又如眠来变心，有种种梦。(《摩诃止观》卷五上"正修止观")[45]

第五个比喻：如竹中有火性，未即是火事，故有而不烧，遇缘成事，遇缘事成，即能烧物。恶即善性，未即是事；即能

---

41 牟宗三：《圆善论》，台北：学生书局，1985，页274。

42 《大正藏》第三十三册，页743–744。在尤惠贞《天台宗性具圆教之研究》(台北：文津出版社，1993)页118中，将此段文字视为出自《维摩诘所说经》，也许因为智顗在《妙法莲华经玄义》中指明"净名云"之故。但在《维摩诘所说经》中找不到此喻，也许是出自他的《净名玄义》或《净名短说》。

43 《大正藏》第十四册，页549。

44 《大正藏》第四十六册，页82–83。

45 《大正藏》第四十六册，页56。

翻恶。如竹有火，火出还烧竹。恶中有善，善成还破恶。故即恶性相是善性相也。(《妙法莲华经玄义》卷五下)[46]

第六组比喻：名生死身为法身，如指冰为水尔。烦恼道者，谓无明、爱、取。名此为般若者，如指薪为火尔。业道者，谓行、有，乃至五无间。皆解脱相者，如指缚为脱尔。(《金光明经玄义》卷上)[47]

第七组比喻：若更弃此妄念别觅真如，复同偏教所修，犹如弃波求水，舍器求金焉。兹二者过犹不及也。要须不即不离妙在其中，斯可矣。(《四明尊者教行录》卷四中"答泰禅师佛法十问")[48]

在这七组比喻中，莲花出于淤泥而不染之喻(第二喻)并不恰当。因为莲花与淤泥二物异体，而非"同体"；而且莲花依于淤泥，而淤泥不依于莲花，故为单依而非互依，亦即不是"依而复即"的。因此，此喻实不足以及不适于说明法性与无明之相即关系。第六组比喻中的指薪为火，由于也是单依，故亦非恰当之喻。竹中有火性之喻(第五喻)亦不甚恰当。因为"如竹有火〔性〕，火〔性〕出还烧竹。恶〔法〕中有善〔性〕，善〔性〕成还破恶"中最后一"恶"字如表示为"恶〔法〕"，便引出断灭空(这是合乎竹之喻的)。若"恶"字表示为"恶〔性〕"，则引出歧义的问题；即第一"竹"字模拟"恶〔法〕"，而第二"竹"字却模拟"恶〔性〕"，并不一致(这是不合乎竹之喻的)。倘若第一

---

46 《大正藏》第三十三册，页 743 – 744。

47 《大正藏》第三十九册，页 4。

48 《大正藏》第四十六册，页 892。

个"恶"字不被理解为"恶〔法〕"，而理解为"恶〔性〕"，虽可避免上述的歧义，却产生"恶〔性〕中有善〔性〕"此一极荒谬的语句。至于第一喻、第四组喻及第六组喻中之水与冰之喻，基本上是一致的，似乎可以恰当地用来比喻法性与无明之相即关系。此喻可以表示同一物体或事体可有水（液）态与冰（固）态，二态可以互转，而不离于同一物体或事体。第四组喻中的眠来变心，也可用以表示同一心体可以有醒与梦之二态，二态不离于一心，而又可以互转。这似乎也是恰当而又一致的比喻。第三喻所谓一珠向月生水而向日生火，主要表示一物具二种性能，似亦可作为一致而恰当之比喻。第六组喻中的指缚为脱，主要表示二相对概念之相依，而此相依只是概念之互依，而非存有之互依。最后在第七组比喻中的不弃波求水与不舍器求金，主要是表示不离具体事物或现象以求其所属之物质或材质，这似乎也可以一致而恰当地用来比喻法性与无明之相依，而不太能表示相对之互转。综合以上的分析，我们可以发现：最为恰当而一致的比喻是表示"一物二（状）态"或"一物二性（能）"。然而，如此地理解法性与无明的"相即"关系，乃是建基于常识概念之分析。换言之，这些比喻都是"分别说"之用语，而非所谓"非分别说"之"诡辞"，实无甚"诡谲"之可言！

若从使用"即"字之具体脉络上之用法来分析此概念，更可发现这毫无"诡谲"之可言。例如上述冰是水之比喻，主要是表示"无明即是明，当知不离无明而有于明"，其中"即"字之用法是扣紧"不离"而说的。又如上述一珠之喻中，说到"法性显，则无明转变为明"，乃表示相即者可互相转化。依此，"依而复即"即涵有"不离而又可互相转化"之义。这些意思都可以透过概念分解来了解,实无什么"玄义"之可言!牟先生解说"体同"时,认为"并不是离开无明别有一个抽象的'但理'的法性,并不是离开法性别求一抽象的孤调的无明"。[49]"一念三千即空假中,即不思议妙境。不是离开一念阴识心而以真常心为不思议境也。"[50]都使"相即"之义以"不离"解说之。再加上"法性必即无明而为法性",是扣紧"无明须断,此即所谓'解心无染';而无明中之差别法则不断,此即所谓'除病不除法',即'不断断'也。"[51]"不断"之对象是"差别法",而"断"之对象是其"病",故"不断断"并无自相矛盾。而"除病不除法"所表示的"不断断"无疑是分解之说,亦无"诡谲"之可言。因此,由"法性即无明"而"不断断",即表示法性与无明于法上为体同而性(或态)异(即同属一法之二性或二态),不除此体同之法(无明与法性共属之法)而除无明之性。综此分解,"诡谲"顿失,"诡辞"顿遁!

　　牟先生使用"诡谲的相即"一词也有不太一致的情况出现。例如他一方面说"生死即涅槃""烦恼即菩提"是"诡谲的相即";但另一方面又说"德福一致"之"德即福""福即德"也是"诡谲的相即"。此则产生两个问题:其一是,第一种"相即"是"执法与无执法之相即",而第二种"相即"是"目的王国与(物自身层之)自然王国之相即"。换言之,前者是"执与无执之相即",而后者是"无执与无执之相即",二者并不一致。另一问题是,此

49　牟宗三:《智的直觉与中国哲学》,页230;及《佛性与般若》,下册,页697。

50　牟宗三:《智的直觉与中国哲学》,页273。

51　同注32,下册,页646。

"德福一致"之"福"乃"本体意义之福"，而非"现象意义之福"，故与孔孟所谓"得之有命之福"大异其趣。再者，由于"德"与"福"都是同一事体的物自身，而俱非现象，故"德福相即"乃是就同一事体而言两个物自身之"相即"，这与康德及牟先生所一贯强调的"一物只有一物自身"之概念亦大异其趣。[52]

在"圆教的义理内容"方面，所谓"一念心"或"一念无明法性心"无疑是一个最值得检讨的概念。虽然牟先生一般地说这"介尔一念心"是"妄心"，但却强调这不是与"真心"相对的"妄心"。牟先生说：

> 智者所说之"一念心"，虽是阴识心、烦恼心、刹那心，却是一念心即具十法界而为不可思议境之一念心，故决不是唯识宗之分解说的识心，故必曰"一念无明法性心"……它是决了唯识宗权说的八识，相应法华圆教，在"不断断"中，依诡谲的方式，而圆说的一念心，作为"无住本"的一念心，亦即可以视作一"存有论的圆具"之一念心。[53]

相对于"分解说的识心"，此"一念心"可称为"非分解的阴识心"。牟先生称之为"圆说的一念心""第二序上的一念无明心""不思议之烦恼心"，或简称为"圆一念"。[54]然而，这是不是在分解的"真心"与分解的"妄心"之外另立一心，成为一种"第三心"？如是，此"第三心"虽属第二层序上的项目，却同样需要有被证立的问题：它是本有的，还是后起的？如是后起，它如何起？靠什

---

52 详论可参阅第一章"当代新儒家的'哲学'概念"。

53 同注 32，下册，页 614 – 615。

54 同注 32，下册，页 619，746，807。

么（"第四心"？）来起？如为本有，这是可被证明的，还是不证自明的？这些似乎都不是容易解决的问题。

如果这不是"第三心"，而是"真妄相即"（而非"真妄和合"）之"唯一心"，而分解的"妄心"乃是此"唯一心"之"在缠"之分解相，分解的"真心"不过是"唯一心"之"能起"之分解相，那也有一个极难解决的问题：为什么会"在缠"？又为什么能"起解"？那不可能是此"唯一心"之随机或随缘而成者，那要靠什么"力量"才能使此"唯一心"升降、浮沉呢？这无疑是一个极难说明的问题。无怪乎知礼在无法可施的情况下，只能勉强以"法性无明互有借力助成之义"，来解"无明之与法性"一语。即使牟先生批评知礼此说"有异体之嫌"，[55]其实是不得已也！若非如此说，升降、浮沉之"力"从何而来呢？总不能是此"唯一心"外之"另一心"！若要假定有"另一心"，知礼岂非要接受他所反对的"山外"之说，接受华严之"真心"为更高一层级之心，以助"起解"？

即使此"一念心"概念不成问题，仍然有所谓"观心"的问题，同样是不易解决的。牟先生说："天台宗说心大体是就突然的刹那、烦恼心说。然则还有理想的真常心否？曰：真常心即在'观烦恼即法身'处透示。法身透出即法性透出，即智净心透出，此即真常心也。"[56]然而，"观烦恼即法身"之"能观者"是谁呢？它不可能是那被观的"突然的刹那心、烦恼心"自身，因为它只能"念具三千烦恼法"，而不能"智具三千清净法"，亦即

---

55 同注 50，页 304。
56 同注 50。

没有能力去"观烦恼即法身"的。若云"观烦恼心即法性心"之
"能观者"是那"烦恼心即法性心"之"唯一心"自己，即自己
能观自己，这仍有两方面的困难：一方面这并不能说明"观心"对
于此"唯一心"之升降、浮沉的作用；而另一方面也由于此"唯
一心"之不可思议而在"能所无待"的意义下使"观心"变成虚
说。因此，如不采取"山外"的办法另外设定一"真心"，实不
知如何解决此一难题。

唐君毅先生曾从另一角度质疑此一"观心"的问题，他说：

> 人之所观之一念心，无论为染或净、善或恶、为无明或法
> 性之表现，皆与此观不相干，亦不影响此观。此观之所观，可
> 是无明之念之法性，亦可是法性之念之无明。依无明念与法
> 性念之可相转，则吾人可说生此念之心为一无明法性心。又
> 可说观此念之无明与法性之心，即一"兼有此无明、法性为所
> 观"之一能观之心。然当知此能明观法性无明之能观之心，只
> 自是一圆观之明，此明则当说只出于法性心。[57]

又说：

> 在此破无明中，无所观之"无明与法性之合"，或所观之
> "无明即法性"，而只有此法性之无无明破无明，而与无明更
> 不相即。此亦如能观眠与心合成梦者，乃一不梦之觉心。此
> 觉心之无梦，亦如"能观无明与法性合，而生一切法"之"法
> 性"之明，非无明，无无明，而能破无明，以成其解脱也。[58]

---

57 唐君毅：《中国哲学原论》（原道篇），香港：新亚研究所，1973，卷
三，页 1164－1165。

58 同注 57，页 1171。

唐先生并由之而说"圆观中之上下二层"之义，以表示能观无明即法性而又能破无明，必须预设一"清净之法性心"，为一"不梦之觉心"，作为第二层对第一层在"圆观"中发生作用之底据也。天台"山家"若不采用"山外"之说而接受此一预设，其"观心"之说便不能确立矣！

至此，我们可以断定：天台与华严之判教各有其判准，亦各有其概念及立论上的种种困难，实非绝对无异议者。牟先生依天台而对华严之批判虽颇中肯綮；但天台也有它的难题，其中所谓独特模式的"非分别说"和独特内容的"圆一念心"都是不易确立的。"非分别说"不可能不加"分别"地说，而"圆一念心"也不可能"自圆"其说。

四、结论

总括来说，当代新儒学中若干"判教"所依之"判准"，在思想内部有"大心主义"之倾向，在方法论上有"诡谲主义"之色彩，而在理论传承的关系上又有"本质主义"之气味。这些倾向、色彩及气味都会带来一些难以克服的理论后果，可以作为以后新儒学研究的一些有趣的课题，有助于我们深入问题的内部及深化思考的层次。

在孔孟儒学与宋明儒学的关系上，我们认为无论是程朱或陆王、五峰或蕺山等，与孔孟的关系都只有"家族的相似性"，而无"本质的关联"。所谓"正统"与"歧出"之分若非派系之识见，便是由于主观"判准"之误导，难言客观之了解。对孔孟而言，他们根本没有"亲生的儿女"，甚至连孟子也不是孔子之"所出"。孔子或孟子只有一大批"领养的小孩"，此中既无法定的"长子"，亦无本然的"庶子"，根本就没有所谓"别子为宗"的实质问题。就圆教的问题来说，天台法华圆教之建立，须倚赖一种所谓"诡谲的判准"；而此"判准"实非超然于众说之外而为绝对"无诤者"。"非分别说"不可能不加"分别"而被理解及接受；而"圆一念心"也不可能在"圆观"中"自圆"其说。我们也许可以说：真正的圆教应该是"圆即不圆""不圆即圆"的。圆与不圆"同体相即""依而复即"。悟时可以化不圆为圆，迷时又可以转圆为不圆。由于我们始终没有此"圆即不圆"与"不圆即圆"之上那更高一层的"圆判准"，所以我们只能在"圆"与"不圆"之间浮沉、升降，永不停息！

"圆唱"至此"唱完"！

第二部分
当代新儒学的方法论问题

第四章
物自身、智的直觉与中国哲学：
概念移植的问题

一、前言

　　牟宗三先生乃是百年不一见的大哲学家、大思想家。如果我们说：从事西方哲学工作的人，尽管不一定赞同康德（I. Kant），却必须通过康德；那么我们也可以说：要对中国哲学有进一步深入而广含的了解和阐发，越过而不经过牟宗三先生乃是极大的错失。牟先生除了具有极深厚的中国传统哲学的根基之外，他也深受西哲康德和罗素的影响。就在这一贯通中西的学问基础上，牟先生以其极丰富而精密的概念语言，来重新厘定传统中国哲学的各个义理系统，并给予适当的定位。这就是牟先生一生努力地做的批判性的判教工作。牟先生这种判教工作无疑对中国哲学的了解有莫大的启发意义，有不可磨灭的贡献；然而，这些意义和贡献并不在于其判教工作能否解答或解决所有（或大部分主要的）中国哲学问题，而在于它给予我们许多有助于厘清和了解各种问题的各个面相之启示与洞见。

牟先生一方面从佛教（《大乘起信论》）"一心开二门"的格局以会通儒、道二教的义理；另一方面又从康德的批判哲学之中吸收养分，以充实并透示此一格局下的义理规模。康德的"现象存有论"或"内在形上学"可以用来充实三教"执的存有论"的内容；而他的"智的直觉"概念和"现象与物自身"区分经过牟先生之疏通与改进之后，可以借用来透示三教"无执存有论"的实义，并因之而倒转过来，以三教的义理来极成康德所未完成的"道德形上学"。牟先生此一会通中西哲学之消融与判教的工作，无疑是极富启发意义的。我们要对传统中国哲学的义蕴有更新的诠释和更深的阐发，从而与西方哲学接会，并开创一崭新的哲学思路与格局，似乎不可能不在牟先生的哲思基础上寻找启示的方向。

本章的目的，主要是对"智的直觉"概念和"现象与物自身"区分之应用问题作一方法论上的考察，看看康德的这些概念和区分借用到中国哲学上来是否相应，以及是否有助于解说及证成中国哲学的义理。无论如何，不管本章的分析结果如何，本章的主要论旨无疑都是在牟先生的哲学工作之启发下得来的。

二、康德的概念与区分

"现象"（appearance）与"物自身"（或"物之在其自己"，thing-in-itself or things-in-themselves）之区分乃是通贯康德整个批判哲学的一个重要思想，而"物自身"更是一个最为基本的、关键性的概念。在批判哲学的系统中，"物自身"主要是一个限制概念，它可以用来抑制感性的过分要求，同时也是现象所以可能的支持点，它影响感性而生起现象。依此，"现象与物自身"之区分既可以为经验知识的范围确立一界分标准，也可以对经验对象的来源有所说明。由是可知，对于康德的现象存有论或内在形上学之建立来说，此一区分至为重要。

"智的直觉"(intellectual intuition) 或"直觉的知性"(intuitive understanding) 一概念乃是因应"物自身"一概念而有的。康德认为：同一事物，对感触直觉 (sensible intuition) 来说，是现象；对智的直觉来说，是物自身。然而，他认为人并没有智的直觉，只有上帝才具有此一能力；所以此种直觉可以算是一种神智，而非人智。虽然此一概念在康德的哲学系统中并无积极的意义；但照牟宗三先生的看法，它却是使中西哲学得以会通的一座极为重要的桥梁。

为了了解这些概念和区分是否能恰当地应用到中国哲学上来，首先我们要看看康德如何规定它们的意义，其次是看看牟宗三先生如何疏通及改进康德的规定，进而是展示牟先生如何运用他所修订的概念和区分来分析三教的义理内容，最后则要考察一下这些运用是否恰当，有无不可克服之困难，以及在方法论上作一全盘而深入的检讨。

1. 对"物自身"之规定

对康德来说，概念必须关联到对象，才能产生(经验)知识。即是说，知性 (understanding) 提供纯粹范畴形式中的概念，但要合法而有效地应用这些概念，必先给予概念一对象。人心只能被动地给出一对象，因而需要感性的杂多 (sensible manifold)。因此，一对象被给出的条件，便成为范畴 (category) 及图式

(schema or schemata) 应用之限制的条件。由于康德认为人只有感触直觉而无智的直觉，因此人亦只能以现象为认知的对象，而不能以物自身为认知的对象。知性可以思及 (think) 而不能知及 (know) 物自身，于是物自身成为知性合法运用的限制条件，而"物自身"一概念对经验知识范围之确立也就具有消极的意义。

依照牟先生的见解，康德对"现象与物自身"之区分可有以下三种规定：

(1)"现象与物自身"之区分是超越的区分：此与洛克 (J. Locke) 对初性与次性之经验的区分，及莱布尼兹 (G. Leibniz) 对混暗知觉与清明知觉之逻辑的区分，并不相同。[1]

(2)"现象与物自身"之区分是主观的区分：这不是一种客观的区分，而是相应于两种不同的主观能力而做出的区分，相应于感触直觉而言，它的对象是现象；相应于智的直觉而言，它的对象是物自身。[2]

(3)"现象与物自身"之区分是批判方法上的区分：依此区分，我们可以确定知性运用之有效范围，抑制感性之过分要求，而使现象存有论或内在形上学建立在一批判的基础之上。[3]

顺着以上的规定，牟先生对康德的"物自身"概念有进一步的厘定，此可分下列数端以明之：

---

1 牟宗三:《智的直觉与中国哲学》，台北：台湾商务印书馆，1971，页 88，101；I. Kant, *Critique of Pure Reason,* translated by N. K. Smith (London: Macmillan & Co. Ltd., 1968), A42 – 48 = B6 – 65.

2 同注 1 所引牟宗三书，页 27, 此处引用康德在其遗稿 *Opus Postumum* 中的说法。

3 同注 1 所引牟宗三书，页 106。

（A）消极意义：

（A.1）物自身不是感触直觉的对象，而是非感触直觉（即智的直觉）的对象。[4]但人却没有这种非感触直觉，只有上帝才具有这种直觉。[5]

（A.2）物自身既不对感性主体而现，它亦不能通过知性的范畴而被决定。[6]它只能被知性所思及、考虑之，却不能为人的认知主体所知及、直觉之，[7]因为它在可能经验范围之外。[8]

（B）积极意义：

（B.1）物自身是智的直觉的对象。由于这种直觉是根源的直觉、创造的直觉，故直觉之即创造之。[9]

（B.2）人虽无智的直觉以朗现物自身，却可通过实践理性以设准地接近之。[10]

（B.3）物自身虽然不呈现于感性，不能纯粹地透过关系而被

---

4 CI: A43=B60, A44=B62, B307, A252; (此处以 CI 代表 *Critique of Pure Reason*, 下准此); Prol. 43. (此处以 Prol. 代表康德的 *Prolegomena to Any Future Metaphysics,* translated by L. W. Beck，New York: Liberal Arts Press, 1950，下准此。)

5 CI: B71－72.

6 CI: A248=B305, A250, B308, A253; Prol. 68, 71－73.

7 CI: A30=B45, A49=B67; Prol. 122.

8 Prol. 68, 71－73.

9 CI: B72, B307, A252.

10 CII: 120－121, 163－164, 166, 218. (此处以 CII 代表康德的 *Critique of Practical Reason,* translated by L. W. Beck，New York: Liberal Arts Press, 1956，下准此。)

知；[11]但它影响感性而生起现象，即感性的杂多是被物自身影响之产品。[12]此亦预设了物自身之独立实在性。[13]

(C) 引申意义：

(C.1) 物自身对现象来说，一方面可被理解为同一物之另一面相，[14]另一方面又可视物自身为处于现象之外，[15]为现象所预设而作为现象之支持点。[16]

(C.2) 由于物自身并非可能经验范围内的对象，[17]因此它并无时空相，[18]任何知性概念都用不上。[19]

(C.3) 物自身与现象相对应，亦有个别性可言，故"物自身"一词可用复数。[20]

(C.4) 一切事物，除上帝外，均可作"现象与物自身"之区分。[21]

2. 对"智的直觉"之规定

"物自身"一概念的积极意义须赖智的直觉之肯定。二者有极其密切的关系。有关智的直觉（或直觉的知性）之特性与作

---

11 CI: A43=B60, A49=B67; Prol. 43.

12 CI: A30=B45; Prol. 75, 121.

13 CI: A190−191, Bxxvi-xxvii.

14 CI: A36=B53; Prol. 110.

15 Prol. 43.

16 Prol. 121.

17 CI: A36=B52.

18 CI: A36=B52; Prol. 101.

19 Prol. 68, 71−73.

20 同注 1 所引牟宗三书，页 89。

21 同注 1 所引牟宗三书，页 106。

用，可归纳为下列数点：[22]

（1）智的直觉是神而非人的直觉（神智）。

（2）就其为知性言，它的知性作用是直觉的，而不是辨解的。即其知与对象有直接关系，并由于它不使用概念，故亦无综和构造之可言。

（3）就其为直觉言，它的直觉作用是纯智的，而不是感触的。其为纯智的，即表示这种直觉是主动的而非被动的；其为非感触的，即表示它不在时空形式中使杂多组合起来，亦无杂多可言。

（4）它自身就能把它的对象之存在给予我们，直觉活动自身就能实现存在（即物自身身分之存在），直觉之即实现之（存在之）。此乃智的直觉之创造性。

（5）就"自我"一概念言，灵魂心体（或真我）如具智的直觉，则其直觉乃是它的自我活动，而单只表象或判断心体自己者。

三、牟宗三之疏通与改进

依据牟宗三先生的理解，康德的努力只能为"物自身"一概念确立其消极意义，把它当作一限制概念来看，而不能证成其积极意义。此中关键即在于人是否具有智的直觉之问题。牟先生认为，智的直觉如不肯定，中国哲学中三教（儒、道、佛）的义理便不能说。依传统中国哲学方面看，智的直觉是一呈现，而自由意志等智思物（noumena）亦并非为一设准（postulate）而已。据

---

22 同注1所引牟宗三书，页145。

此，牟先生对康德的概念与区分加以进一步之疏通与改进，以祈与中国哲学传统的义理接会。

1. 有关"物自身"一概念

(1)"物自身"乃是一价值意味的概念，而不是一事实性的概念。物自身具有虽有限而可无限之意义。无限性之意义是一个价值意味，不是说它是一个现实的无限存在。[23]

(2) 康德以自由意志为设准，不能稳住及证成"现象与物自身"之区分。要确立"物自身"的积极意义，必须肯定人有智的直觉。[24]

(3) 作为同一物另一面相表象之物自身虽有独立实在性，但它不是本体界的实体或形上的实体，如上帝、自由意志、不灭的灵魂、梵天、心体、性体、良知、道心及如来藏自性清净心等。[25]但在另一方面，任何实法皆可两面观之，包括上帝、意志及灵魂等。[26]

(4) 物自身不是"超越推述"(transcendental deduction) 中所说的超越的对象=X；作为灵魂心体之真我（我之在其自己）亦不是超越的统觉 (transcendental apperception) 或"我在"之我。[27]

(5) 物自身之为物乃是无分别物，智的直觉乃是无分别智，其所属之心乃是无分别心。物自身是物之自在相，是内生的

---

23 牟宗三：《现象与物自身》，台北：学生书局，1975，页 17 – 18。

24 同注 23，页 38, 45。

25 同注 23，页 128, 445；同注 1，页 103, 106, 114。

26 同注 1，页 39。

27 同注 1，页 91 – 92。

自在，无对象相。总言之，摄物归心，不与物对，而色心不二。[28]

（6）物自身是用，无限心是体。物自身与现象之关系不是体用之关系。因此，我们不能把物自身影响感性而生起现象设想为体用关系或因果关系，而是以现象为由感性的认知心凭依真心而虚即于物自身以挑起者。[29]

2. 有关"智的直觉"一概念

（1）康德不能证明感触直觉是唯一可能的一种直觉。依照中国哲学传统，无限心可由道德开出，人可具有智的直觉，人虽有限而可无限。[30]

（2）智的直觉是心与理自一的无限心之智知。心、性、命、理乃是同一概念之分析地自一者，此即智如不二之义。而康德并未于自由自律的意志去点出"心"字，只视之为理性而已，可谓一间未达。[31]

（3）心是无分别心，智是无分别智，而物亦为无分别物。摄物归心，摄所从能，而心不与物对，此即色心不二之义。故此知无知相，觉无觉相，无能觉与所觉，心与物一起朗现。[32]

（4）自由自律的意志为一呈现，而非设准。换言之，此心之智照使普遍的道德法则为一具体的呈现，而不只是一理性的事实。因之，所成就的事物（物自身身份的事物）便有具体的普遍

---

28 同注 23，页 98。

29 同注 23，页 128，445。

30 同注 23，页 38。

31 同注 23，页 97。

32 同注 23，页 98。

性，而不是抽象的普遍性。[33]

（5）人所具有的智的直觉既可自照，亦可照他。自照之物是真我之在其自己，照他之物则是一一各个的物自身。[34]

（6）本心（无分别心）自我坎陷（自我否定）而成识心（分别心）。要使本心朗现，须逆觉体证，化念还心之工夫。[35]

四、对三教之解说

牟宗三先生指出：康德由"现象与物自身"之区分为理论起点而发展出来的批判哲学，乃是步步逼至，非如此不可者。牟先生依中国哲学传统而进一步指出：康德的道德形上学和内在形上学（相当于牟先生所说的无执存有论和执的存有论）合成的大系统之基本观点是儒、道、佛三教所支持的。其内在形上学可用来充实三教之俗谛，而三教成就真谛之义理则可极成康德的道德形上学。牟先生认为：我们平常只是笼统地说本体与现象，说体与用；现在可依康德的思想，把中国哲学中微妙复杂的各种分际弄清楚。中国哲学经由康德的思考而可使之清楚明确；亦反而支持康德的思想，使"物自身"的积极意义得以确立，而其道德形上学亦因之而得以证成。

依牟先生的见解，康德顺基督教的传统而建立其批判哲学的义理规模，因此只能说到道德神学而不能极成道德形上学。依照他的义理规模，上帝是其理论证成的唯一支持点，自由意志虽可

---

33 同注23，页3，60，77－78。

34 同注23，页78，104。

35 同注23，序页7，及页79，123。

分解地建立，但只属一设准而已。由于人并无智的直觉以朗现之，而只能由实践理性以设准地接近之，因此自由意志并无客观的必然性，而只有主观的必然性。牟先生认为：儒、道、佛三教不可能承认这一点，亦即不能接受一种建立在上帝的柱石之上的本体形上学。三教皆肯认人可有智的直觉，"故不但自由〔意志〕可以朗现，而且更一贯地表示了上帝创造之不必要，而只言道体底创造，而人可以是神圣，虽为有限存在，而亦可以当下就是一具有无限意义的存在，而独立隔绝的上帝不必要。"[36] 牟先生指出：除此一点之外，康德所说之各分际，皆可通过三教圣人所示现的智慧规范以默契而证成之，证实其思考为合理。

康德的概念和区分经过牟先生的疏通与改进之后，他认为我们可以用来弄清三教的义理分际。兹分别引述牟先生的解说如后。

1. 对儒家之解说

（1）对道体底创造（或实现）言，万物是物自身。物物一太极，此时的物物是物自身。穷神知化，此化是物自身底化。神也者妙万物而为言，神所妙的万物是物自身的万物。即体即用，显微无间，用与显是物自身。不言上帝与被造物，而言体用。即用而言，全体是用。即体而言，全用是体。此时的用不是现象。

（2）自本心性体言，生色践形，睟面盎背，要皆一性之所明通而显发。此所明通而显发者是物自身，是即体即用之用，而不是现象。启口容声，扬眉瞬目，无非知体着见，此

---

36 牟宗三：《康德的道德哲学》，台北：学生书局，1982，页326。

时之口启声容，眉扬目瞬，是物自身之动容，动而无动容，是知体之用，而用不是现象。它们一切皆是自在相，皆是静而无静、动而无动的。"良知生天生地，神鬼帝神"，天地鬼帝亦作物自身看。"万物森然于方寸之中，满心而发，充塞宇宙无非斯理"。此满心而发的万物亦是物自身的万物，斯理所充塞的全宇宙亦是物自身底宇宙。"万物静观皆自得"，此自得的万物是物自身的万物。

(3) 私欲气质是感性的，其所牵连、所决定的是现象。气之灵之心是现象，气变的物是现象。闻见之知是知此现象。德性之知则知物自身。此知从上第 (2) 条说。

(4) 由闻见之知可以展开康德关于经验知识所说之一切。从认知机能说，可以开为感性与知性，中间再加上想象。此皆本质上是气之灵，是心气之诸形态，所以原则上是被动的，对待的。知性假若说为本心明觉之自我坎陷，亦是气的。虽然有自发性，亦是以概念来定住与撑架成的，此就是逻辑的我，亦可曰认知我，它根本是架构的，形式的。认知我用事，则将 (1) (2) 两条所说的"用"绉起来而成为现象。以前所说的感性与现象限于第 (3) 条所说。今可依康德补上此第 (4) 条之义。

(5) 认知我可以把用绉起而为现象，若摄智归仁，化认知我为德性我，则亦可化现象而归于其本来面目之用。用是"全用在体，全体在用"之用。智的直觉朗现之，则言道体、性体，不言上帝。天理流行，纯亦不已，虽是人，而亦当体即是神，至少亦是一具有无限意义的神圣存在。[37]

2．对道家之解说

（1）道生德畜，天得一以清，地得一以宁，等等，在道面前，天地万物是物自身。道法自然，在自然面前，万物是物自身。自然者，自己而然，不待他而然也。待他而然是现象。在无己无名无功之至人之心即道心面前，一切皆是物自身。至人之心逍遥无待。以无待之心观万物，则万物皆自足无待，此即为万物之物自身相。独化是万物之物自身相。天籁是物自身相。备天地之美，称神明之容，美与容是天地万物以及神明之物自身相。平齐万物，化除是非，无物不然，无物不可，则见万物之物自身相。物自身相即如相，此是道心之所朗照也。道心朗照即智的直觉，此亦曰玄智。在智的直觉面前，万物是以物自身的身分呈现。朗照之即实现之，是亦实现其为物自身。实现其为物自身而即以此物自身之身分前来呈现。只言道心玄智，不言上帝。

（2）成心所执是现象。封畛是现象。在是非之对偶下皆是现象，在有为下皆是现象。小成是现象。为学日益是知现象，为道日损则见物自身。"知之为名生于失当，而灭于冥极"（郭象注语）。"生于失当"是现象：因失当而有知，亦因失当而万物转为现象。"灭于冥极"，则物自身呈现。"极"亦可以指道说，亦可以直觉物自身说。若指道说，则与道冥合（玄合），知之名即灭。知之名灭，则现象亦灭而回归于其自己之本来面目，如是，则物自身呈现。若直指物自身说，则与此物自身

---

37 以上各条见注 36 所引书，页 326 – 327。

冥合，知之名亦灭。冥合即玄合。冥者无概念的分解与张施之谓也。此则自不挑起现象，而知之名亦灭矣。所以能冥合此物自身之极者，以道心玄智之故也。

（3）和光同尘，则即迹即本。顺迹而追逐，则迹转为现象，而在和光同尘下之"迹"本身则非现象，此乃用也。用是物自身底姿态，不是现象底姿态。圣人有情亦同此论。圣人之情不是感性的情，是情而无情。情而无情即作为物自身之情也。情即迹也。推之，礼文皆迹也，万物亦迹也。迹在本中如，本在迹中用。故迹无迹相而皆如也。如相之迹即物自身也。本无本相（不分解地示现故），即在迹用中见，当下即是也，此为体用圆。此体用方式同于儒家，而义理方向则异。

（4）迹若转为现象，则成科学知识。此若亦不可废，则是器用。迹顺道心言，则为物自身；顺成心言，则为现象。前者名曰神用，后者名曰器用。若知成心可由道心之自觉地坎陷而成，因而得以肯定，则器用亦可统属于神用。此两层用统而为一方是大成圆教。以前道家不甚能正视此器用之一层。然既言迹本圆，则此层必不可废。儒家比较能正视，而未能积极地开出之。佛家言菩萨道，能自觉地意识到此层之不可废，然亦不能积极地开出之。此其故盖在皆以内圣（成圣成佛成真人皆是内圣）为目标故。是故无论正视不正视，此器用一层皆在主观的隐含状态中，未能积极而客观地开出也。[38]

---

38 以上各条见注 36 所引书，页 327－328。

3. 对佛家之解说

（1）对智心（般若智）言，则诸法实相是物自身。不过这实相与物自身须有一特殊的规定。诸法者诸缘起法也。缘起性空，不但性空是如相（实相），性空的缘起不增不减，亦是如相（实相）。实相一相，所谓无相。不但是空如无相，即性空的缘起不增不减，不常不断，不生不灭，不一不异，不来不去，亦是无相，而无相亦无相。物自身是就缘起边的实相无相说，不就空如之理之实相无相说，因空如之理是法性，非法相故，即根本非物故。缘起即性空，则缘起法本无自体（无自性），无自体无自性即不可说自己：它根本无自己。然则如何能就之说物自身，物之在其自己？曰：此无自己的缘起实相不增不减，不加以任何执着，即是它的在其自己，它的自体。此可曰无自己之在其自己。即如其无自己而照之，此即是其自己之如相实相，所谓无相。

（2）对识心言，则有相，此即曰现象。因此，现象之相根本是识心之执，是虚妄，此非如相，亦非实相。依此，遍计执是现象。生灭，常断，一异，来去，凡通过时间空间以及因果等概念（不相应行法）所表象者皆是有相的现象。就成知识言，现象曰对象，识心曰认知心。佛家言识心着重其心理学的意义，故视之为执着为虚妄，而现象之相亦为执着为虚妄。对智心实相言，当然为虚妄。然虚妄不碍其足以成科学知识，而具体地落实之，则实是识心之执也。

（3）若知必通过识心之执始能成科学知识，则此层可寂而不可废。佛家一见执，便必须灭除，如此，则言菩萨道便成虚脱。佛家以道种智或后得智明此菩萨道，既是智，则是智知，而不是识知。智知不能成科学知识，只是菩萨之神通。而科学知识非神通也。菩萨留惑润生。识心之执用或可当属留惑润生范围内。识心亦惑也。既可自觉地留惑，则识心为何不可留？自觉地留之，则不为碍也。此所谓示现有疾也。惟陷溺于其中而不知，则始为碍，亦成疾矣。故去病不去法，当可保留此层之作用。

(4) 天台宗无明无住立一切法，法性无住立一切法。一念三千，念具即智具，则作为物自身的缘起实相以及假执有相之现象法皆可保存，以前只注意实相一面，而假执一面则不能保留。然天台宗之性恶义，法门不改义，则可以开留假执之门。保留假执不是让你去陷于执着，去认执为实，乃是以无执之心知其为执而示现之以成知识之器用。把此识心之执以及此执之用视为一客观的法门，而自高一层上保留之。天台家有此智慧，故言除无明有差别。法华经十如是之前九如是(体、性、相、力、作、因、缘、果、报)即是些现象义的概念。轨持义的法中之自体自性亦是现象义的自体自性。分位假法尤其是现象义的概念。凡此皆是识心之执之范围内，亦就是现象范围内的事。现象者识心之执就缘起法而挑起之，而可以用时间空间以及因果常体等范畴来表象之之谓。[39]

牟宗三先生认为：以上三家皆可证成康德所说的"物自身与现象"之区分；而康德的区分倒过来又可以用来厘清三家所说义理之分际。惟于上帝处则彼此有所不同。由于三家皆承认人可有智的直觉，故只言道体、性体、本心明觉，以及道心玄智，与夫

---

39 以上各条见注 36 所引书，页 329－330。

般若智、清净心、自性智等，而不必预设上帝。在康德处，智的直觉只隶属于上帝。今就道体、性体、本心明觉等言之，则智的直觉亦属于人之所有，由之而言体用，就不必说上帝与被造物。牟先生指出：康德之系统充其极必向三教之形态走，此盖理之必然者。而中西哲学之会通，即在此圆顿之教之极成中实现。

五、解说上的困难

康德的"现象与物自身"之区分及"智的直觉"之概念经过上述的疏通和改进后，是否可以应用到中国哲学上来，充分地解说三教的义理，进而把这些区分和概念移植过来，成为三教义理系统内的成分，乃是本章所欲解答之问题。经过我们的初步考察后，发觉牟先生的说法有若干疑难之处，是颇值得大家讨论商榷的。兹把我们心目中的疑问，逐一陈示如后。

1. 物自身是否为形上实体之问题

牟宗三先生认为：

> 物自身不是通常所说的形而上的实体 (reality)，如上帝，如自由意志，如梵天，如心体，性体，良知等等，乃是任何物在两面观中回归于其自己的一面。[40]

可是在另一方面，牟先生又指出：

> 即使是上帝，自由意志，不灭的灵魂，亦可以现象与物自身这两面来观之。依此，物自身是批判方法上的一个概念，它可以到处应用，因此，在使用此词时，可以是单数，亦

---

40 同注 1 所引牟宗三书，页 106；及同注 23，页 128。

可以是多数。一草一木可以如此说，上帝亦可以如此说。上帝之父位是物自身，上帝之子位是现象。（康德曾依此分说灵魂与自由意志，未曾说及上帝。）[41]

此则引起一疑难问题，即某些物自身是否为形上实体之问题。

我们顺牟先生之规定，可知他所说的真我、遍常一的真体、不灭的灵魂或自由的意志等，不是现象身分的我，乃是物自身身分的我，而为智的直觉所朗现者。[42] 牟先生肯认"这真我亦可以是灵魂独体；亦可以是本心仁体，性体，良知，乃至自由意志；亦可以是心斋，灵府；亦可以是如来藏自性清净心"。[43] 那么，此种真我或我之在其自己的我理应为形上的实体。我们的问题是：如果我们将一物作两面观中之其中一面的物自身不当作形上的实体，而把另一种特殊的物自身，即我之在其自己，当作形上的实体，则"物自身"一词是否该有两义？如是，则我们便不能说所有物自身都不是形上的实体了。况且，牟先生亦曾指出："在不分而分中，无情，蟪蛄，大鹏，尺鷃，只可说是'物自身'之身分，而不可说是'自由'。'物自身'虽不碍及自由，然而毕竟不即是自由。"[44] 可见一般物之物自身与自由意志之物自身是不同的。为了解决此一难题，我们如果不想把上帝、不灭的灵魂及自由意志等形上实体置于现象与物自身之区分之外，就必须要对"物自身"一词另作规定了。然而，自照的物自身假若与他照的

---

41 同注 1 所引牟宗三书，页 106；及同注 23，页 445。

42 同注 1 所引牟宗三书，页 172，174；及同注 23，页 445。

43 同注 1 所引牟宗三书，页 183。

44 牟宗三：《佛性与般若》，台北：学生书局，1977，上册，页 242。

物自身有异，又如何能说主客无待地一体朗现呢？

2. 物自身为体或用之问题

说到体用问题时，牟宗三先生指出：儒家"所谓体用倒有点类似康德所说的上帝与物自身之关系（上帝只创造物自身，不创造现象）。只是知体明觉之为体与上帝不同而已。然而在阳明，既言知体明觉为究极实在，即不须再言上帝矣。至于说到物自身与现象，此亦不是此处所谓体用。因为物自身并不是体（知体明觉之体），而现象亦不是这里所谓用"。依此，物自身才是用，而"知体明觉之在其自己即我们现在所谓'体'"。[45]如是，则知体明觉之物自身岂非异于一般物之物自身？既以一般物之物自身为用，而复以知体明觉之物自身为体，则不能说所有物自身皆为用。牟先生认为"所谓体用是就'知体明觉之在其自己'与其所感应的物与事而言"，[46]可见物自身因体用问题，似可分为两类：一类是作为体（或体用兼备），而另一类则只能当作用。然而，知体明觉本身之自照之体用相即与照物之体用相即如有分别，则所谓分别相便不只在现象层面显现，也会在体用相即的本体层面显现，那又如何能说无分别的境界呢？

此条之体用问题与上述第 1 条之形上实体问题是相关的。第 1 条涉及本体与物自身之存有地位的问题，此处则涉及体用相即之一体境界的问题。

3. 物自身是否含有气之问题

宋明儒（特别是二程）说"性即气，气即性"或"道即器"，与

---

45 同注 23，页 445。

46 同注 45。

"心即理"或"心性为一"之意义并不一样：前二者是就圆顿浑一说，后二者则是就概念自一说。因此，说性气为一或道器为一，并不表示形上、形下没有分别。故此程明道谓圆融不碍其分别，"须著如此说"。[47]

依牟宗三先生的说法，宋明儒所谓道体、理体、性体或心体乃是"即活动即存有"之体，是"动而无动〔相〕""静而无静〔相〕"之神体。就其创生不已而起之神用言，谓之"流行"，谓之"神用"；但这不是气边事，不是指气化的过程。故牟先生说："事有变化流行，气有变化流行，而体无变化流行，言〔体〕流行者托事以现耳，与事俱往而曲成之耳，亦是遍在之意也。抬头举目是事，启口容声是事，捧茶童子之捧茶亦是事。事之所在，体即与之而俱在以曲成之。……如此悟流行之体，则流行之体决非指气机之鼓荡言，亦非只落于气化之事上就气化之变言。"[48]

然而，程伊川就仁性说仁理是体，孝悌慈等是其用，只是以"心气情变依理而发、系属于理，因而遂谓为仁理之用，并非仁理自身真能发用也"。[49]故牟先生认为：

伊川、朱子对《中庸》《易传》所言之诚体、神体、乃至神化，并无相应之契会，其所知者只是气化，并非神化。其言"显微无间"，而实则显微间自有一间隔之罅缝，是以其"一统"是有间之一统，并非无间之一统。盖其所言之性理并非

47 《二程全书·遗书第一》，二先生语一，《二程集》（北京：中华书局，1981），第一册，页4；《宋元学案》列入《明道学案》。

48 牟宗三：《心体与性体》，台北：正中书局，1968，第二册，页126－127。

49 同注48，页303。

即活动即存有者。其言"体用一原"，而实则体并不能起用，气之用之属于体只是笼络地系属之，从主而言也。是则体用并非"一原"，乃"二本"也。[50]

由是可知，所谓"体用一源，显微无间"，乃是就天命流行之体自发自起其生生不已之神用，随气化、事变而遍在，而呈现之意；并非以神用等同于气用，以神化等同于气化。如果本心之神用是不离气化之变而起用，"本心假事现假气行，假事与气而示现其相，而其本身实无相可说，亦不可以相论，因而自不可以事论以气说。"[51]那么，作为神用的物自身当该没有气的成分。所以牟先生说："神虽是寂然不动、感而遂通，自有其动用义，然却是动而无动，用而无用，并无'动'相，亦无'用'相，此即是不可以'气'说，而亦实无'气'之义。"[52]可是在另一方面，牟先生又认为明觉所感应的行为物（例如孝行）之得以实现，除了以良知为形式因与动力因外，尚需有一作为材质因的经验知识。[53]牟先生指出：

> 凡是一道德行为，就其为一行为言，是事。就此事之"实际的完成"(material accomplishment) 言，须要有缘（各种条件）来助成，此自亦可说是缘起。例如事亲之孝行，如纯依本心天理精诚无杂地来作此事（在孝行上说"无杂"是多余的），则是此事（行为）之"形式的完成"（天理的完成 formal

---

50 同注48，页307。
51 同注48，页211。
52 同注48，页210。
53 同注23，页441。

accomplishment, performed by categorical imperative）；但事亲这一具体的孝行须要在奉养之宜温清之节以及孝子之声音笑貌作趋翔中完成，此即是其实际的完成（材质的完成），此即可曰缘生缘成。[54]

至此，牟先生便承认行为物之物自身可含有气的成分。他说：

> 就成己之事言，事是行为物，是吾人之活动。依康德，意志自由可在智思界（睿智界），而其所创生之结果则在感触界。如是，行为物似乎当是现象，而不是事之在其自己。依中国哲学词语说，作为行为物的活动是属于气，似亦当该说为现象，何以说为"事之在其自己"？一般笼统地这样说，似亦可许。但若依康德现象与物之在其自己之超越的区分，此行为物并不必是现象。须知属于气并非即是现象义。物亦并非无气。着迹着相是现象。……但明觉感应中成己之事不着相，它是在明觉感应中而为合天理之实德，而不是对感性与知性而为吾人所认知之对象。[55]

我们的问题是：以物自身为本心之神用而不含气之成分，固符合牟先生的体用新说，却不能说明一事之在其自己之实际的完成；但若以行为物之物自身含有气之成分，便显然不可以用牟先生的体用说之。因为气有聚散变化，而作为本心之神用的物自身不可以聚散变化言；故此，物自身实不可以理解为包含此种有聚散变化之事物于其中。此外，若说"心外无物"或"物不与心对"，而"一体朗现"，则此含有气之物自身如何能不被对象化而与心一起

---

54 同注48，页655。

55 牟宗三：《从陆象山到刘蕺山》，台北：学生书局，1979，页243。

朗现？此实难有圆满的解答。

4. 物自身对现象的别异作用之问题

为了顾全牟宗三先生的体用圆融新说，实不宜以物自身包含有气之成分。但若不如此，似乎又颇难对行为物之物自身的完成义加以说明。此外，这里也有另一不易解决之问题，此即：依照康德对"物自身"一概念之规定，[56]"物自身影响感性而生起现象，即感性的杂多是被物自身影响之产品。"换言之，诸物自身对现象之多样性实有一别异作用。诸物自身对同一感性主体而生起不同的现象，别异作用之因素一定不是在同一感性主体之上，而该在诸物自身之上。如果诸物自身对现象能发生别异作用，则诸物自身之间便不可能是完全无分别的。我们要问的是：各个物自身之中到底含有些什么特殊的东西，而使之与其他物自身分别开来，并能起现各种不同的杂多？

依照帕通（H. J. Paton）的分析，经验现象之差异性，必须归结于物自身的影响。[57]具体言之，感觉与料（即感性的杂多）之具体给予是透过物自身与认识主体的合作（co-operation）而成的。现象之分为质料（matter）与形式（form）乃是在此基础上说的。"特殊形式"（按：康德言"特殊形式"或"经验形成"是指"质料"而言）由物自身感应人的认识心而得决定，"普遍形式"则由认识心的本性所构成。[58]此外，康德认为"物自身"一词可用

---

56 参阅本章第二节第1项中（B.3）一条之规定。

57 H. J. Paton, *Kant's Metaphysics of Experience* (London: George Allen and Unwin, 1936), vol.1, p.139.

58 同注57，页142－143。

单复数，和现象一样，也有个别性可言。[59]由有个别性的物自身才会起现出有个别性的现象，别异的决定因素不可能只在现象界之上。

由是可知，如果物自身只是不含气的神用，诸物自身便难言彼此的分别。此固可说无分别智所及者皆为无分别物，但却不易说明诸物自身对现象的别异作用。譬如说，设想诸物自身是镜前的某些事物，感性主体是哈哈镜，而诸现象乃镜中的影像；若诸镜前的事物之间无相异的成分，如何能在哈哈镜中显成不同而多样性的影像呢？因此，如果以物自身含有气之成分，由于气之不齐，对此别异作用便不难说明了。但问题是：物自身怎可能包含有聚散变化的气呢？

5. 物自身影响感性之问题

牟宗三先生曾提及："感触的直觉不能产生其对象，只能为对象所影响，即因此始可说对象，而对象又只是现象。"[60]此即以感性主体为受纳性（receptive）而非主动性者，这是所有康德学者所共许之通义。冼景炬亦曾指出：康德用"影响"（affection）一词来标划出感性之受纳性或被动性，藉以确立知识之对象为一给与，而不是一创造。这是康德之经验的实在论之一大前提。物自身乃是"某物"，能影响感性而起现为现象，因此，它绝不是"存有界"中抽象的东西或柏拉图式的理型，物自身并不是虚悬于超感触的世界中而与感触界隔绝，它对感触界是有实作用

---

59 参阅本章第二节第 1 项中（C.3）条。

60 同注 23，页 104。

的，因为，它"影响"感性，对感性起现为现象。[61]此外，康德在其《未来形而上学导论》(*Prolegomena to Any Future Metaphysics*)一书中极力辨析其说与贝克莱的主观观念论之异，强调物自身作为知识的客观来源之实有意义，都是不容忽视的。

然而，"影响"一词究竟意指什么，乃是一大问题。如果影响是一种因果关系，而物自身无可避免地便要被置放于时间系列之中，那么知性的范畴岂非可以应用到物自身之上？这是康德所不允许的。当代许多康德专家为了解决此一难题，提出了许多想法，例如提出"双重影响"(double affection)的理论，以使两个世界不发生直接关联；或把"影响"一词给予特殊的规定，以避免有范畴使用之含义。但是，这些做法都会引出另外一些困难，不易解决。双重影响的理论须假设现象与物自身之外，有第三种中介的存在物；而规定影响为范畴之非规模化（非图式化）的使用(unschematized category)，也须假定物自身有时空相，皆不合乎康德原有的规定。[62]

面对此一难题，牟先生乃匠心独运，巧妙地改造了康德的此一规定，使由"影响"一概念而引起的难题减至最少。牟先生的想法是："现象直接隶属于识心（识主体），是智心之自我坎陷而转为识心，即由此识心而挑起绉起并执成的。识心凭依智心而

---

61 冼景炬：《现象与物自身之区分及牟先生之证成》，载牟宗三先生七十寿庆论文集编集组：《牟宗三先生的哲学与著作》（台北：学生书局，1978）页772。

62 Moltke S. Gram, *The Transcendental Turn: the Foundation of Kant's Idealism* (Gainesville: University Presses of Florida, 1984) 有详细的讨论。

起，则虚即于物自身而挑起的现象亦间接地统摄于智心。"[63] 以华严宗的"真如依恃"言，"染净法之起现，其直接生因只是执念。但执念亦凭依真心而起，故云真心随缘也。实则真心并不起。真心只是执念起现之凭依因，而非其生因。因凭依真心而起，遂间接地说真心随染净缘起染净法。"[64]

我们的问题是："真心只是执念起现之凭依因"，这只是说两层主体之关系，而非物自身与感性主体之关系；而"染净法之起现，其直接生因只是执念"，则识心之执对现象言便是主动的，自发的，其受纳性、被动性如何能说？"识心凭依智心而起，则虚即于物自身而挑起绉起的现象亦间接地统摄于智心"一语中之"虚即"及"挑起绉起"虽是象征性的语词，但似乎至少可以表示识心是主动性的，而非摄受性的。照佛家说，如果我们把物自身当作是无自性的如相，识心执成定相，乃是以识心为主动，起了执念而生幻妄，并非以识心为受纳性者。当然，感性主体并非非感触的直觉，不能知及物自身；但这并不表示物自身不可以影响感性。正如哈哈镜不能如实地反映某一实物，但若没有某一实物摆在镜前，又如何可能映出某一影像呢？故此，物自身乃是康德知识理论（或现象存有论）上的一个支持点，以物自身影响感性，乃在显示感性之被动性或受纳性。归结来说，牟先生对"影响"一词之新规定虽可避却不少难题，比其他有关"影响"的说法为优胜，但对感性主体的被动性、受纳性之通义似不能保住了。

若顺牟先生的此一规定，假定无限心所发之智是无分别

---

63 同注 23，页 319。
64 同注 23，页 416。

智，此智所朗现之物是无分别的物，则识心凭依智心并虚即于物自身而挑起现象，此现象的差别相从何而来呢？现象的差别相不可能由凭依因的无分别智得，亦不可能从虚即的无分别物处得；那么，现象的差别相是从识心来的吗？抑或所谓"现象"是客观地摆出了差别相来？如果是前者，识心或感性主体便不是被动的，而是自发的；如果是后者，便不能说物自身影响感性主体，而是所谓"现象"影响感性主体了。

其实，不论是"意志因果"说、"双重影响"说以及其他许多有关"影响"的新说，都是卡尔纳普（Rudolf Carnap）所谓的"材质的言说方式"（material mode of speech），而非"形式的言说方式"（formal mode of speech）。就前者来说（康德也非例外），"影响"被说成是"物自身影响感性主体而起现现象"；就后者来说，则可转化为"感性获得对象必先预设'物自身'一概念"。若不如此转化，康德以及诸康德专家的"影响"说都不能避免有关的理论难题，而康德的现象存有论亦无由确立。

6. 物自身的个别性与具体性之问题

在中国哲学中，"智如不二""色心不二"[65]"摄物归心""摄

---

65 按：牟宗三先生使用"智如不二"一词似有二义。他曾以天台宗之法性是空如理与真常心为一，即寂即照，则法性亦能所，能所无二无别，为智如不二（同注 1 所引牟宗三书，页 215 及 230），并分别以儒、佛二家之心理不二为智如不二（同注 48，第一册，页 577；同注 44，上册，页 318）。但在另一方面，他又把智如不二与色心不二混在一起说（同注 23，页 412 及 414）；甚至以智如不二即为色心不二或心法不二（同注 1 所引牟宗三书，页 282；同注 23，页 411；及同注 44，上册，页 371 及 456）。实则心理不二是指概念之自一，不是指体用圆融，色心不二或心物不二才是指体用圆

所从能""光尘不二"，以及"体用一源，显微无间"等等，都是极为圆融的说法，自有胜义于其中。由心物无待而引出心为无分别心，物为无分别物，[66]也不过是体用圆融的说法，只是就诸物自身为无限心之神用而不起分别相、对象相言，并非说诸物自身之间并无分别，并无个别性。如果物自身有个别性，彼此有所分别，则其分别性或个别性在哪里表示出来呢？物自身无疑是有个别性的，因为"智的直觉只能觉具体的，特殊的，个个的物自身"。[67]"物自体则是有实义的个个'自在物'……'物自体'与'物之在其自己'俱可有单数与多数两表示，则不能说为'同一者'甚显。"[68]"物自身是绝对地独个的，是个个自立自在的，所谓'自尔独化'，化无化相的。并不是整现象后面只一个物自身。"[69]

为了说明诸物自身之"个别性"，首先我们先要了解理体之为"具体的普遍"一义。牟先生说：

> 此智的直觉使普遍法则为一具体的呈现，不只是一理性底事实（只有形式意义的事实），无任何直觉以支持之者（它当然无纯粹的直觉与经验的直觉，但有智的直觉），而且是一"心觉觉情定然地呈现之"之事实。它使普遍法则总在其明

融。因此，"智如不二"一词应有二义：一指真常心与空如理不二，这是指概念之自一，所涉及的是同一本体；一指真常心与空如相不二，这是指体用圆融，所涉及的是本体与物自身之关系。

66 同注 23，页 98。

67 同注 1 所引牟宗三书，页 122。

68 同注 1 所引牟宗三书，页 93。

69 同注 23，页 241。

觉觉情之感应之机上呈现，因此，普遍法则是具体地普遍
的，不只是抽象地普遍的。[70]

可见普遍法则或天理之为具体地普遍的，在于它在明觉觉情之感
应之机上呈现。例如"'见孺子入井'是一机缘，'见'是眼见，故
是感性的，然在这见之机缘上，本心呈现"。[71]就心体、理体之流
行说，则"事有变化流行，气有变化流行，而［心］体无变化流
行，言流行者托事以现耳，与事俱往而曲成之耳，亦是遍在之意
也。抬头举目是事，启口容声是事，捧茶童子之捧茶亦是事。事
之所在，体即与之而俱在以曲成之。乃至视听言动俱是如此。故
曰当下即是或眼前即是也。'即是'者即是体之呈现也。事因体
而曲成，则事有理而为实事，事非幻妄。体在事上着见，则体具
体而真实，体非空挂"。[72]由是可知，"具体的普遍"是就心体所
本具之天理非为抽象之虚悬，而实随时当机而呈现者。

在分析伊川的理气之异时，牟先生指出：

> 形而下者是具体的、特殊的，但形而上者自是普遍的，却
> 亦不是抽象的，即此理不是由种种情变中概括起来抽象成的
> 一个一般的概念或类名概念，它是一个本体论上的实有、实
> 理，其自身即是如此，所以它是实体。[73]

> 如果此实体在情变之如理中节中而为具体的显现或明
> 着，所谓日用熟，体用合，一切皆天理流行，此时实体即不

---

70 同注 23，页 78。

71 同注 23，页 101；类似的说法见注 1 所引牟宗三书，页 196－197。

72 同注 48，第二册，页 126－127。

73 同注 48，第二册，页 294。

隔〔意即不隔离情变〕，此亦曰具体。……在此具体状态中，实体实理之为普遍的亦曰"具体的普遍"，与在隔离中单默识其自己而为"抽象的普遍"者相对。此"具体"一词是形容普遍者，与分别体会实体本身为普遍的与具体的中之"具体"亦不同，此后者是就实体本身说，而前者则是就此实体在工夫中明着而为具体的显现说。[74]

如是，则虽气也，而有本心天理以贯之，虽意与念也，而有本心天理以常而贞定之。有本心天理以贯之，则气之动即为天理之流行。有本心天理而贞定之，则意而无意、念而无念，皆是本心天理之呈现。而道德的本心天理不能空挂，停在抽象的状态中，亦必须在气动中而为分殊的表现，亦必须在意而无意、念而无念中作具体的呈现。作分殊的表现，具体的呈现，始有真实的道德行为可言。否则，本心天理只是抽象的"体"，而没有成为道德行为之"用"。[75]

气之动是有分殊的，有分际之不同的，此即是差别相（殊异相）。顺本心天理而起之意而无意、念而无念实即是本心天理之在具体的分际上之具体的流注。……气之动有分殊，有分际之差别相，本心天理即就此具体的分际而为具体的流注与呈现，因而亦有差别的表现。[76]

并谓：

这是普遍之在具体中表现，具体中之普遍，亦曰具体的

---

74 同注 48，第二册，页 295。

75 同注 48，第一册，页 652–653。

76 同注 48，第一册，页 653。

普遍，非抽象的普遍，虽普遍而有具体之内容，不是抽离的光板。而同时具体之差别、分际、分位亦因普遍之本心天理贯注于其中而有普遍之意义，永恒之意义，必然之意义：虽殊也而普遍，虽变也而永和恒，虽实然也，而亦是必然：此谓普遍的特殊，有永恒意义的变化，必然的然（定然而不可移，当然而不容已），也就是真实、具体、而必然的殊异与变，不只是抽离了本心天理之普遍性之无体的殊，无体的变。无体的殊与无体的变是无理由的，偶然的，非具体而真实的，此或可即是无明识念之所缘起，此而说虚妄幻假则可。然而有本心天理以贯注之之分位之殊与变则不是无明之所缘起，不可以虚妄幻假论。此即是儒者所谓"实事"。[77]

从上述牟先生的分析可知："具体的普遍"是就本体之不离情变事变而言；而"普遍的特殊"乃指情变事变之因本心天理之流注而转化为实事实德之意义。照牟先生的分析，本心之神用是物自身，不是情变事变之现象；但此普遍的理体能作具体之呈现，必须随顺情变事变之现象以俱往。二程说"道即器""性即气"或"气外无神，神外无气"等圆顿语，并非概念上指涉为自一之断定语。正如我们前面所说的：[78]所谓"体用一源，显微无间"，乃是就天命流行之体自发自起其生生不已之神用，随气化、事变而遍在，而呈现之意，并非以神用等同于气用，以神化等同于气化也。因此，普遍的理体之能随机变化而有具体之呈现，而

---

77 同注48，第一册，页653－654。

78 参考本节上文第3项"物自身是否含有气之问题"。

不会成为抽象之挂空物，端在"本心假事现假气行"，[79]亦即不与情变、事变隔离之故。

　　归结言之，普遍的理体之所以为"具体的普遍"，在于其不与现象隔离，亦即其具体性是从与现象之关系中得来。而物自身之为"普遍的分殊"，为实物、实事，乃由于本心天理贯注于其中，亦即为良知之天理的具体呈现，使此理体非虚悬，由其具体呈现之神用（亦即物自身）而成为具体真实者。即是说，独体或孤体只是抽象的普遍，必须由体用不二才能表示本体为具体的普遍，实物为普遍的分殊。"物物有一太极，此时的物物是物自身。"[80]太极在物自身（即神用）中，才不是孤悬的抽象物，而为具体的普遍者。而物自身之个别性、具体性（即其普遍的分殊之义），亦因此普遍理体与情变事化之现象不隔而显。如是，则物自身之个别性与具体性不可能从良知之天理之普遍性中得来，而只能从天理之不隔于气化事变之现象而有具体呈现处得来。换言之，个别性与具体性之根源并非在形而上界，而是在于形而下界。我们也许可以说，理体与现象界若无不隔之关系，它便不可能具体地呈现于实事、实物之中，而实事、实物之个别性与具体性亦不能得到根源的说明。然而我们的问题是：照康德的批判哲学观点看，经验现象之差异性，必须归结于物自身对感性的影响；但是如今我们断定理体之为具体的普遍，以及理体所贯注的实事、实物之为普遍的分殊（即有个别性），乃在于本体与现象界之不隔的关系，亦即是受现象的影响所致，此与康德之说

---

　　79 同注 48，第二册，页 211。

　　80 见本章第四节第 1 项第（1）条"对儒家之解说"。

岂非矛盾？到底是物自身影响感性而使现象得以显现其差异性，还是现象影响智的直觉而使物自身得以显示其个别性？

7. 物自身的客观实在性之问题

依照康德的说法，物自身这种智思物之为实有，乃是知识之客观来源所预设者。如果经验现象之发生不预设物自身为实有，则现象之说明便没有一个支持点。[81]换言之，虽然康德不承认人可有智的直觉，因而不能知及物自身；但物自身作为知识论的存有根据是可被肯断的。

可是在另一方面，如果我们依传统中国哲学而肯定人有智的直觉，直觉之即实现之，即创造之；那么，假设所有人虽潜在地有智的直觉，但却没有扩充其本心明觉而使之发用，即虽有此直觉而不去直觉之，则某物不被直觉到，是否表示该物之物自身便没有被创造出来，没有被实现出来？潜在地有智的直觉而不去直觉某物，该物之物自身便不能实现出来，这对道德行为物来说也许是可以的；但对一般现象物之另一面的物自身来说便不可以了。因为，作为现象知识可能的一个支持点，物自身的客观实在性是早已被肯定的，除非上帝不去直觉之。上帝不去直觉某物，所谓某物之物自身自然没有被创造出来，没有此支持点，则所谓某物之现象亦不会出现。换言之，上帝不直觉某物，则某物之物自身与现象俱不可说。但对人来说则并非如此，人有智的直觉而不去直觉某物，固可说某物之物自身没有被创造出来，却不可以说某物之现象也没有了。其实，由人的智的直觉与由神的智的直觉（即神智）所证立的物自身之客观实在性并不相同：由人的智心

---

81 见本章第二节第 1 项之（B.3）及（C.1）两条。

而建立的物自身之客观实在性，是就其收摄于主体来说的；而由神智所建立的物自身之客观实在性，乃是以物自身之存在为现象知识所以可能之预设，并不是就其收摄于主体而说的。此处的两难是：依中国哲学，良知之天理不贯注于事亲的行为之上，便不能成就孝行的实事、实德，即不能创造孝之道德行为；但却不能说事亲的行为现象便消失了。在此情况下，我们可以说该行为物之现象之起现不必预设其物自身之存在。可是在另一方面，康德肯定物自身的客观实在性，是作为现象所以可能的支持点而预设了的。故此，此一问题实颇难消解。

8. 物自身与理气的关系之问题

宋明新儒学发展到朱子，理气之关系得到了更系统性的说明。大体言之，理之挂搭处是气，而气之存在之然的超越根据则在所以然之理。简言之，形而上的理是超越而又内在于形而下的气之中的，二者不离不杂。朱子不以心即理，故只能说理气之"系属笼络"之体用，而不能说"一源无间"之体用圆融。就后者来说，牟先生把此种"用"或"显"称为"物自身"，[82]而"体"指本心理体。本心理体贯注于气化事变之物中，因而显其神用，而成就或实现该物之物自身。

照朱子的说法，理为"生物之本"，气为"生物之具"，[83]理贯注于气中而成就物。但问题是：此所成就者是现象意义之物，还是物自身意义之物？依牟先生的看法，理贯注于气中而起神

82 见本章第四节第1项"对儒家之解说"之第1条。

83 陈俊民校订：《朱子文集》卷58页5《答黄道夫书》，台北：德富文教基金会，2000，第六册，页2798。

用，所成就者当然是物自身，而非现象。但朱子所谓："是以人物之生，必禀此理，然后有性；必禀此气，然后有形。"[84]唐君毅先生顺朱子意而分析说：

> 物既由理气浑合而成，理气二概念，皆各为逻辑上先于物之概念者。二者平等为物概念之内涵，乃不能归并者。自其不能归并处言，则对物概念而言，理气二概念，互不相涵蕴，无所谓谁在谁先。然欲自逻辑上在先之义，以说理在气先，又非将此气混同于已实现理之气，即混同于物之义者不可。然"气"概念本身不能混同于"已实现理之气"。以此二气概念，明明不同。已实现理之气，而同于物者，明较气之本身涵义为丰。[85]

由是可知，朱子所谓物是就已实现理之气，或理贯注于气中所成就者而言。此处只有一种物，并没有两种身分的物。若我们依牟先生的观点，以理贯注于气中所成就者为物自身身分之物，而非现象身分之物；则物便有两种身分的存在可言。但是传统中国哲学以理气合而成就物，又以气化或气之聚散说明物之成毁，似乎并不是分就两种身分之物说的。况且，宋明儒都从未认为只有气就能成形或生物之说；一说生物，必有理气共同参与其中。因此，宋明儒所说的理贯注于气中而成就物，是就一般意义之现象事物说的；而理体流行之体用圆融似乎亦不必以其神用等同于康德的物自身，但以理体能贯注于气化事变之中而起具体之呈现说

---

84 同注83。

85 唐君毅:《中国哲学原论》,原道篇,卷三,香港:新亚研究所,1973,页1416。

之即可。换言之，只须就"理一分殊"说之即可，[86]或就理体既超越而又内在于气物之中而言体用不二亦可，[87]不必假设一"物自身"之概念也。

9. 物自身为事实上的存在或价值意味的存在之问题

依照牟先生的看法，"物自身"一概念所意指的，"并不是一物之事实上的存在、事实上的原样，或一光秃秃的'在'，而是一物之价值意味的存在、价值意味的原样，及一有目的性的'在'。"[88]牟先生继而指出：

> 在无限心底明照上，一物只是如如，无时间性与空间性，亦无生灭相，如此，它有限而同时具有无限性之意义。无时空性，无生灭相，此两语即显示一价值意味。说"独化"，是化无化相的，是无有转化过程的。说自在自得，是一个价值意味，不是事实问题中的一个光秃秃的"在"。说"无物之物"，这是说物无物相，即不作一有限的现实物看，这表示一个价值的意味，故云"无物之物则用神"：虽物也，而即具有无限性之意义；虽物也，而即是知体明觉之着见。说"一色一香无非中道"，这色与香不作色香看，当体即是中道（"即空即假即中"之中道）：这是一个价值意味的色香，透明了的色香，不是有限现实物的色香。又如，当自由无限心呈现时，我自身即是一目的，我观一切物自身皆是一目的。一草一木其自身即是一目的，这目的是草木底一个价值意味，因此，草

---

86 同注48，第一册，页654。
87 同注48，第一册，页466。
88 同注61，页793。

木不是当作有限存在物的那现实的草木，这亦是通化了的草木。[89]

对儒家言，此"物""并不了解为时空中作为经验知识对象之物理存在，而是了解为道德的存在"。"此道德的存在，并不在心外，而是仁心在具体定向下所给出的目的。"[90]例如，以事亲为本心之天理所贯注，便是一行为物之在其自己，便成为一种实德、实事、实物。这是一种价值的存在，不是事实的存在。

然而，我们的问题是：把自由无限心赋予各个事物之价值意味或道德意义当作实在者，是否犯上"实化的谬误"呢？把事亲一物理行为赋予道德的意义，亦即以"某行为具有价值意义"，滑转为"有某种价值意义的存有"，是不是将行为的价值属性实体化而为一种存有呢？这是否把"a 有 F 性质"的语句，偷偷地滑转为"有 F 这种存有"呢？更何况此"性质"乃主观赋予的而非客观本有的！

另外一个问题是：即使我们退一步承认对"价值意味的存有"之肯定并不触犯"实化的谬误"，承认"价值存有"和"事实存有"在语言使用上有同样的合法性；但"价值存有"一词在传统中国哲学的理论建构上是否为多余的呢？即是说，基于理论建构上的简洁性原则，"价值存有"一词是否可以逃过被"奥卡姆剃刀"（Occam's Razor）宰割的命运？如果把此一概念抛弃而不影响中国哲学的义理诠释和理论建构，亦即以"价值存有"一词为不必要者，则把"物自身"设想为一种价值存有之观念是否

---

89 同注 23，页 17－18。

90 谢仲明：《儒家与现代世界》，台北：学生书局，1986，页 63。

也同样是不必要的呢？此乃值得深思的问题。

牟先生曾经提到：

> 就佛性或法身之当体自己说，恒沙佛法只是功德；事象
> 意义即缘起意义的法是因着寂灭之而为功德而被带进来
> 的。功德虽亦可说为"法"，但此"法"字是第二序上的，亦
> 如"真如心"之为法，此不是缘起的事法，而是作为功德的
> "意义法"。但意义法不离事法。……是则功德者即是如来法
> 身之丰富的意义。[91]

> 佛法身曰功德聚，则佛法界亦可曰无量无边的功德界。自
> 功德而言，则亦可说无一法可言，只是一丰富之意义，无量
> 无边之实德——是德而非法。[92]

> 所谓"有过恒沙等妄染之义"，则翻上来即"有过恒沙等
> 功德相义示现"。此实只是法身之丰富的意义，丰富的内容，而
> 这些意义、内容浑融而为一意义一内容。[93]

复谓：

> 具无量无漏功德法，其直接的意义是具无量无漏丰富的
> 意义，是"意义"而不是法；只因寄法显示，始把法带进来，是
> 通过"意义"而被带进来，因而亦可说摄具了一切法。[94]

依此，就佛教言，我们可以设想无量无漏的功德只是一丰富的意
义、内容，而不是法；也可以设想其为一种意义法，作为缘起的

---

91 同注 44，上册，页 468。

92 同注 44，上册，页 518。

93 同注 48，第一册，页 616。

94 同注 23，页 425；另同注 44，上册，页 560。

事法之上的另一层次的法。但此说若非以意义法为另一更高层次的客观的事实原样，便只能被理解为主观的意义投射或价值赋予，因而与一般美感投射的情况一样，不可能由之而建立任何本体宇宙论的理论。因此，与其说自由无限心所朗现者为"价值的存在"或"意义法"，倒不如说自由无限心所成就者为"赋予事物以价值"或"赋予事物丰富的意义、内容"，较为合理而简洁。在主观投射与客观实存之间寻找一位置以安顿所谓"价值意味的存有"，恐怕只会徒劳无功。

10. 物自身与缘起法之问题

有关物自身与缘起法之关系，牟先生认为：

> 对智心（般若智）言，则诸法实相是物自身。……物自身是就缘起边的实相无相说，不就空如之理之实相无相说。因空如之理是法性，非法相故，即根本非物故。[95]

> 对识心言，则有相，此即曰现象。因此，现象之相根本是识心之执，是虚妄，此非如相，亦非实相。[96]

换言之，缘起法如其为缘起而不加计执，便显其如相、实相，也就是物自身。法之为缘起，涵蕴着法亦为性空，反之亦然。因此，缘起与性空两概念是逻辑地等价的。依般若空宗的观点，所有法之存在皆是在条件系列之中（缘起），因之亦无客观的独立实在性（性空），反之亦然。总之，若以"性空"指空无自性，即无独立实在性，"缘起"指依因待缘或依他起，即依存于条件串列之中，则可说"缘起性空"是分析语。

---

95 见本章第四节第 3 项"对佛家之解说"之第 1 条。

96 见本章第四节第 3 项"对佛家之解说"之第 2 条。

但是，对空有二宗言，"空如是不能为体的，缘起性空，依他无性，此无自性之空性是抒义字（抒缘起无性之义），并非实体字。但到'真心'成立，空如理与真心为一，空如理遂因真心故而亦成为一实体字。"[97]因此，由抒义字之"空如"滑转为实体字之"空如"，意义便不一样了。抒义字之"空如"是指诸法之间的一种关系，即依他起之关系，即倚立而非独立之关系。般若智观法即是观法与法之间的此种关系，就此种关系而说"法性""实际""一相""如相""实相""空相"或"无相"，也不过是在不加计执的情况下说诸法之间的一种真实的关系。换言之，"空如"或"缘起"并非对每一法之自身之内所具有的性质或本性而说的；亦即不像宋明儒那样，把性理当作是每一物所内具者。空如性或理是有关诸法之间的关系之一种性或理，不是每一法内部的性或理。实体字的"空如"则指空如理收摄于主体上说的理境，乃是指心理自一的真如心、心真如。抒义字的"空"是般若智照下的"中道第一义空"；而实体字的"空"是真心即性意义下的"中道第一义空"。前者是般若智观法之空假不二，不偏于有无说的中道空；后者是就真心离妄而法体恒常说的中道空。前者只能就似有无性说缘起法之实相；而不能如后者之可说真空妙有，空如来藏与不空如来藏之义。[98]前者是空假不二之中道，就空性之如说；后者是空与不空融而为一之中道，是就觉体之如说。从般若妙用、荡相遣执说诸法实相，空如理与般若智一起朗现，但智心不即是空理。因此，顺牟先生的意思说，此种空

---

97 同注 44，上册，页 474。

98 同注 44，上册，页 198－199，452，459 及 509。

理只是孤悬凝然的理境，抒诸法实相之义，而此理境并非与智心为自一之即活动即存有的实体。

无论如何，此二种理境（凝然的真如理与真心即性的真如理）都是就诸法之间的真实关系而照见于或收摄于主体上呈现者，并非就每一法之自身而呈现的。每一法之自身之生相宛然，如幻如化，而此幻化之生非由因生，非无因生，故其生不可解，其存在为不可思议者。即是说，就每一法本身说，我们并不知道它内部的实相、如相；透过般若智或其他佛智，我们所能知的，只是它与其他法之间的一种真实的关系。说"实相""如相"，严格言之，都是就此种不予计执之下的真实关系说。故此，般若所智照的诸法实相或真心所统属的一切无自性的缘起法，都不是康德意义的物自身或物之在其自己。因为，佛智所朗现的并不是诸法之在其自己，而是在无执状态下诸法之对其他法之真实关系。

其实，从"性空"变成"空性"，从"空无自性"转为"空无自性性"，从"无自性"滑转为"以空为性"，很容易使人把诸法之间的一种关系与每一法之自身内部的一种性质混淆。如果我们以"xRy"表示"x 以 y 为存在条件"（缘起）或"x 不独立（地存在）于 y 之外"（性空）的关系；以"Fx"表示"x 具有以 y 为（存在）条件之性质"（依他起性）或"x 具有不独立（地存在）于 y 之外之性质"（空性）；则由"性空"之关系滑转为"空性"之性质，可用下式表示：

$$(\forall x)(\forall y)\, xRy = df\, (\forall x)\, Fx$$

然而，这里"Fx"中的"F"只是在这脉络界说（contextual definition）上设计出来的一种"特设的谓词"（ad hoc predicate），而这种谓词并不真能描述事物所内具的客观性质。即是说，满足

"Fx"的诸法并不真的具有此种谓词所表示的性质。因此，缘起、性空不过是对诸法之间的一种关系之描述，而不是对诸法各自本身之描述。既然佛家对诸法各自之本来面目无所说，佛智所圆照的便不是物之在其自己。以诸法实相为物自身，似乎仍须有待斟酌。牟先生以"无自己之'在其自己'"或"虚意的在其自己"来说明佛家的"物自身"义，似乎甚为牵强。[99]

11．智的直觉的创造性之问题

把智的直觉一概念应用到中国哲学上来，以说明本心、道心或真心之创造性，这种做法无疑是颇富启发性的。牟先生说："知体明觉之神感神应即是一存有论的呈现原则，亦即创生原则或实现原则，使一物如如地有其'存在'也。"[100]所谓知体明觉之神感神应所朗现的，或无限心以其智的直觉所创生的、成就的或实现的，乃是物自身之存在，而非现象之存在。无限心是体，是微；物自身是用，是显。道家说"和光同尘"，佛家说"色心不二"，儒家说"体用一源"，都是表示无限心与物自身一体朗现之关系。无限心朗照物自身而使心与物一起朗现，可以说"全用在体，全体在用"；但体用之间似乎颇难以"创造"或"创生"一类的字词说明其间之关系。儒家的"觉润无方"，道家的"不生之生"，以及佛家的"圆照无外"，都是就无限心朗照目的物而使心与物一起朗现说。这对儒家本心言便是一种自我实现、自我完成。其所成就的道德行为可以理解为本心所赋予人事行为的道德意义。如果我们把这种赋给意义的心灵活动理解为一种"创生"活动，例

---

99 同注 1 所引牟宗三书，页 214。

100 同注 23，页 99。

如说创造一项道德行为，似乎并无多大问题。但是，这种"创生"对行为物之物自身来说，似乎比较容易理解；对非行为物之物自身来说，便不太好以"创生"二字称呼了。

譬如说，事父是一行为物之现象（或现象意义的行为物），当道德本心之仁理贯注于此行为物上时，一方面是仁心之自我展开而使仁理内在（或贯注）于此行为物中而有具体的呈现，另一方面是仁心透过此具体的呈现而赋予此行为物一种道德意义。我们至此或可说该行为物已不单是或根本不是一物理的存在，而为一道德的存在。依此，我们也许可以说仁心创造了该一道德行为，而仁心自己亦得以自我实现。可是对非行为物之物自身来说，那就不好说"创造"或"创生"了。一般非行为物之现象之所以可能，依照康德的看法，必预设一独立实在者之存在。我们说"有现象"（there are appearances），必须预设"有事物呈现"（there are things appearing）；我们说"一物呈现"（a thing appearing）。也须先预设"一物之非为呈现者"（a thing-other-than-as-it-appears），亦即须先预设"物自身"之存在。[101]依照沃尔夫（R. P. Wolff）的分析，康德在《纯粹理性批判》前半部的理论中，不能不预设独立实在者之存在，因为感性的杂多乃是被那些作为独立实在者之物自身所影响的产品。[102]基此，即使人（而非上帝）有智的直觉，当其没有发用于某一非行为物之上时，此物之在其自己不会因此而消失。这是由于该非行为物之现象所以可能必预设其物

---

101 L. Chipman, "Things in Themselves", *Philosophy and Phenomenological Research*, vol.37, p.491.

102 R. P. Wolff, *Kant's Theory of Mental Activity* (Cambridge, Mass.: Harvard University Press, 1963), p.312.

自身身分之存在，故该非行为物之物自身仍然是独立的客观实在者，不因人的智的直觉不对之发用而为不存在者。照儒家的想法，当人的智的直觉不发用于某行为物之上时，由于"不诚无物"，该行为物之道德性或其物自身的身分便建立不起来了。但是，对非行为物言，我们便很难说"不诚无物"了。因为，如果有某一非行为物之现象出现，与之相关的非行为物之物自身必被预设为独立的客观实在者，不因我们人的智的直觉之发用与否而有所影响。

当然，本心仁体感通无外，一草一木在仁心之觉润中可显现其生机，故此观雏鸡可以识仁，看万物皆有春意亦可以体仁。而万物之生机、春意似亦可理解为内具于各个事物之中，仁心之觉润只是使之体认出来，并不是仁心所赋予或创造出来的。因此，即使可以说：我们不以仁心之天理贯注于某行为物之上，该行为物便不成其为道德的行为，不能确立其道德的存在；但我们不以仁心之天理贯注于某非行为物之上，该非行为物是否就没有物自身的身分呢？具体言之，我们不以智心去观雏鸡，雏鸡是否就没有生机呢？我们不以智心去看万物，万物是否就没有春意呢？即是说，如果人们所具之无限智心不发用，不充扩，岂非所有物皆无物自身？其次，若人人都有无限智心，同时或不同时地以其智的直觉发用于某物之上，某物岂非要有无限多个物自身，才能应付这么多的创造者？再者，若物自身有独立的客观实在性，它客观地摆在那里，不管人们以智心直觉之与否，那又岂非以物自身非为被造者耶？再者，对于不道德或非道德的行为来说，由于我们不能赋予它们道德的意义，不能确立其道德的存在，那么它们是否只有现象而无物自身的身分呢？凡此皆属不易解答的问题。当然，如果这里的无限心不是人所具有的虽有限而可无限之无限心，而是上帝的绝对无限心，而且将物自身一概念之使用限制在非行为物之范围内，[103]则上述的难题便不难解决了。

12. 智的直觉与玄智、圆智之问题

据牟宗三先生的了解，佛、道两家的形上学乃是境界形态的形上学，而非实有形态的形上学。牟先生曾指出：

> 魏晋名理，顺道家言"无"而来之玄论，就"无"之为本体说，虽说动以观之，"无"有客观实体之意义，主观圣证之"无"有客观之姿态，而为天地万物之始；然因其自反面立言，自否定之路以显"无"，又因德性之心性不立，不能解消自由与道德之矛盾，则即不能真建立道或无之客观实体之意义，亦即不能真至主客观性之统一，而不免于偏枯。故至庄子与后来之向、郭，则即消化此客观姿态，而纯归于"境界形态"。虽云动观〔则有〕、静观〔则无〕，两不相碍，然毕竟"无"之客观实体意义是虚说，故不能真建立道之客观性，亦不能真至主客观性之统一。[104]

> 至于佛教，则尤纯自菩提、般若以言圣证，证如不证悲，故尤纯属境界形态，而根本不肯定"实体"之观念，故自不涉

---

103 按：康德以行动或行为只有现象的身分（即为诸现象之组合），而无物自身的身分（同注 36，页 241）。因为，若以行为物有物自身的身分，由于行为物中所涉及之各成分事物也该有物自身的身分，则组合者的物自身与成分者的物自身之关系为何，实难解说。

104 牟宗三：《才性与玄理》，香港：人生出版社，1970，页 274－275。

及其客观性。[105]

由此可见佛、道二家所成就的形上学乃属境界形态，而非实有形态，与儒家的道德创生的形上学颇异其趣。

牟先生对庄子《齐物论》的"天籁"义作分析时，有这样的说法：

> 天籁并非一物，只是一"意义"，一"境界"……此天籁之自然直接所函之意义，即自生、自在，而化除因果方式下之他生、他在、与他然。吾人必须先知此自生、自在乃是系于主体之境界，即"自己无待，一切无待，自己平齐，一切平齐"之境界。[106]

> 人籁是比竹，地籁是众窍，而天籁则并无所指，亦并无斯物。天籁表示一个意义，一个境界。而此意义，此境界，直就"众窍怒号"之自然而无使之然以显示。故曰："天籁者，岂别有一物哉？"[107]

因此，"主观圣证上之'无'是一种虚寂深化之心境，是一种虚灵之妙用，而非是一'物'。"[108]可见道家所谓"自尔独化"者，"只是具体圆照中物物皆'在其自己'之理境。"[109]而非"在其自己"之事物。就佛教方面言，正如我们上面已指出的，[110]圆智所朗照

---

105 同注 107，页 275。

106 同注 107，页 198－199。

107 同注 107，页 272－273。

108 同注 107，页 271。

109 同注 1 所引牟宗三书，页 211。

110 见本节第 9 条之"物自身为事实上的存在或价值意味的存在之问题"。

者亦可以当作是一丰富的意义而已。佛家的"实相是一个虚意，非是一个对象，既非指体字，亦非指事（物）字，而虚意亦不能对象化或实体化而为实"。[111]

既然佛、道二家在主观圣证上所成就者乃是理境，而非实有，其圆智、玄智之创生义便颇难说了。因此，康德的智的直觉或儒家的良知，与道家的玄智或佛家的圆智，实有本质上的重大差别：智的直觉与良知尽管在许多其他方面不太一样，它们所创造或成就的，总是一种实有；而玄智与圆智所成就的只是一种心灵的境界，而并非任何客观意义的实有。如果我们说佛家的圆智是一种"灭度的智的直觉"，而道家的玄智是一种"带有艺术性的智的直觉"，这并不能就解消了智的直觉或良知明觉与玄智或圆智之实质性的分别。假如说儒、道、佛三教之异只是教相之限定问题，而智的直觉实可兼具此三教智照之义而兼容不相碍；这至多也只能说明非感触直觉有三种可能不同的类型，而不能证明有一种独一无二的创生意义的智的直觉可兼具此三教之义。我们可以假设地说，如果主观的心灵境界与客观的实有没有分别，或者可将其一化约为另一；如果无自性的如相或自尔独化的理境与有自性的实事实物或物自身没有分别；又如果性起、性具或不生之生与良知之感通觉润或上帝之创造在实质意义上可有会通之处；则说智的直觉可兼具三教智照之义而兼容不相碍，似乎是可以的。但问题是：上述这些观念彼此之间真的没有分别吗？

13. 智的直觉与能所不二之问题

康德在《纯粹理性批判》的"对于超越的摄物学之一般的

---

111 同注 1 所引牟宗三书，页 213。

观察"一节中指出：[112]如果人的内部直觉能自我活动，即自给对象，自我表象，自我判断，则此种直觉必是智的直觉。康德根本否定人有智的直觉，这些话不过是要表示：假如人有智的直觉，它所知及对象的方式一定与感触直觉的不同，所知及的自我必不是现于自我之我，而是在其自己之我（即所谓真我而非现象我）。康德的此一假设乃是就智的直觉与自我之关系说，不是就智的直觉与一般事物之关系说。

然而，如果我们把康德的意思推广开去，顺海德格尔对"Eject"之分析，以及传统中国哲学所谓"摄物归心，不与物对"之义，以物自身为"内生的自在相"，无对象义可说，[113]那是否符合康德的原意呢？则颇可商榷。康德之所以称物自身为智的直觉之对象，也许不是虚说，而是实说。他是把上帝的神智所创造者当作是实质的对象，能生者是上帝的无限心，所生者是物自身，而能所是对待的。顺自我的问题而假设人有智的直觉，则能自给对象，自我表象和判断自己，能是此真我，所也是此真我，似乎能所之分别可泯。其实单就自我说，能所当然是同一的；但就诸物之物自身言，倘使人有智的直觉，总不能以自我表象和判断自己来表示此所谓能所不二之义。神智能把它的对象之存在给出，这表示神智能创造其对象，并不涵蕴神智所属之心与其对象无二无别。神心或智心不等于物自身，因为形上的实体与非形上的实体不同故；而神心也不即于物自身，因为神心之创造与所谓体用圆融之"创生"有异故。

---

112 CI: B68 − 69。

113 同注 23，页 99。

14. 形上学的存在与知识论的存在之问题

康德设想现象与物自身为同一物之两个不同的面相：[114]以现象为对象现于感性主体之一面，而物自身为上帝创造该对象时其智的直觉所觉知之一面。康德似乎是把"物自身"当作一个事实的概念，意指事实上的原样。但牟先生强调：如果人有智的直觉，"物自身"是一个积极的概念，它便应该是一个价值意味的概念，表示价值意味的原样。此乃是牟先生对康德的"物自身"概念之一种疏通与改进，以便使之与三教之义理兼容而不相碍。

然而，无论是事实意义的原样或价值意味的原样，都是就事物之认识的存在说，不是就事物之形上的存在说。换言之，只是就事物之存在的样相说，而不是就事物之存在的本质说。物自身固然不是现象的本质，也不是任何东西的本质，它不过是异于现象一面而为同一物之另一面相。但是，顺牟先生的意思，在中国哲学方面说，良知之天理贯注于事物之中，因而成就该事物之本性（价值的本质，非事实的本质），乃是使该事物不仅为一事实性之存在，且为一价值性或目的性之存在。此种价值性或目的性之存在可以叫作实事、实物或实德，但却非异于现象一面而为同一物之另一面相。即是说，这是一种价值性的本质之存在，而不是一种事实性的或价值性的样相之存在。康德说的只是样相之存在，亦即是知识论的存在；而儒家说的是本质之存在，亦即是形上学的存在。二者实有所不同，不易轻言过转。

对康德来说，一种不道德或非道德的行为之现象的另一面相是什么呢？这是不可理解的。若二人有同样的行为现象，由于动

---

114 见本章第二节第1项"对'物自身'之规定"之（C.1）条。

机之不同，结果一人成就道德的行为，另一人则成就不道德或非
道德的行为，那么同样的行为现象之外，何以一人能成就价值意
味的物自身，而另一人则只能成就反价值或非价值的物自
身？[115]这也是不可理解的。当然，如果我们放弃使用康德的"现
象与物自身"的区分来解说行为事，单就儒家自己的概念去说
明，也许就没有这些难以理解的问题出现。我们尽可以说，没有
良知之天理所贯注的行为只有事实性存在之意义，不能同时成就
价值性或目的性存在之意义。不道德或非道德的行为之所以只有
物理的意义，而无道德的意义，正因为没有良知之天理贯注于其
间。一行为物之现象没有道德的意义，或不能提升为价值性的本
质之存在，是可以被理解的；但一行为物有现象之一面而没有物
自身的一面，明显违反了康德所规定的一物兼具两面相之义，乃
是不可理解的。再者，佛家虽可说"如清浊波，湿性不异"及"秽
恶之法亦为法性所固具"，[116]但把有如性的恶法视为物自身，则
儒家对不道德的秽行是否也可作如是处理呢？这种"物自身"的
概念恐怕并不适合儒家。

此外，如果我们放弃道德形上学的模式，而代之以纯心性论
的模式，来理解道德的行为，我们甚至可以不必使用"价值性或
目的性的本质之存在"这些概念，而代之以"赋予行为以价值或
道德的意义"一类的字句。就前者来说，"价值性之存在"是指
行为之道德的本质、本性；就后者来说，"赋予行为以价值的意
义"是指行为之道德的意含、内容。无论如何，这都与物自身作

---

115 这里也许不应该叫作"物自身"。

116 同注 1 所引牟宗三书，页 250。

为一种知识论的存在为不同者。以康德的概念和区分套在中国哲学的问题上，是否比只以中国哲学原有的概念和区分来理解更为优胜呢？此乃值得深思的问题。

15. 只有上帝才有智的直觉之问题

康德设想只有上帝才有智的直觉，以上帝为独一无二的绝对自由无限心。但牟先生根据传统中国哲学，肯定"人虽有限而可无限"，人亦可有智的直觉，而上帝的绝对无限心便成不必要的设立。牟先生认为：儒、道、佛三教所分别肯定的良知明觉、玄智及圆智，便是智的直觉之三态。只要承认人有智的直觉，了解到良知明觉、玄智及圆智俱为呈现而非假设，则中西哲学之会通便有一坚实的基础，而康德的难题亦可迎刃而解，道德形上学亦得以证立矣。

牟先生强调传统中国哲学肯定"人虽有限而可无限"，这是极有启发意义的说法；但此说法却不必涵蕴三教之智知一定是康德意义的智的直觉。康德把智的直觉归属于上帝，把它当作一种神智，是由于他顾虑到与"智的直觉"有密切关系的"物自身"一概念之特性：物自身是被造的，有独个性的，是现象之外的同一物之另一面相，以及不是形上的实体等等。正如上述曾指出的，[117]假设人人都具自由无限的智心，大家同时或不同时地以其智心直觉某物，则某物岂非可有无限多个物自身？若无一人充扩智心之潜能，岂非所有物只有其现象之身分而无其物自身之身分？若以物自身本来就客观地摆在那里，不管人们是否以智心直觉之，此岂非以物自身非为被造者耶？对康德来说，物自身之独

---

117 见本节第11项之"智的直觉的创造性之问题"。

个性为现象之差异性所预设，而为上帝所创造者。但若假设人有智的直觉，且此智的直觉是无分别智，所直觉之物（即物自身）便是无分别物了。虽说物是"不分而分"，那只是就智心不离气化事变之现象而起用说的不分而分，并非以此无分别物之当身是不分而分。如是，则物自身之具体性或独个性便不可得以说明了。物自身之独个性是现象之差异性所以可能之支持点，不能反过来以现象之差异性决定物自身之独个性。此外，若人的真我（或物自身身分的主体）是自由无限心，由于此自由无限心是形上的实体，则这种物自身显然不是被造的，而是本有的。当然，一如康德那样，规定了只有上帝才有智的直觉，神智是独一无二的，那么上述这些问题便都不成其为问题了。

六、结语

综上所言，我们认为把康德的"智的直觉"概念与"现象与物自身"区分移植到中国哲学上来，不但对中西哲学之会通毫无帮助，更且徒增蹊跷，一方面陷康德于不（成）义，使其《纯粹判断力批判》的知识理论在牟先生的修订后完全破产；另一方面亦使中国哲学三家之义理扭曲，失去三教各自的特色与本义。牟先生虽说："如果吾人不承认人类这有限存在可有智的直觉，则依康德所说的这种直觉之意义与作用，不但全部中国哲学不可能，即康德本人所讲的全部道德哲学亦全成空话。"[118]这似过于言重了！牟先生似乎没有充分的论据来证明康德哲学与中国

---

118 同注 1，页 2。

三教"合则双美"；反之，我们可找到的论据则可说明事实上并非"离则两伤"。

第五章
超越分析与逻辑分析：
当代新儒学的方法论问题（一）

一、前言

　　我们从事哲学问题探究之时，分析方法无疑是最常用的方法之一。不过，分析方法不止一种，除了语言概念分析（linguistic-conceptual analysis）之外，还有逻辑分析（logical analysis）和超越分析（transcendental analysis）等。与前者不同，后二者都具有论证的形式（argument form）及证明之作用。然而，超越论证是与逻辑论证大不相同，还是前者属于后者的一个特例？本章的目的之一，便是要探究二者之特色与关系。本章的另一目的，亦是主要的目的，则在探讨当代新儒家对这两种方法之运用，及其运用是否可以解决相关哲学问题之问题。

二、逻辑分析的方法

　　什么是逻辑分析的方法呢？我想这至少可以包含两种分析

的程序：一种是有关语句的逻辑结构分析；另一种是有关语句与语句之间逻辑论证的分析。就第一种逻辑分析来说，罗素（B. Russell）对确定描述辞（definite descriptions）的分析便是典型的例子。依照罗素的看法，下列两个含有确定描述辞"法国现任国王"的语句：

(1)"法国现任国王是秃头的。"

(2)"法国现任国王不是秃头的。"

都是具有认知意义（cognitive meaning）的语句，亦即是有真假可言的语句。但是，如果我们把确定描述辞当作是指涉个体事物的个体语词（individual terms），并依照传统的观点把个体语词在逻辑结构上型构为逻辑的个体常项（individual constants），则上述二句可以型构为下列二式：

(3) Ga

(4) ~Ga

其中"a"代表"法国现任国王"，"G"代表"是秃头的"，"~G"代表"不是秃头的"。由于(3)与(4)是互相矛盾的（mutually contradictory），二者既不可能同为真，亦不可能同为假。因此，当(1)为真时，(2)必为假；当(1)为假时，(2)必为真。反之亦然。但问题是：由于现在法国已取消帝制，"法国现任国王"乃是一个没有指涉对象的空词（empty term）；因此，对一个不存在的对象说它"是秃头的"或"不是秃头的"，似乎都不可能判定其真假值。如果(1)不是真句，让我们暂时假定它是假句，则与它互相矛盾的(2)似乎便应该被视为真句。但是，(2)确实是真句吗？显然不是。"法国现任国王"之所指既不存在，"法国现任国王不是秃头的"一句又怎能成为真句呢？相反的，若我们暂时假定（2）是假句，则与它互相矛盾的（1）岂非成为真句？然而，（1）之不可能被视为真句，和（2）之不可能被视为真句的理由是一样的。这一困境是否反显（1）和（2）都是没有真假可言的语句，因而都是没有认知意义的呢？

罗素认为：（1）和（2）其实都是具有认知意义的语句，亦即都是有真假可言的。上述的困境并不是反显了（1）和（2）无认知意义，而是由于（1）和（2）的逻辑结构之传统分析有问题，才招致这样的恶果。依照他的"确定描述辞理论"，语句（1）所要表达的内容应包括下面三个语句所要表达的：

（5）"至少有一个法国现任国王。"

（6）"至多有一个法国现任国王。"

（7）"任何法国现任国王都是秃头的。"

假如语句（3）恰当地反映语句（1）的逻辑结构，而（3）却不能反映这三个语句的逻辑结构，可推知（1）与这三个语句不是逻辑地等值的（logically equivalent），因而亦不是语意地等值的（semantically equivalent）。然而，由于罗素认为（1）与这三个语句是语意地等值的，因而亦是逻辑地等值的，因此可以反证（3）并不是（1）的逻辑结构之恰当反映。换言之，把相关的描述辞型构为逻辑的个体常项（"a" "b" "c"...)是不对的，而应该以逻辑谓词（logical predicates）（"F" "G" "H"...)来表示。依此，语句（1）可型构为：

（8）$(\exists x)\{[Fx \cdot (\forall y)(Fy \rightarrow x=y)] \cdot Gx\}$

而语句（2）则须分析为：

（9）$(\exists x)\{[Fx \cdot (\forall y)(Fy \rightarrow x=y)] \cdot \sim Gx\}$

经过这样的分析，可见（2）的否定词"不是"在（9）的型构中是一个"语词否定"（term-negation）项目，而不是像（4）那样置放在全句之前的"语句否定"（sentence-negation）项目。因此，尽管（3）与（4）是互相矛盾的，因而不可能同为假句；但（8）与（9）却非互相矛盾，而是互相对反（mutually contrary），因而是可以同为假句的。事实上，由于我们现在找不到一个东西或个体是"法国现任国王"所描述的，亦即找不到一个个体满足"Fx"所规定的条件；所以（8）与（9）都是假句。既然经过这种逻辑分析之后的（1）与（2）都是假句，它们便都是有真假可言的，亦即都是有认知意义的语句，而上述的困境亦可以解除了。

不管罗素的"确定描述辞理论"对不对，这无疑是一种典型的逻辑分析的方法，亦即是对语句的逻辑结构作分析的方法。[1]第二种逻辑分析，亦即是对语句与语句之间的逻辑论证关系之分析，必须在第一种逻辑分析完成后才能进行。以《公孙龙子》中的《白马论》为例，公孙龙的论敌由"有白马"之前提，推证"白马非马"一命题不成立。依照第一种逻辑分析，"有白马"一前提可型构为：

（10）(∃x) (Wx · Hx)

而结论（即"白马非马"之否定句）则可型构为：

（11）~ (∀x) [(Wx · Hx) → ~ Hx]

再依照第二种逻辑分析，可将上述对确的论证（valid argument）

---

1 P. F. Strawson不同意罗素的理论，并提出"预设"（presupposition）的观点加以反驳。此一论争至今未休。可参阅 B. Russell, "On Denoting", *Mind,* vol.14 (1905), pp. 479－493, 及 P. F. Strawson, "On Referring", *Mind,* vol.59 (1950), pp. 320－344.

建构如下：

[1]	1.(∃x) (Wx·Hx)	A.（假设）
[2]	2.(∀x) [(Wx · Hx) →~ Hx]	A.（假设）
[1]	3. (Wa · Ha)	1; E. E.（取消存在量化号）
[2]	4. [(Wa · Ha) →~ Ha]	2; U. E.（取消全称量化号）
[1,2]	5. ~ Ha	3,4; M. P.（断离律）
[1]	6. Ha	3; S.（简化规则）
[1,2]	7. (Ha · ~ Ha)	5,6; Conjunction（合取规则）
[1]	8.~(∀x) [(Wx · Hx)→~ Hx]	7; R. A. A.（归谬法）

依照上述的分析，可见公孙龙的论敌所做的逻辑论证是对确的。但这个论证中的"白"和"马"概念都不可以型构为个体常项（"a""b""c"…），而只能型构为逻辑谓词（"W""H"…），否则整个论证便不能成立。相反的，公孙龙主张"白马非马"，反对"白马马也"，其论证必须把"白马"和"马"等词项型构为个体常项，而不可以型构为逻辑谓词，否则其论证便不能成立。例如他说："求马，黄、黑马皆可致；求白马，黄、黑马不可致。使白马乃马也，是所求一也；所求一者，白者不异马也。所求不异，如黄、黑马有可有不可，何也？……白马之非马，审矣。"此一论证可简化如下：

前提（P₁）："使白马乃马也，则是所求一也。"

前提（P₂）："所求不一。"

结论（C）："白马非马。"

其论证形式可型构如下：

[1]	1. $[(a=b) \rightarrow (Fa \leftrightarrow Fb)]$	Theorem（莱布尼兹律之个例）
[2]	2. $\sim (Fa \leftrightarrow Fb)$	A.（假设）
[1, 2]	3. $\sim (a=b)$	1, 2; M. T.（逆断离律）

这也是一个对确的论证形式，因而上述的论证也是对确的。公孙龙和他的论敌针锋相对，何以二者的论证皆为正确？理由是二者的论证背后的逻辑结构并不一样，而彼此的哲学涵义亦不一致。[2]

以上便是两种逻辑分析的方法互相配合运用的典型例子。其中第二种方法，亦即是对语句与语句之间的逻辑论证关系之分析，更是逻辑分析方法中至关重要的部分。与此不同的，在传统西方哲学中有所谓"超越分析"或"超越论证"的方法。这究竟是一种怎么样的方法呢？它和"逻辑分析"或"逻辑论证"的方法有何分别呢？

三、超越分析的方法

一般而言，"超越分析"（transcendental analysis）及"超越推述"（transcendental deduction）等词来自康德（I. Kant），但"超越论证"（transcendental argument）并非康德所采用的词语。不过，康德以后哲学家常用的超越论证，无疑是肇始于康德的。典型的超越论证通常具有这样的程序：它开始于一个被大家接受的

---

2 参阅拙作：《中国哲学的方法论问题》，台北：允晨文化实业股份有限公司，1989，第二部分。

语句"p"，然后去寻找一个使"p"成为可能或被接受为真之先在条件或必要条件的语句"q"。"q"必须是真的，因为"p"是真的；而且除非"q"是真的，否则"p"是不可能为真的。许多哲学家认为："p"和"q"的关系乃是一种"预设"（presupposition）的关系。此种论证形式可以型构为：

$$(\mathrm{I}) \frac{p}{\therefore\ p\ 预设\ q}$$

或：

$$(\mathrm{II}) \frac{\begin{array}{c}p\\ p\ 预设\ q\end{array}}{\therefore\ q}$$

就论证形式（I）而言，[3]由于"p预设q"涵衍（entails）或涵蕴（implies）"(p→q)"，基于涵衍或涵蕴的可传递性，如果"p"真的可推出"p 预设 q"，可推知"p"也涵衍或涵蕴"(p→q)"。但事实上由"p"这前提并不能逻辑地推论出"(p→q)"，亦即"p"真而"(p→q)"假是可能的，因此可以反证论证形式（I）并不是一个对确的论证形式。如果超越论证的形式是（I），从逻辑的观点看，它显然是不对确的。

就逻辑形式（II）而言，由于"p 预设 q"涵衍或涵蕴"(p→q)"，加上前提"p"，使用断离律（modus ponens），"q"这个结论便可以被推导出来。因此，论证形式（II）是对确的（valid），而且似乎是超越论证的恰当形式。但问题是：（II）虽然是对确

3 A. C. Genova, "Kant's Notion of Transcendental Presupposition in the First Critique", in R. Chadwick and C. Cazeaux (ed), *Immanuel Kant: Critical Assessments* (London: Routledge, 1992), vol.2, p.93, 即采用论证形式（I）。

的，但却不一定是真确的（sound）。换言之，尽管（Ⅱ）不容许有前提全部为真而结论为假的可能性出现，但却不一定排斥前提为假或结论为假的可能性出现。依此，超越论证是不能保证那使"p"成为可能或被接受为真之先在条件或必要条件的结论"q"被接受为真的。

除了真确性（soundness）的问题之外，超越论证也有循环性（circularity）的问题或乞取论题（question-begging）的问题。例如帕尔默（H. Palmer）曾指出：[4] 在所有"反向预设的论证"（argument "back" to a presupposition）中，都包含有一种称作"假定的循环性"（presumptive circularity）。而超越论证正是这种反向的论证，因而是会犯上循环谬误的。超越论证是要借着前提"p"去证明结论"q"的；但是另一方面，结论"q"又是前提"p"所以可能的先在条件或必要条件。换言之，在证明"q"的过程中，我们需要"p"是可被接受的；但"p"之是否可被接受，反过来又先要接受那作为"p"之先在条件或必要条件的"q"。也就是说，依论证关系，"p"比"q"有先在性；但依预设关系，"q"则比"p"有先在性。从逻辑的观点看，这种双向性而非单向性的论证是会犯恶性循环谬误的。雅凯特（D. Jacquette）虽然没有讨论到超越论证的问题，但他认为任何论证中部分被选出的前提预设（或等同于）其结论，便会陷入恶性的循环。[5] 依此，我们认为超越论证既然也有这种包孕着预设的特色，同样也会有陷入恶性循环的问题。如

---

4 H. Palmer, *Presupposition and Transcendental Inference* (London: Croom Helm Ltd., 1985), p.155.

5 D. Jacquette, "Logical Dimensions of Question-Begging Argument", *American Philosophical Quarterly,* vol.30, no.4, (10/1993) pp.323 – 325.

何摆脱恶性的循环，似乎也是超越论证的论者所要面对的大问题。

有些论者认为：超越论证之特色不在于它有一种与（对确的）逻辑论证形式不同的形式，而在于它的目的与题材之特殊性。他们认为：超越论证的内容是有关经验的，而目的则在揭示我们的概念架构的基本结构，特别是可被理解的经验（即经验知识）所不可或缺地预设的概念。[6]如是，超越分析便不是一种论证的陈示，而是对有关隐藏的预设之展示及阐释；超越分析便不能被称为"超越论证"，而只能被称作"超越展示"（transcendental exposition）了。我们认为：超越分析不是事实性（de facto）的展示，而是法理性（de jure）的证示，它必须具有论证的形式。例如康德先肯定我们的经验（知识），然后问："经验（知识）如何可能？"从而推论或分析出一些使经验（知识）成为可能之先验概念（a priori concepts）或超越原则（transcendental principles）来。康德认为：超越原则"使那些作为其证明基础的经验成为可能"（"[a transcendental principle] makes possible the very experience which is its own ground of proof"）。[7]这毫无疑问地肯定超越分析中的超越原则是在先在条件的预设关系中和证明的论证脉络中被理解的。康德虽然没有用"超越论证"一词，但他所用的"一个超越原则的证明"（proof of a transcendental principle）与"超越论证"的含意并无多大的分别。[8]如果康德及其后的哲

---

6 A. C. Grayling, *The Refutation of Scepticism* (La Salle, Il l: Open Court, 1985), pp.94－95.

7 CI: B765/A737.

8 同注4，页141。

学家的"超越分析"概念包含有或等同于"超越论证"的概念，则超越分析或超越论证的方法的主张者便不能不面对上述有关论证的真确性与循环性的两大问题。

如果我们使用上述的论证形式（II）来理解超越论证，即使暂时撇开循环性的问题，也暂时承认它的真确性，我们也会发现它有以下的一个两难（dilemma）：如果第二个前提（即"p 预设 q"）之为真是依照一个概念架构或理论内部的约定，即使为了论证需要而暂时承认第一个前提（即"p"）是大家所接受的，或是描述一些有经验内容之真句，则结论（即"q"）极可能只是理论内部导出的结果，是经由语言框架内部而论证得的（arguing within-the-framework-of-language）。[9]如是，这种经由概念架构内部的规定而建构的论证，势必使有关的超越论证变成冗余化的（trivialized）真确论证。尤有甚者，冗余化的结果将会引出相对主义（relativism）的问题。因为，不同的概念架构或理论可以产生不同冗余化的真确论证，各套架构皆是可行的，但却没有一套是唯一的（unique）。[10]可是在另一方面，如果有关预设的前提不是建立在概念架构或理论内部的约定，即使我们暂时承认被预设的"q"是预设者"p"之先在条件或必要条件，但由于这种肯定只是对被预设的"q"之再确认，并不能保证"q"中的概念有客观的指涉。因此，除了指出我们的经验之可能的先在条件或必要条件是我们拥有或接受某些能客观指涉地应用的概念之外，还需要指出

---

9 M. Ujvári, "Analytic Philosophy Challenged, Scepticism and Arguing Transcendentally", *Erkenntnis,* vol.39 (1993), p.293.

10 S. Körner, "The Impossibility of Transcendental Deduction", *Monist,* vol.51 (1967), pp.317－331; 及同注 9，页 293。

拥有先在条件或必要条件的这些概念所应用到的对象，事实上是客观地存在的。如是，超越论证的论者为了满足后一要求，他必须采用某一种"检证原则"（verification principle）。若不加上此一原则，有关预设的前提便不能成立，因而有关的论证亦不真确；或即使成立，"q"中的概念也是没有客观指涉的，即与经验中的客观对象无关。然而，若加上此一原则，由于此一原则本身即足以证明"q"中的概念有客观指涉之作用，因而亦足以证明"q"是真句；因此，经由超越论证来证明"q"便是多此一举（superfluous）的了。

此一两难也可以说是超越论证在语意内在论（semantic internalism）与语意外在论（semantic externalism）之间的困境，或知识论的建构论（epistemological constitutivism）与知识论的实在论（epistemological realism）之间的两难。当超越论证建立在架构或理论内部的约定之基础上时，所谓"经验"及"经验中的对象"便只能是内在论和建构论所"美化"或"污染"的内容，其中概念的客观妥效性（objective validity）也是相对于和内在于概念架构或理论内部的。[11]相反地，当超越论证不建立在概念架构或理论内部的约定之基础上时，而且"经验"及"经验中的对象"这些词语并无歧义，亦即不是内在论和建构论所"美化"或"污染"的内容，而是外在论和实在论所肯定的独立于架构之外的内容，超越论证必须加上检证原则，才能成为真确的论证。由前者，可以引出概念的相对主义，不能证明概念架构对客

---

11 R. B. Pippin, "The Idealism of Transcendental Arguments", *Idealistic Studies* (1988), pp.99 – 100.

观世界之唯一性。由后者，即使可以排斥怀疑主义，这也不是超越论证本身的力量，而是单靠检证原则之作用。

综合以上的分析，我们认为超越分析或超越论证如果是一种论证，它必须接受逻辑分析或逻辑论证之判定程序的检核，以判定其论证的对确性与真确性。超越论证之特色，主要在于它的经验前提预设着它的含有先验概念或超越原则的结论。由此引出的循环性和真确性的问题并不容易解决。要使超越论证真确，似乎又不可避免地遭遇到内在论与外在论之间的两难：放弃概念架构对客观世界之唯一性而引入相对主义的"豺狼"；或引入检证原则而使超越论证变成假借虎威的"狐狸"！

超越论证作为一种哲学探究的方法，似乎是极有问题的！

四、冯友兰的分析方法：逻辑或超越

有不少大陆学者认为冯友兰属于"现代新儒学"中的"逻辑分析"派，而把熊十力、梁漱溟、唐君毅、牟宗三等列在此派之外。例如李泽厚认为："与熊〔十力〕、梁〔漱溟〕的直观的总体把握方式有根本的区别"，"冯〔友兰〕以其现代西方哲学方法论和逻辑学的训练，通过严谨的逐步推理，构造出一个纯形式纯逻辑的框架体系。"[12]这些说法对不对呢？其实，只要从常识观点看，也知道一个对经验有所说明的形上体系（如冯友兰的新理学体系）不可能是纯形式或纯逻辑的；可见李氏的说法是相当外行的。在新理学体系中，我们找不到多少严谨的推理，可见李氏的

---

12 李泽厚：《中国现代思想史》，北京：东方出版社，1987，页294。

说法也是毫无根据的。冯友兰从"实际"出发，透过他所谓的"形式底释义"或"逻辑分析的方法"（李氏未经思考而做出上述的论断，也许是受到这些词语的误导所致），真的能分析或推论出"纯真际"来吗？[13]熊十力等"非逻辑分析"派，真的主要是用所谓"直观的总体把握方式"来探究中国哲学，而非运用思辨性的方法吗？我们认为：这种从"似是而非"的方法论角度来为当代新儒学分派，并不十分恰当。我们无意否认这两派在论旨及理论构造上的差异；但在探究本体的方法上，两派同样使用了超越分析这种思辨性的方法。在探究本体、建造形上学方面，冯友兰用的主要不是逻辑分析的方法，而熊十力等人用的也不是什么"直观的总体把握方式"，而是上节讨论的"超越分析的方法"。

在冯友兰的新理学中，有四个主要的概念，"就是理、气、道体，及大全"。他认为："这四个都是我们所谓形式底观念"，"是没有积极底内容底，是四个空底观念。"而"在新理学的形上学的系统中，有四组主要底命题。这四组主要底命题，都是形式命题。四个形式底观念，就是从四组形式底命题出来底"。[14]第一组主要命题是"有物必有则"；第二组是"有理必有气"；第三组是"无极而太极"；第四组是"一即一切，一切即一"。[15]

冯友兰认为："以上四组命题，都是分析命题，亦可说是形式命题。此四组形式命题，予人以四个形式底观念……""理及

---

13 冯友兰：《新知言》，《三松堂全集》第五卷，郑州：河南人民出版社，1986，页223。

14 冯友兰：《新原道》，台北：台湾商务印书馆，1967，人人文库，页114。

15 同注14，页114－118。

气是对于事物作理智底分析，所得底观念。道及大全是人对于事物作理性底总括，所得底观念。"这"都是用形式主义底方法得来底。所以完全是形式底观念，其中并没有积极底成分"。"无积极底成分者，对于实际，无所肯定。"[16]这种"形式主义底方法"，他也称作"逻辑分析法"。[17]更具体地说："从'有某种事物'这句话演绎出《新理学》的全部观念或概念……仅仅是'有某种事物'这句话的逻辑蕴涵。"[18]既然这些概念及命题之间有"逻辑蕴涵"或"逻辑涵蕴"（logical implication）的关系，而且体系之导出的程序是"演绎"（deduction）的，也就无怪乎大陆学者异口同声地认为新理学所用的方法是"逻辑分析法"了。

　　冯友兰认为："哲学始于分析，解释经验，换言之，即分析解释经验中之实际底事物。由分析实际底事物而知实际。由知实际而知真际。"[19]但严格言之，他从"实际"（或"经验中的事物"）出发，即使可以分析出"纯真际"（或"超验的事物"）来，也不可能是一种纯粹的逻辑分析，并不是他自己所一再强调的"形式底释义"，而是一种包含有形上预设的超越分析。

　　就第一组命题来说，最重要的命题是："有某种事物，必有某种事物之所以为某种事物。"亦即"有物必有则（理）"。冯友兰举例说：

　　　　山之所以为山或水之所以为水，不是这座山或这条水所

16　同注 14，页 119－120。

17　冯友兰：《新知言》，台湾版，1946，页 9－10，67。

18　冯友兰：《中国哲学简史》，北京：北京大学出版社，1985，页 385。

19　冯友兰：《新理学》，台湾版，1938，页 12。

独有。因为别底山亦有山之所以为山，别底水亦有水之所以
为水。别底山与这座山不同，但均有山之所以为山。别底水
与这条水不同，但均有水之所以为水。一切山所共有之山之
所以为山，或一切水所共有之水之所以为水。新理学中称之
为山之理或水之理。有山则有山之理。有水则有水之理。有
某种事物，则有某种事物之理。[20]

这种"有 A 必有 B"或"有 A 则有 B"之关系，他认为是"涵
蕴"的关系。[21]而具有此"涵蕴"关系之命题，乃是一"分析命
题"（或"形式命题"）。

我认为这既不是一种"分析命题"（analytic proposition）（或
"形式命题"），也不是一种真句。说这不是一种"分析真句"，亦
即表示语句中的"涵蕴"关系不成立，或句中的"必"字是"必"不
出来的。理由是上述冯友兰的"分析"是从偷换概念得来的，并
非真正的逻辑分析。依照他上述的"分析"，"山之所以是山而不
是非山，必因山有山之所以为山"。[22]但"山有山之所以为山"和
"有山则（必）有山之所以为山"（或"有山则（必）有山之理"）是
两个决然不同的语句，不能由前者滑转为后者。前者是要说"山
具有山之所以为山之性质"，是要表示山具有的性质；后者则是
要说"有山"一句涵蕴"有山之所以为山"（或"有山之理"）一
句，或断言有山是有山之所以为山（或：有山之理）之充分条件

---

20 同注 14。

21 同注 14，页 114 - 115。按：冯友兰把"有 A 则必有 B"当作"涵
蕴"关系，类似 R. B. Pippin 对超越论证中的预设之分析。参考注 11，页 99。

22 同注 14。

乃必然者。前者的逻辑结构是：

(1) $(\forall x)\, (Fx \rightarrow Gx)$

[“F”代表“山”之类概念，“G”代表“山之所以为山”之性质。]
而后者的逻辑形式并不是：

(2) $\Box[(\exists x)\, Fx \rightarrow (\exists x)\, Gx]$

而是：

(3) $\Box[(\exists x)\, Fx \rightarrow (\exists x)\, (x=a)]$

依照奎因 (W. V. Quine)对存有承诺 (ontological commitment)之语意规定，由于逻辑谓词“G”代表具体事物所具有的一种性质 (property)，而不是抽象的共相 (universal)，故“山之理”或“山之所以为山”作为一种抽象元目的共相要以个体常项“a”来表示。依此，在有山类之物的情况下，虽然可以分析出(1)来，并推论出有具山之性质之物“$[(\exists x)\, Gx]$”；却分析不出(2)或(3)来。换言之，除非(1)是一分析真句或必然真句，否则(2)是推不出来的。更何况(2)并不是“有山则（必）有山之所以为山”或“有山则（必）有山之理”的正确形式。把“山之所以为山”这种具体事物中的性质滑转为“山之所以为山”（即“山之理”）之抽离开具体事物之上的共相，无疑是偷换概念。这即是由“性”滑转为“理”，才能造出由“实际”导出“纯真际”的假象来。

　　冯友兰认为：“事物对于理，可依照之，而不能有之。理对于事物，可规定之，而不能在之。”[23]但由于“凡依照某所以然之理而成为某种物之某，即实现某理，即有某性。理之实现于物

23　同注 19，页 57。

者为性"。[24]故理虽不能内在于物中，但性却可内在于物中。冯友兰说："某种事物之所以为某种事物者，可以无某种事物而有。"[25]亦即可以有某理而无某物。但"凡可称为一事物之性者，均是与此事物之有而俱有"，[26]亦即以性为内具于物中而有的。因此，由"山有山之所以为山（的性质）"是推论或分析不出"有山则有山之所以为山（之理）"或"有山必有山之理"来的。换言之，我们尽管承认某物有某具体性质，却不必假定此具体性质是某共相实现于某物之中者。如是，即使前者为真，后者却不一定为真；即使前者为分析命题，后者也不一定是分析命题。唯名论者（nominalists）反对实在论者（realists）的一个主要理由，亦在于此。

为了要证明"有物必有则（理）"是一分析命题，殷鼎乃根据冯友兰之说加以发挥，认为"冯友兰选择一个分析命题——'有某种事物'，并由此演绎出四个主要逻辑命题及整个体系"。[27]就第一组命题来说，殷鼎认为"'有某种事物，必有某种事物之所以为某种事物者'，均是分析命题。承认某物，就承认了某物的存在，承认了某物的存在，从逻辑上便要追寻使某物之所以成为某物者"。[28]然而，此一"逻辑追寻记"的故事是否符合逻辑呢？

让我们先来看看他的前提（"有某种事物"）是不是一个分析命题。他依据康德对"分析命题"的界定，认为"'某物存在'或

---

24 同注 19，页 41。

25 同注 14，页 115。

26 同注 18，页 141。

27 殷鼎：《冯友兰》，台北：东大图书公司，1991，页 73－74。

28 同注 27，页 75。

'有某物'，这句话的主语'某物'已经隐含着谓语'存在'的意思，因为，当我们说'某物'时，已经包含了它在过去，或者现在存在的意思。若我们否定这个分析命题，就会出现逻辑上的自相矛盾。这是因为它的主语'某物'本身就包含着'存在'，说一个已存在的某物是不存在，本身就是逻辑上的自相矛盾"。[29]此说似乎言之成理，其实大谬不然。如果"某物"已包含"存在"的意思，"某物"与"存在的某物"岂非同义？又或"存在的某物"中"存在的"修饰语是多余的（冗词）？我们知道，"存在的某物是不存在的"是一矛盾句，但"某物是不存在的"并非一矛盾句。因此，"存在的某物存在"与"某物存在"并非同为分析真句。事实上，后者乃是一综合命题，其真或假须由事实判定。我们不能从"某物存在"（"There is something"）中的"某物"界定出"存在"来，因为，我们不能从"X"的定义中推证出 X 的存在。一个更根本的理由是："存在并不是任何事物的性质。"（"Existence is not a property of anything."）[30]因此，自摩尔(G. E. Moore)以来，分析哲学家都公认"存在"并不是一个逻辑谓语，而是一个量化词(quantifier) ("∃x")，并不表示事物的一种性质。以为由"某物"可以分析出"存在"来，无疑是一个"存在"的神话，"某物"的怪胎！尤有甚者，即使我们勉强承认"有物"是分析真句，但由之而推出来的"有则"也该是分析真句，因为由分析真句是推不出非分析真句的。然而，如果"有则"不是分析真句，这岂非正好表示这里用的并不是逻辑分析方法吗？

---

29 同注 27，页 74。

30 J. Hospers, *An Introduction to Philosophical Analysis* (New Jersey: Prentice-Hall, 1967), 2nd., p.428.

其实,后来冯友兰也发现有此困难,故接受沈有鼎的建议,把"有某种事物, 必有某种事物之所以为某种事物者"改为"某种事物是某种事物, 必有某种事物之所以为某种事物者"。[31]并认为新理学中四组主要命题即使不全是分析命题,也"几乎是""重复叙述底"(tautological)。其中对实际所作的"唯一底肯定"("事物存在")虽不一定是分析真句,也是"近乎是确实底"。[32]此一修改对新理学的"体系维修"有无帮助呢? 我看帮助不大。明显的,"某种事物是某种事物"这分析真句,与"有某种事物之所以为某种事物者"(或"有某理")这非分析语句之间,并无必然的关系;所以, 上述的"必"字是"必"不出来的。其次,"几乎是重复叙述底"(或"几乎是恒真底")即含有"不是重复叙述底"(或"不是恒真底")之意。正如我们说某人"几乎是女人",即含有"不是女人"之意。换言之,新理学中的命题主要都是综合命题,"几乎是"而实质上"不是"分析命题,因而也不是必然真句,不是重复叙述或恒真句。如是,不只各命题之间的"必"字"必"不出来,各命题本身之中也没有"必"字"必"得出来。再者, 冯友兰认为对"事物存在"之肯定是"几乎是确实底",因为"某些事物不存在,是可能底。但任何事物不存在,至少在我们作了这个肯定以后,是不可能底。……肯定有事物存在底这个肯定,也是某种事物。你如否认这个肯定,你的否认,也是一种事物。从这一方面着思,(这也是一个事物)我们可见,任何事

---

31 同注 17, 页 60。

32 同注 17, 页 58-59。

物不存在，至少在我们作了这个肯定以后，是不可能底"。[33]冯友兰这里使用的论证正是一种超越论证，颇类似于笛卡儿（R. Descartes）证明自我存在及康德证明客观事物存在之论证，这都是对付怀疑论的超越论证。这种超越论证都是大有问题的。我们认为：即使"任何事物不存在，至少在我们作了这个肯定以后，是不可能底"，但"任何事物不存在，我们不作这个肯定，（因为根本连我或我们也不存在）是可能底"。换言之，任何事物都不存在是可能的，只要没有人，也没有任何会思考和使用语言的生物去肯定它或否定它。然而，假定有这种人或生物，亦即假定有事物存在，当然"任何事物都不存在"一句便不能被肯定，只能作相反的论断，因为这论证是循环的。因此，"我（或我们）肯定，所以有事物存在"和笛卡儿的"我思故我在"一样，都是这种循环论证。此外，即使我们不能肯定任何事物不存在，但这并不涵蕴此一可能性可被否定。正如我们不能说语言不存在，因为一说，语言便是存在的了。但是，"我们不能说语言不存在"一句之有义，必须预设了说话者及有关否定的语句之存在，而预设并不是证明。"不能说 p"是有关 p 在语言层面上的有义性（meaningfulness）问题，而 p 则是在事实层面上的存有性（ontologicity）问题，这个问题在没有预设的情况下仍然是开放的。其实，这种"我们不能说语言不存在"或"我们不能肯定事物不存在"的语句，正是斯特劳德（B. Stroud）所说的"特权类"（privileged class）之份子，即这些语句之为真，正是其自身为真所要求的条件。透过这些"特权类"中的语句，我们可以说明"说语言存在"是有意义

---

33 同注 17，页 59。

的和"说语言不存在"是无意义的，或"相信事物存在"是有意义的和"相信事物不存在"是无意义的；但这并不足以证明"语言存在"或"事物存在"在某一可能世界下为真。要作这样的证明，必须加上上节所说的"检证原则"："'p'被肯定（为真）若且唯若 p（或'p'可被检证）。"如此一来，超越论证便变成多此一举之作，因为检证原则本身即足以做出上述的证明。[34]

以"有某方物，必有某方物之所以为某方物之理"为例，也可以说明冯友兰在新理学中探究本体（"理""道体"及"大全"等本体性概念）时所运用的是超越分析，而不是逻辑分析方法。如果这例句中的"理"表示"理由"或"原因"，我们似乎不能说这语句有什么大问题，因为任何事物似乎都有其存在的理由或原因，一般所谓"所以然"是也，不管我们知不知道这"所以然"的实质内容。但问题是：冯友兰心目中的"理"或"所以然"并非泛指一般的"理由"或"原因"，而是指"共相"。对"某方物"言，它的"所以然"是"方理"或"方共相"。依此，这例句应依冯友兰的意思而较严格、准确地改为："有某方物，必有某方物之所以为某方物之'方理'"。如是，这便不是一个必然真句或分析真句，由句中的前项是逻辑地分析不出后项来的。要从"圆底物"分

---

34 有关"特权类"及"检证原则"与"超越论证"的问题，可参阅 B. Stroud, "Transcendental Arguments", *Journal of Philosophy*, vol.65 (1968), pp.241 – 256; A. L. Brueckner, "Transcendental Arguments I", *Noûs* (1983), pp.551 – 575, and "Transcendental Arguments II", *Noûs* (1984), pp.197 – 225; "Another Failed Transcendental Argument", *Noûs* (1989), pp.525 – 530; "One More Failed Transcendental Argument", *Philosophy and Phenomenological Research* (1993), pp.633 – 636.

析出"圆之理"，由"实际底物"分析出"纯真际底物"，只能用"圆底物"预设"圆之理"的超越论证。换言之，从"有圆底物"分析出"有圆之理"，其间必须加上"必有圆之理，始可有圆之性；必可有圆之性，始可有圆底物"。[35]这一串"预设性"或有关"先在条件"的前提之提出，亦即要预先假定先验或超越概念的"理"对于中介概念的"性"，及中介概念的"性"对于经验概念的"物"之间在理论建构上的"必要条件"之关系。由于此"必要条件"有传递性，故上述的附加前提可简化为："必有圆之理，始可有圆底物"，其逻辑形式是"(p→q)"或"p预设 q"。由于"q"中含"超越项目"（共相），故此论证乃是一种最典型的康德式的超越论证。然而，一如上节所论，这种含有"必要条件"或"预设"的超越论证，从外在论的观点来看，如果不加上某种"检证原则"，它是不能成立的。其次，当牵涉"超越项目"（共相）时，此"预设"关系是否成立乃是一问题；即使成立，此含有"超越项目"的存在语句"有圆之理"是否可被检证，更是一大问题。另一方面，如果从内在论的角度来看，此种超越论证即使成立，也要付出极大代价：它必须使"经验界中的事物"或"实际底物"的概念蒙受来自概念架构内部的"污染"。换言之，除非把"未受污染"的"圆底物"（如果有的话）偷偷地滑转为"实现圆（之）理的（圆）物"，否则"有圆之理"是不能从"有圆底物"推论出来的。再者，这不但驱走不了怀疑论，而且会引入相对主义："新理学"并非是对经验有所说明的一套"唯一"的体系！

　　冯友兰对于第二、三、四各组命题的分析，基本上也是运用

35　同注 19，页 48。

超越分析的，及基于系统上的约定而完成的，其间并无多少逻辑分析的成分，我在另文已有处理，[36]此处不赘了。总之，不少大陆学者认为冯友兰是属于"现代新儒家"中的"逻辑分析派"，并认为他在方法上主要受逻辑实证论（logical positivism）的影响，无疑是极大的误会。他的形上学兴趣极浓的"分析"方法，与逻辑实证论反形上学的"分析"方法比较，可谓南辕北辙。

五、当代新儒家的"超越的反省"方法

当代新儒家虽然认为"体认的方法"在践履，而贬抑思辨；但当涉及"体用""本末""内外"等关系，及要证"真如"或立"本体"之时，都不可避免地用到一些"思辨的方法"。这些方法，他们通常视作"超越的反省法"，其实主要就是"超越分析"的方法。

自《新唯识论》开始，熊十力谈本体宇宙论的问题，重重复覆的，主要是用超越分析的方法来探求本体。例如他说："凡物，皆禀受一元，以成为物。……物若无元，便是佛氏所说为如幻的物。如幻，即无所有，凭何说发展乎？今见一切实物，皆是发展的。以此证知，万物皆禀受一元而生起。"[37]及"离乾坤无万物"[38]等，皆明显地以现象之存在预设本体之存在。他又认为能够"即于分殊相而见实相"的主要理由是"体必有用"，"如本

---

36 冯耀明：《冯友兰的新理学与超越分析》，《清华学报》24 卷 2 期（6/1994），页 217－240。

37 熊十力：《存斋随笔》，台北：鹅湖出版社，1993，页 91。

38 同注37，页92。熊十力亦强调"离万物亦无乾坤"，可见"现象"（用）与"本体"（体）在其本体宇宙论的概念架构内部是双向约定的。

体是顽空的而没有用，即现象界不能成立，科学亦不可能"。[39]此即以现象界之成立及知识如何可能之先在条件建立在本体之上。我们认为：这样的超越论证或超越分析即使成立，也只能有理论内部的一贯性，而不能满足外在论的客观实在性之要求。而其所谓"现象"被放置在"体用""本末"及"内外"的架构内来理解，乃是经过一套本体宇宙论的概念架构"污染"或"美化"者，而不是单纯性的"现象"（phenomena simpliciter）概念。

牟宗三先生虽然经常强调"良知""本心仁体"或"智的直觉""是一呈现，而不是一假设（不只是一个理论上的设准）"，是透过道德实践而可"逆觉体证"得的。[40]但所谓"自知自证"并不是理性上的证明，而只是体验上的肯定。由真实的体验而肯定的，终究是体验中的真实性，而不是体验内容之外的真实性。正如一个"桶中之脑"（Brains in a Vat）和我们人类一样，可以有共同的经验或体验的内容，而且都是真实的；但我们却不能仅靠这些经验或体验中的真实内容来证明我们不是"桶中之脑"，而"桶中之脑"也不能仅靠这些经验或体验中的真实内容来证明它是人类的一份子。换言之，自我或心灵是一种怎么样的存在或是否存在，这些经验或体验内容之外的真实性问题，是不能仅靠经验或体验中的真实内容而得到证明的。[41]

39　熊十力：《十力语要》，台北：广文书局，1971，卷二，页13。

40　牟宗三：《智的直觉与中国哲学》，台北：台湾商务印书馆，1971，页193，196。

41　参阅冯耀明：《"桶中之脑"论证与怀疑论的问题》，载何志青编：《第四届美国文学与思想研讨会论文选集（哲学篇）》（"中研院"欧美研究所，1995），页177－195。另参考注34引 A. L. Brueckner 第三篇（p.528）及牟先生说：

> 当吾人说"本心"时，即是就其具体的呈现而说之，如恻隐之心、羞恶之心，是随时呈现的，此如孟子之所说，见父自然知孝，见兄自然知弟（这不是从生物本能说，乃是从本心说），当恻隐则恻隐，当羞恶则羞恶，等等，此如象山之所说，这都表示心随时在跃动在呈现的。当吾人说"仁体"时，亦是当下就其不安、不忍、悱恻之感而说之，此亦是其具体的呈现，感通周流而遍润一切的。[42]

当然，牟先生并不赞成程伊川的"因其恻隐（之情）而知其有仁（之性）"的说法，即是说，牟先生并不认同将恻隐、羞恶、不安、不忍及悱恻等道德感或道德意识"看成是形而下的，感性的，纯主观的"[43]；然而，如果这些道德感或道德意识是在道德实践过程中的体验，又怎可能不在主观的经验之中呢？"体验"如果没有发生的意义，又怎能叫作"具体的呈现"呢？如果说"智的直觉"中"直觉"二字即包含"具体的呈现"之意，这也只是概念界定上的问题，与人是否有这种形而上的直觉之证明上的问题，并不一样。我在这里并非否定人可有智的直觉，我只是强调：如果智的直觉对我们的道德生活及道德经验发生作用，形而上的智的直觉与形而下的生活经验之间的作用性的关系，一定需要有所说明。单靠形而上的智的直觉（体）与形而上的物自身（用）之关系的阐释，及形而上的物自身与形而下的现象之关系

第四篇（p.633）也有类似观点。

42 同注 40，页 193。

43 同注 40，页 194。

的界定，只有概念、架构内的意义，不能说明我们真实的道德生活及道德经验。

其实，为了证明人有智的直觉，除了"具体的呈现"之说外，牟先生也用到超越论证。例如他说："性是道德行为底超越根据"，[44] "心性"是"道德实践所以可能之先验根据（或超越的根据）"[45]及"道德意识是一个'应当'之意识。这'应当'是'存在的应当'，不是泛说的一个知解的概念。它是一个人当下自己负责的'应当'。道德意识中'存在的应当'之决定就是一个'道德的决定'。对于道德的决定作一超越的分解，同时，亦即是存在的分解。就是要显露一'道德的实体'以使此道德的决定为可能"[46]。这都是以道德行为、道德实践或道德的决定所以可能要预设本体界的心性或道德的实体，没有这些超越根据或先验根据，道德行为、道德实践或道德的决定便不可能。这种"超越的分解"无疑就是一种"超越分析"或"超越论证"。我们认为：如果"道德行为""道德实践"及"道德的决定"是就经验现象言，这一预设是不一定成立的；如果是就物自身的意义来说，"物自身"（用）要预设"智的直觉"（体）乃是一套形上学的概念架构内部的规定，即使有关的预设成立，所谓"道德行为""道德实践"及"道德的决定"便都是蒙受"污染"或"美化"的概念。

唐君毅先生特重"超越的反省法"，他说：

　　所谓超越的反省法，即对于我们之所言说、所有之认识、

44　同注 40，页 190。

45　牟宗三：《心体与性体》，台北：正中书局，1968，第一册，页 8。

46　牟宗三：《现象与物自身》，台北：学生书局，1975，页 62 - 63。

> 所知之存在、所知之价值，皆不加以执着，而超越之，以翻至
> 其后面、上面、前面，或下面，看其所必可有之最相切近之另
> 一面之言说、认识、存在或价值之一种反省。[47]

在这些形象性的说明之外，我们可以从唐先生所举的例证中知道，"超越的反省法"至少有两三种意思。而其中最重要的一种，正是超越分析的方法。例如他举笛卡儿有关自我存在之证明及康德对经验知识如何可能之分析，作为超越的反省法之例证，其实正是一般西方哲学家所了解的超越论证之典型例子。又如他举王阳明的良知说为例，有人问王阳明："人有良知，如何有不善？"这正是对道德良知的怀疑论者的问题。王阳明回答说："知得不善即是良知。"唐君毅先生认为这是一种"超越的反省"，"我可反省到我对此不善之觉之中，即有'恶此不善之良知'之存在，而此良知中有正价值"。[48]这是以"知得不善"这种道德意识的心理现象预设了"良知"的存在，然后证明怀疑论者的错误。但是，由"知得不善"这种"道德经验"也许可以导出有"知得不善"的"道德能力"，但不一定可以导出这种"能力"根源于一个先验的基础或等同于一个超越的实体。即使"良知"这种超越的实体之预设成立，这里也有来自内在论的"污染"或"美化"的问题："知得不善"之"知"是由"良知"来界定的，一切道德经验一开始便在以"良知"为主导的概念架构内被理解，自然不可能有不来自"良知"的"知得不善"了！

---

47 唐君毅：《哲学概论》，香港：孟氏教育基金会，1961，上卷，页191。

48 同注47，页193。

一若王阳明的"若无真己，便无躯壳"之说法，唐君毅先生也以类似的方式说明"道德自我"之建立，或以"心之本体"之存在由道德心理经验之反省而得证明。[49]而他论"心灵九境"时也说：

> 此非由此活动之相续不穷，即可直接推论此主体之在。而是人于其感其活动相续之时，即同时直感一超越于其先所感之一切已有活动以外，尚有一由无而出之活动。人于此活动由无而出之际，或由无至有之几上，感此活动出于吾人心灵或生命存在之主体，而为一不同于一切已有之活动，以只为此主体之所知者。[50]

这种由心理活动或心灵活动之自省，以反求活动为出于一主体之分析法，正是一种超越分析的方法。然而，如果心理活动的"经验"不是"污染"或"美化"的，我们就不必假定有这种"主体"之存在；唐先生所谓"感此活动出于吾人心灵或生命存在之主体"，只足以表示"感……主体"，不足以证明"有主体"或"主体存在"。正如一个"桶中之脑"也可以有"感其视觉活动出于一视觉主体（眼睛）之感受"，但事实上它是没有"视觉主体"（眼睛）的。[51]另一方面，如果唐先生必须在其"心灵九境"的架构内假定这种"主体"来说明这种"经验"或"活动"，则这些"经

---

49 唐君毅：《道德自我之建立》，香港：人生出版社，1963，页87-88。

50 唐君毅：《生命存在与心灵境界》，台北：学生书局，1977，下卷，页1000。

51 同注41。

验"或"活动"便无可避免地会遭受到"污染"或"美化"的命运！

六、结论

我们的总结是：传统中国哲学家强调由实践而引发信仰的进路是正确的；但来自西方而自觉或不自觉地运用的超越分析的方法并不是可靠的方法。超越分析或超越反省的思辨游戏表面好像与中国哲学的实践反省的进路协合无间，实质上是大相径庭的。

在当代新儒家当中，所谓"逻辑分析派"与所谓"直觉体证派"之间在形上学上的张力无疑是存在的，但有关方法论上的区分则只是表面的。质实而言，二家皆自以为有独门技法，以为与对方"殊途"，而竟不知与对方实为"同道"，皆在骨子里使用了"超越分析"或"超越论证"的方法而不自知，亦即"同归"于他们所极力反对的西方的"思辨方法"而不自知。所谓"逻辑分析派"并没有做过任何严格的逻辑分析，而所谓"直觉体证派"也不可能在他们浩瀚的巨著中力透纸背地发出体悟之功来。归根究底，我们只能在二家的论著中找到他们所极之讨厌的西方技法——形而上的"超越分析"的方法。

第六章
直觉与玄思：
当代新儒学的方法论问题（二）

一、前言

自 20 世纪初以来，不少论者都强调中西哲学之异，认为西方哲学的方法注重分析、论证及思辨，而中国哲学的方法则长于直觉、体悟及证会。他们相信经由此不同的方法，会得出不同的结果：经由西法可获外界的知识，透过中法则可得内在的真理。前者目的在得之于外，后者则贵在自得也。

在本章中，作者认为这种正统而流行的观点是很有问题的。其中一个难题是：不管有没有所谓的"内在的真理"，他们所说的（非感性的）直觉体证的方法乃是不可行的，不可以达道至真。除了诉诸极少数信仰者的第一人称的权威之外，他们既不能具体而充分地说明有关的方法程序，亦不能证明其有效性。此外，他们表面上虽极力反对以西方的思辨方法治中国哲学，而强调反身内证的关键性和重要性，但当他们为了说服信仰圈外的人有关体道悟真之真实性时，实际上却不自觉地用上了西方的思辨方法，特别是他们所极不以为然的形上的玄思的方法。

本章的目的，主要是论证这种正统而流行的观点之错误与虚妄，并进而透过一个思想实验以反证此说不只是虚假的，而且是逻辑地自我否定的。

二、"体证"的涵义与困难

若干当代学者（如当代新儒家）特别强调中西哲学之异，主要理由在于他们认为中西哲学之真理不同，而寻求各别真理之方法亦有异。当代新儒家熊十力的立论至为典型。他说：

> 中国哲学有一种特别精神，即其为学也，根本注重体认的方法。体认者，能觉入所觉，浑然一体而不可分，所谓内外、物我、一异种种差别相，都不可得。唯其如此，故在中国哲学中，无有像西洋形而上学，以宇宙实体当作外界存在的物事，而推穷之者。……真理毕竟无方所，无形体。所以不能用知识去推度，不能将真理当作外在的物事看待。哲学家如欲实证真理，只有返诸自家固有的明觉（亦名为智）。即此明觉自明自了，浑然内外一如，而无能所可分时，方是真理实现在前，方名实证。前所谓体认者即是此意。[1]

又说：

> ……而他〔中国与印度哲学〕所以证会或体认到本体世界底真实，是直接本诸他底明智之灯。易言之，这个是自明理（这个理是自明的，故曰自明理）。不倚感官的经验而得，亦

---

[1] 熊十力：《十力语要》，台北：广文书局，1975，卷二，页22。

不由推论而得。所以，是超知识的。[2]

依此典型的说法，可知中国擅长之体认、证会或实证的方法既非西方科学的认知方法，亦非西方哲学（特别是形上学）的思辨方法，故其真理或自明理是"不倚感官的经验而得，亦不由推论而得"的。

如果这种真理不是由外部感官经验得来的，也不是透过理性的分析、推论得来的，所谓体认或证会会不会是某种内部感性经验呢？依照熊十力及大多数当代新儒家的看法，他们虽然承认他们的体认、证会、体证或体验是一种内在经验，却绝不认为是"感性的"。若据牟宗三先生的说法，这种体证是"非分解的"，是本体或本心自我之"具体呈现"，因此它必须是"直觉的"；但由于这形上的本体或本心并非感性经验的对象，因此它必须是"非感性的"或"智性的"。所以牟先生所说的（超越与内在两种）"逆觉体证"是"智的直觉"，绝对不是"感性直觉"，不管其为内部或外部的感性经验。熊十力认为此种体认是"能觉入所觉，浑然一体而不可分，所谓内外、物我、一异种种差别相，都不可得"，乃"浑然内外一如，而无能所可分"，可见他的体认是无（所对）待的，一体平铺的，或一真绝待的。由于内部感性经验及内在自我意识都是有能所对待的经验和意识，此亦可证明当代新儒家的体认或体证并非一般的内部经验或自我意识。

有关这种"自知自证"之无对象性一义，牟宗三先生有详细的解说，他说：

> 此种反身的体证（观或知）实是虚层，当下即可融于此

---

2 同注1，卷四，页24。

本心而只是此本心之呈现，并无真实的能所义（主客体义）。此若简单地说，此只是心之自知而已，并无何可反对处。此如观察过失之心，吾亦可反身知道它是观察之心。它观，这是心实际在呈现（明了）之活动，吾亦可反身直接知道这是观察明了的活动。这个反身的知只是这明了活动的心之自用于其自己，结果还是那明了活动的心之自己，并不是另有一个心来知它。它有其明能明物，岂不能明其自己为明耶？是以它明其自己为明，实仍是它自己，仍只是这一明了活动之心之自己，并未歧为二心。此时之能所并无实义，只有名言上之意义，只是一个姿态。[3]

此即以"明他者亦能自明"来说明"自明自了之无对"。若真能无对，此逆觉之"本质程序"自不可以与一般的内部经验或自我意识之"发生程序"混为一谈。此种圆融的说法，牟先生称为"反身的软圆"。[4]

依照上述当代新儒家对"体证"或"体认"概念之规定，本文作者认为这种方法不仅不可行，而且是虚假的。换言之，我们不但不能经由此一方法以达道至真，自明自了，也无法证明此一方法所系之能力的客观实在性。这个方法之所以不可行，最主要的理由在于此一本体或本心逻辑地不可能构作任何方法程序。由于此一本体或本心是形而上的、超越的实体，它不可能建立有时

---

3 牟宗三：《心体与性体》，台北：正中书局，1969，第三册，页334。

4 同注3。其实一般意识活动也可以觉他及自觉，若因体证可以觉他及自觉，从而认为此自觉无对待性，则对一般自我意识亦可如是说。其实自觉、自明或自知仍可被理解为对待性的活动，一若一般自我意识。

间性的发生程序；又由于此一本体或本心是无对的、无分别的，它亦不可能提供有内容性的本质程序。因为此一形上实体是超时空的，它绝不可能建立一类似一般内部经验或自我意识之发生程序；它的活动既然无主客、能所之对待，自亦不能提供有可被认识及可被指认的有内容性的理序。即使它真能提供某一方法理序，由于它本身无所对待，它便不可能以对待的方法"告诉"我们有关的具体程序。若我们真能了解此一方法理序，也只能靠具有对待方式的心灵来达致。换言之，只有一般具有经验和理性能力的心灵，才有可能了解或认识此一方法理序。但如此一来，体证即使仍靠本心或本体之力量，但确认之保证却落在认知的心灵，恐怕不是当代新儒家所能认同的。然而，若此唯一确认的可能被否决，即使真有此一方法理序，亦不可能有人"知"之及"说"之。这样的理序无可能被"知"及"说"出而竟能被人知道及说出来，唯一的可能便是知者及说出者根据古人经典的解读及自我的玄思而构作出来的。如是，所谓体证真如便不是形上本心或本体的自明自了，而是后天的诠释与玄想而已！即使经过百死千难的实践过程，其所至者亦不过美丽的误会或偶合罢了！

三、"体现"的涵义与困难

我们除了不可能确认有这样一种体证的方法程序之外，也不可能证实有这样一种能做出体证活动的本心或本体。事实上，牟宗三先生也承认：即使有所体证，仍有可能是玩弄"光景"而已。因此牟先生说：

　　既曰逆觉体证，即是单认体自己。此时体即在抽象状态中。单显黑格尔所谓体之纯普遍性自己，相当于其所谓体之对其自己。这是由隔离逆觉，而将体投置成的，投置在那里以为吾默识（体证）之所对。但是具体而真实的体不能定在任何处，只自持其自己而停在那里。停在那里便不是具体而真实的体。黑格尔说这是抽象状态中的体，体之纯普遍性之自己，而在中国以前，则名曰"光景"，意即这只是具体而真实的体之影子，因着隔离、逆觉而把它停在那里而成的。[5]

因此他认为"逆觉体证只是一关，并非终极"，必须有进一步的工夫。他说：

> 既知此体证只是一关，故全部积极工夫只在"体现"，而体证则只是消极工夫。体现而至纯熟，便是化境之平平。此延平之所以雅言"冰解冻释""日用处体用合"之故也。……到冰释浑化时，则体之抽象状态即归于具体，而全体是用，全用是体，山峙川流无非是道，鸢飞鱼跃无非斯体之流行，而光景即拆散。[6]

牟先生透过"体用相即"的关系以言本体或本心体现于日用常行之中，才能避免本体或本心停留在抽象状态之中，而有其真实的意义。此种"体现"的具体说法便是"践形""睟面盎背""以道徇身"及"喜怒哀乐发而中节之和"。[7]更具体的说法是理解为"天理本体之在不同分际上作具体的呈现"，如"父子有亲""君臣有义"等分际各有一定的道理，当下即能呈现之，便可"渐渐养以

---

5 同注3，页339。

6 同注3，页340。

7 同注3，页103。

期于自然与纯熟"，便可"洒然自得""冰解冻释"矣！[8]

牟先生以逆觉体证为达至化境之第一关，只是消极工夫，积极工夫端在具体呈现之上。若无后者之"日用熟"，前者之所至恐亦不免为"光景"。然而，体现或具体呈现之说是否足以证明其所至者不是"光景"，而是"化境"？恐怕困难不少。首先，牟先生所谓"体用"之"用"非指着气着迹之事象，而是不离气化事象之物自身。如是，由"体用相即"与"具体呈现"来论证体之非虚幻，不过是将证体之负担移向证用之负担，若用不可证，体亦不可得。既然"用"指物自身，非现象，而掌握物自身要靠智的直觉，亦即本心或本体之自我体证及其明觉，此中不是已陷入一大循环？要证用不是先要肯定体吗？若不能先定体以证用，所知之用也只能倚靠后天的诠释与玄思了。

其次，"日用熟"是要"渐渐养以期于自然与纯熟"，并非一两次"当下即是"式的"具体呈现"便可达至圆顿化境。如是，如其有所谓"具体呈现"，也只能是渐积的启悟，而非圆顿的妙悟。若为渐积，期能"豁然贯通"，恐怕与牟先生所指斥的朱子的渐教无异，一样无必然的保证。再者，"具体呈现"之说不是只此一家，此是儒、道、释皆有之共法，何以所证之"体"却不相同？即使在儒家内部，二程兄弟日夕相处，二人所作所为彼此多所认同，何以所证之"体"一真一幻？若在道德实践之具体行为上不足以判体道上诸家之异或诸儒之别，则唯一可能的解释便是当代新儒家基于前人经典之诠释及自我之玄思而作之判教。

最后，本文作者认为体证与体现二种工夫的配合也是极有问

---

[8] 同注3，页6–7。

题的。因为依当代新儒家的说法，体证是本心或本体逆觉其自己而自知自证，一旦本心或本体发用，当可自明自了，不必再作当下的体现。若不能自明自了，而虚构"光景"，正表示这不是本心或本体在发用，而是有能所对待的认知之心在构作，才会产生对象性的"光景"。若"光景"已成，往后再作当下的体现，也是枉费工夫。因为"先立其大者"或"先识仁"这关键的一步已差，当下的体现亦不知体现何物，何能补偏救弊呢？再者，要肯定是"光景"还是"实体"，乃是一有对错的客观问题，必须经过分析、论证才能判定，不能只靠心证。因为（本）心（自）证若可，便不必有"光景"的问题，更不必有第二步的体现工夫。本心或本体之不能自证，乃是彰彰明甚的。

四、一个思想实验——孪生哲人

其实，以为本心或本体的自证活动可以不透过有时间性、有对象性的心理经验之发生过程而进行，乃是极之怪谬的说法。即使我们勉强承认有这样一种非感性的内在体验或体悟，也无法证明所体验或体悟到的就是可以超乎个人之外体物而不遗的宇宙本体或宇宙大心。因为我们没有任何可被接受的判准来判定主观体验（内容）与客观实体之等同。

以下的"孪生哲人"的思想实验，正可以用来证明这种等同关系不可能被证立。在这个可能世界中，我们可以设想有一对孪生的哲人，一个叫作"密印道人"，另一个叫作"幻似醉哲"。前者由于透过实践的进路而有内在的体证，因而亦悟得"天道与性命通而为一"，确信"只心便是天，尽之便知性，知性便知天，更不可外求"。换言之，密印道人可以凭其私有的内在的密证而印可有此"既超越又内在的"本体：他的内证经验内容正是这一本体之实体自身，或他的内证经验中的密印"内眼"所见正是这一实体本身。可是在另一方面，其兄弟幻似醉哲乃是一貌合神离而没有真实见道的酒鬼。他和密印道人的异同在于：幻似醉哲每当喝了一大瓶陈年佳酿之后，总会在他的内在经验中幻现出一种与密印道人于百死千难中印可的真实境界一模一样的经验内容；但幻觉始终与真悟不同，他在醉幻的内在世界中所幻现的景象，毕竟是玩弄的光景，而非货真价实的本体。因此，这一对孪生兄弟可谓共有类似或一模一样的经验内容或内在景象，但在存有依据上却有一虚一实之异。至此，我们的问题是：尽管我们设定二者有一虚一实之异，但我们凭什么可以做出此一判断呢？即使就密印道人自己私有的角度来看，除非他能证明自己的经验之内或之外多了些什么的，否则单凭一模一样的内在经验的内容，实不足以自证其实而否证幻似醉哲之虚。其实，幻似醉哲在醉幻的内在世界中所幻现的，不只是幻似见道的道体相，而且包括幻似见道的活动相，因此，要在道体相与活动相之外，再找寻一些内在的经验内容作为密印道人所独具的内在因素，以作虚实之判，似乎并不容易。要证明二者的差别，似乎必须靠外在因素，特别是外部践履的行为因素。此或正好配合当代新儒家所谓"实践的进路"。但严格言之，若单靠外部实践便可得实证，不免有逐外之嫌，与反求诸己之本义有所背离。至于以外部实践与内在经验互相协合以作为判准，亦缺乏任何具体的说明，实难用来判别真幻。我们知道，古今中外各大宗教都强调类似的外部实践，而主张不同的内在经验。可见单凭外部实践的行为因素，不足以印证某一内在经验可体证宇宙的唯一本体，也不足以从某一种内外协合去印证其所体证者为宇宙的唯一本体。总之，无论单凭内在因素，单凭外在因素，或凭依内外协合的因素，都不足以确立判别虚实或真幻之判准。

即使我们勉强承认外部践履可以单独作为判准，或可以影响内在经验而构成判准，但真幻之辨仍是难以进行的。为了证明这一点，我们可以借用普特南（Hilary Putnam）的"桶中之脑"（Brains in a Vat）的例子来加以说明。[9]我们可以设想有一个坏心肠的超级科学家把密印道人的脑袋切割下来，安放在一个充满营养液的桶中，并把它的神经线连接到一部超级计算机中去，从而令这密印脑袋在计算机的导引下，经由其神经系统所输出及输入的各种经验内容和感知映象和以往密印道人所得的一模一样。因此，在这个密印脑袋的神经系统之内，一样有"看到"一棵树的感觉，也有"坐"在树下逍遥自在地"闻"花香"听"鸟语的滋味，以及"听"着一个坏心肠科学家要切割自己脑袋的故事。当然，这个科学家在手术中已把密印道人被切割脑袋的有关记忆抹去，因而使密印脑袋感到自己和以往一样。如是，密印脑袋一样有对本体的内部经验，一样有对外部践履的外部经验。但事实上他是没有实践的，他只是觉得并以为自己在实践。虽然他也可以"说"："一色一香，无非中道"，其实他并没有真实地见到一色及闻到一香，更没有"当下即是"地呈现其本心或本体。在这种情况下，密印道人与密印脑袋的悟道体真的条件是一样

9 Hilary Putnam, *Reason, Truth and History* (Cambridge: Cambridge University Press, 1981), ch.2.

的，而事实上密印脑袋根本不可能悟道体真，我们又有何理由相信密印道人真能悟道体真呢？也许有人会反驳说，即使密印脑袋与密印道人有同样的有关践履的外部经验，但由于前者并无真实的践履，因此二者悟道体真的条件还是不一样的。我们认为这个反驳并不成立，因为作为可以影响内部经验的外部行为，一定不可能是视而不见或听而不闻的纯然地不被觉识的物理动作，而必须是经过感知活动而被认定及经过理性分析而被解释之行为事件。如是，"由实践以启之"的实践行为若有"启之"的作用，必须是经过认知心灵活动的过滤之后而被理解的行为事件。就此而言，密印脑袋与密印道人的悟道证真的条件应是一样。既然前者之证悟是虚幻的，我们也没有理由相信后者之证悟是真实的。

基于以上的分析，我们认为无论是经由单纯的内在经验而建立的体证，或经由实践的进路而建立的"合内外之道"，都不足以说明那些尝试体道证真者的内部经验内容或内在景象可以用来印可或被视为等同于那"既超越又内在"的、"天道与性命通而为一"的真实本体。

五、建基于超越论证的玄思

当代新儒家虽然屡屡强调中国哲学的方法在体证，在实践，而贬抑西方哲学的分析与思辨的方法，但在证体悟真的问题上，他们往往却不自觉地用上思辨的方法，尤其是用上一种缺乏逻辑真确性的方法——超越论证。典型的超越论证都具有这样的结构：

$$(1)\ p$$
$$(2)\ p\ 预设\ q$$
$$\therefore (3)\ q$$

由于"p预设q"可推导出"p涵蕴q"（(p→q)），因此由 (1)(2) 两个前提可逻辑地推导出 (3) 来，上述的论证形式无疑是对确的(valid)。但是，它并不是真确的 (sound)。因为前提 (2) 中的预设 (presupposition) 关系不一定可以成立，尤其是当"q"含有形上的项目而"p"只含有经验的项目。如果前提 (2) 是假的，即使前提 (1) 是真的，结论 (3) 是不一定为真的。当代新儒家许多用以支持体证或体现之说之不足而提出来的论说，基本上都是这一类建基于超越论证之上的形上玄思。

自《新唯识论》开始，熊十力谈到本体宇宙论的问题时，重重复覆的，主要还是用了这种超越论证的方法来探求本体。例如他说："凡物，皆禀受一元，以成为物。……物若无元，便是佛氏所说为如幻的物。如幻，即无所有，凭何说发展乎？今见一切实物，皆是发展的。以此证知，万物皆禀受一元而生起。"[10]此明显地以现象之存在须预设本体（一元）之存在。他认为能够"即于分殊相而见实相"的主要理由是"体必有用"，"如本体是顽空的而没用，即现象界不能成立，科学亦不可能。"[11]此即以现象界之成立及知识如何可能之先在条件建立在本体之上。但问题是：我们并无必要预设这些先在条件。若要预设，也可以预设道家的本体，佛家的本体或基督教的上帝，而不必一定是儒家的

---

10 熊十力：《存斋随笔》，台北：鹅湖出版社，1993，页91。

11 同注1，卷二，页13。

本体。

牟宗三先生也有类似的论证，例如他说：

> 自孟子始，即以本心，性体为道德实践之所以可能之超越根据，故道德实践唯是以"本心性体呈现而使吾人之德行成为自发自律自主的德行"为本质的关键。[12]

又说：

> 道德意识是一个"应当"之意识。这"应当"是"存在的应当"，不是泛说一个知解的概念。它是一个人当下自己负责的"应当"。道德意识中"存在的应当"之决定就是一个"道德的决定"。对于道德的决定作一超越的分解，同时，亦即是存在的分解。就是要显露一"道德的实体"以使此道德的决定为可能。[13]

这都是以道德行为、道德实践及道德决定之所以可能的根据落在本体界的心性或道德实体之上，没有这些超越根据或先验根据，它们便都不可能产生。[14]这种"超越的分解"无疑就是一种超越论证。对于道德实践和道德决定的条件，各大宗教都有不同的预设，当代新儒家由"超越的分解"而作出的设定，并不见得比其他宗教学说的设定更为合理。

六、结语

依照当代新儒家的说法，所谓"体证""体认"或"智的直

---

12 同注3，页108。

13 牟宗三：《现象与物自身》，台北：学生书局，1975，页62－63。

14 同注3，第一册，页8。

觉"都是"无知之知"，并无能所对待的。但是，他们又怎会知道自己的良知就是天理，道德秩序就是宇宙秩序呢？当他们见一草一木而论谓其"皆有生意"之时，他们又怎可能断定这是"天命之性"的具体呈现，而不是一己主观玄思之投射？如果他们的自知自证的心是超越时空的，无所对待的形上心体，那是不可能由之而做出这些牵涉经验现象界的事物而又有对待性的内容之论断的。他们应该保持缄默以期默识心通，不应藉其"超越的分解"以预设本体之存在。我们能够看到当代新儒家本体论述之丰富内容，实有赖于他们努力不懈地作文献的解读及思辨的玄想，而不是也不可能来自他们的自知自证。

一切诉诸内在体证或超越体证的哲学与宗教的思想家，为了说服大家接受他们从百死千难中体证得来的终极信仰，总会极之努力地透过一些极奇繁复而深奥的论说来接引后学，启导群生。然而非常吊诡的是：他们的论说愈接近理性的方式，愈具有可被理解的内容，便愈远离内证或心证的超脱方式，愈违反无所对待或反对思辨的要求，而沦落为概念的玩意与语言的游戏。就此而言，我们看不出新儒家是一个例外。

第三部分
"超越内在"的迷思之解构

第七章
当代新儒家的"超越内在"说

一、前言：问题的提出

当代新儒家认为传统儒学中的"天道"或"天理"等概念，是指涉一种形上的实体或超越的存有，但它并不是外在于个体事物（人或物），而是能出乎其外而又入乎其内，有一种"既超越又内在"(both transcendent and immanent) 的关系。这种"超越内在"说似乎颇能标示儒学以及中国哲学的特质，但若细心考察，我们又不难发现其中有不少难以克服的理论困难。本章的目的，主要是以熊十力的说法为例，旁及牟宗三先生的看法，分析这些"超越内在"说的要旨，以及探究其中的理论困难。

二、对"超越外在"说的反对

依照当代新儒家的说法，西方宗教与形上学特重上帝或本体的超越性，而较忽视其内在性。[1]与此相反的，传统儒学以至佛、

---

1 唐君毅：《中国文化的精神价值》，台北：正中书局，1968，页336。熊

道二家的思想则与此大不相同，其中之天道、天理、本体或真如与现象界事物之关系，绝非"超越外在"的关系，而是一种所谓"超越内在"的关系。因此，他们反对"超越外在"说的解释，并以"超越内在"作为中国哲学的特质之标记。

熊十力认为：

> 许多哲学家谈本体，常常把本体和现象对立起来，即是一方面，把现象看做实有的；一方面，把本体看做是立于现象的背后，或超越于现象界之上而为现象的根源的。这种错误，似是由宗教的观念沿袭得来，因为宗教是承认有世界或一切物的，同时，又承认有超越世界或一切物的上帝。哲学家谈本体者，很多未离宗教观念的圈套。虽有些哲学家，知道本体不是超脱于现象之上的，然而他的见地，终不能十分彻底。因之，其立说又不免支离，总有将本体和现象说成二片之嫌。[2]

熊十力反对宗教家及形上学家的"二重世界"观：不接受能造与所造之二分，也不接受本体与现象分离之死体，当然，他更不能接受无体之论，而只承认这个本体并非与现象离而为二。因此，他提出"体用不二"之说。

三、"体用不二"说

严格言之，熊十力主张的是"体用不二而有分"或"体用不

十力与牟宗三先生也有类似的说法，兹不赘。

2 熊十力：《新唯识论》，北京：中华书局，1985，页 297；及《十力语要》，台北：广文书局，1971，卷二，页 90。

一不异"之说。"体用不二"只是一个简称而已。熊十力和主张泛神论（pantheism）的斯宾诺莎（B. Spinoza）一样，喜欢用"大海水与众沤"来比喻"本体与现象"之关系。他说：

> 体与用本不二，而究有分。虽分，而仍不二。故喻如大海水与众沤。大海水全成众沤，非一一沤各别有自体，（沤之体即是大海水故。）故众沤与大海水本不二。（宗教家说上帝造世界，而以上帝为超越于世界之上，即能造与所造为二。哲学家谈实体与现象，往往有说成二界之嫌，其失亦同宗教。）然虽不二，而有一一沤相可说，故众沤与大海水毕竟有分。体与用本不二，而究有分，义亦犹是。沤相虽宛尔万殊，而一一沤皆揽大海水为体故，故众沤与大海水仍自不二。体与用虽分，而仍不二，义亦犹是。[3]

如果只是主张"体用不二而无分"，则可能产生的理论后果有两个：一个是"无体论"，另一个是"无用论"。因为，既然体与用无二无别，不是只有现象才是真实，便是一切现象皆为虚幻，似乎便无第三可能。熊十力主张"体用不二而有分"，既可以避免"超越外在"的二重世界之说，又可以远离"无体论"或"无用论"的问题。由于"体用不二"，当然本体便不是超越而外在于现象之上或在其背后；又由于"体用有分"，故体与用二者也互相不可以化约掉去。正如熊十力自谓：此说可谓"奇哉奇哉"！"玄之又玄"！[4]

此说虽既"奇"且"玄"，但其意旨明显与"超越外在"说

---

3 熊十力：《十力语要》，卷一，页31。

4 熊十力：《新唯识论》，页247－248。

不同，而毋宁是一种"超越内在"说。依照柏拉图哲学的典型用法，"超越"(transcendent) 涵有外在 (beyond) 及分离 (separate) 的意思，若熊十力的"体用不二而有分"之说是一种"超越内在"说，其中"超越"二字便不可能采用柏拉图的意思，否则便会自相矛盾。若"超越"二字用作等同或类似柏拉图的意思，而又不会产生矛盾，则"内在"二字便不可能被理解为与"外在"相对的概念，而必须诉诸另外的玄义。

四、"超越"与"内在"的涵义

熊十力反对"超越外在"说，但在描述本体与现象的关系之时，他并没有放弃"超越"的概念。例如他认为本体、本心、性智或天理是"超越物表"的，[5]"超脱形骸的小我"或"超越小己"的；[6]又如他说："乾元自是超越万物而独立无匹"，如"大海水亦是超越众沤而独立"。[7]此中"超越"二字，都有不受万物或个体小我之规限之意。故此他说："出有限而寓诸无穷"，"超脱有限"。[8]熊十力认为现象有限，本体无限，就无限之不为有限所限，可谓"超越"。但这个"出有限"或"不为所限"的涵义是否类似于柏拉图"超越"的涵义呢？熊十力的某些说法似乎隐含此一类似性。例如他将即用显体的精神、生命或本心视为"不

---

5 熊十力:《读经示要》,台北:广文书局,1970,卷二,页28,54,93;同注3页554,573。

6 熊十力:《读经示要》,卷二,页53,55,118;及卷三,页178。

7 同注6,卷三,页82。

8 同注6,卷二,页54。

为空间所限","不为时间所限",而"无在无不在"。[9]既然"体无形相","无形无象",而用则"宛尔有相",[10]无形相的本体超越时空,有形相的现象为时空所限,则似有把本体视为超出现象之外的存有角色。但若我们细心考察,会发现熊十力的"超越"并没有柏拉图的"外在"及"分离"的涵义。他说"超越时空",是连着"无定在而无所不在"或"无在无不在"说的。[11]换言之,本体虽是内在于某时空之下的某物之中,却不定在于其中,而亦可不限于某物之中,而内在于另一时空之下的其他事物之中。因此,本体遍为万物实体,它内在于一一物中,不离一一物而独在;但由于它也不为一一物所限,故虽内在于一物而亦不妨碍其能内在于其他物中。我们可以说,他的"超越"即是"无定在而无所不在",亦即"遍在"而非"独在"之意。

如果熊十力只主张本体内在于现象,而不超越于现象,这便不啻是主张"独在"而非"遍在",但"独在"涵蕴本体非一,因为一本体独在一物中,便不在另一物中;在另一物中之本体,乃是另一本体。由于熊十力主张本体浑一而不可分,故他必须主张"遍在"之说,认为同一本体可体现于各个物中,而非各个物中只得本体之全的部分,也不是各个物中所得之本体不一。然而,同一本体怎可能遍在于各个物中呢?如果依照"在"或"内在"的日常用法,除非 K 在 A 中,A 在 B 中,而 B 在 C 中,否则我们

---

9 熊十力:《原儒》,台北:明伦出版社,1971,下卷,"原内圣第四",页304;《新唯识论》页314,443。

10 同注3,卷二,页91;同注9,页252。

11 同注4,页459-460,467,474,513,516。

不能说 K 既在 A 中，也在 B 及 C 中。由于现象界中的万物之间的关系主要不是上述的情况，因此，我们很难说同一本体同在于各个物之中。即使各个物中之本体甚相似，这也只能是各个物中之本体个例（tokens）同属于一本体类型（type），而并不是同一本体。由此可见，熊氏的"在"不可能采用一般用法。

熊十力的"在"或"内在"的确有一特殊的用法。他认为本体与现象可互相内在于对方，故可言"用在体"与"体在用"；但"在字须活看"，因为这并不是"乙物在甲物中"之关系，体用并非二物，而是同一物之隐显关系。[12] 把"在"或"内在"作"体现"或"显现"来了解，可以帮助我们说明熊氏的"同体""一体"及"无内外（可分）"之说，使我们明白何以草木瓦石与我们人类共有同一良知，[13] 何以吾人与石头或天地万物共有一本体，不容分割。[14] 依此，"我的本心"并不是"内在于我身内之心"，而是"体现于我身之大心"。又由于"体现于我身之大心"与"体现于石头之大心"无二无别，故可说此同一大心或本体"体物而不遗"，而"遍在"实即"遍现"之说。熊氏常引孟子"万物皆备于我"一语来说明万物一体或同体之义，但严格言之，由于"自形言之，我与天地万物固是各别，自性言之，我与天地万物元是同体"。[15] 故称性而谈，"万物皆备于我"中之"我"并非指"小己"，而是指"小己之本体"，亦即"真我"或"大我""天

---

12 同注 4，页 434 – 435，387。

13 同注 6，卷一，页 94。

14 同注 4，页 647。

15 同注 6，卷二，页 14。

理之心"或"宇宙之大心"。[16]由本体"遍现"为一切物，故可说天地万物"一体"。

五、"月印万川"与"大海水现为众沤"之喻

"遍现"或"体物而不遗"并不是一个清晰的概念。为了帮助大家了解体、用之间的这种关系，熊十力经常用到"月印万川"和"大海水现为众沤"来做比喻。就前者来说，他认为：

> 全不碍分，而分即是全。一不碍多，而多即是一。譬如月印万川。（月，喻大一。万川中之各月，喻无量小一。）万川各具之月，元是一月。（万川各具之月云云，以喻无量小一皆各具大一，元来即是浑一的全体，无有差别。凡喻，只取少分相似，不可刻求全肖。学者宜知。）[17]

此中"万川各具之月，元是一月"之后一句，应是"元是来自（或体现）天上之一月"之缩写。如果不作缩写，直视天上月全同于各川中之月，而且是个（体等）同（token-identity），而不是类（型等）同（type-identity），则明显与比喻之事实不符。因为事实上天上月与各川中之月虽全肖，至多也只能是类（型等）同而非个（体等）同。如果不是个（体等）同，天上月便只能是在川之上、川之外，而非内在于各川之中。内在于或映现于各川之中的月，与天上之月毕竟相似而不等同，并非"无有差别"。依此，我们虽可说天上月"遍现"为川中各月，但却不得不承认天上月是"超越外在"的。此外，熊十力也曾指出，"一多相即"义中之"即"不

---

16 同注6，卷二，页15。

17 同注4，页489，547；同注6，卷一，页16。

是异名同实之"即"，而是氢、氧合而转化成水之义与充足条件关系之义，[18]由此亦可知天上一月与川中多月并不等同。熊氏借"月印万川"来说明体用关系，不免陷入"得全而不相即（等）"之困境之中。

至于"大海水现为众沤"之喻，虽被熊氏视为最佳之喻，也是有比况不伦之处的。他说："每一沤都是揽大海水为体。我们不要以为每一沤是各个微细的沤，实际上每一沤都是大海水的全整的直接显现着。"依此，无论是甲沤、乙沤或丙沤，各个皆"以大海水为体"，而亦各"具大海水底全量"。[19]然而，我们实在很难想象不同的沤怎可以各具有同一的大海水的全量。事实上，甲沤只是大海水全量中之某一分量的腾跃之表现，乙沤则是大海水全量中之另一分量的腾跃之表现，绝不可能是各个体现同一大海水之全。因此，相对于"月印万川"有"得全而不相即（等）"之缺点，"大海水现为众沤"则有"相即（等）而不能揽全"之缺陷。前者虽可说"遍现"关系，却引出"超越外在"之后果。后者虽可避免"超越外在"之后果，却不能确立"遍现"关系。因此，二喻皆不能同时表示"每一物皆自有一元（本体）之全体，非仅有其一分"与"全不碍分，而分即是全"二义。[20]

---

18 同注4，页506。

19 同注4，页247；同注6，卷一，页17。

20 熊十力：《乾坤衍》，台北：学生书局，1976，页346；同注3，页489。

六、"自性即依他"说

比喻的目的是要用较为具体易明的例子来说明较抽象难懂的问题,喻体与喻依当然不必全肖,但关键之处必然有相似性。对于熊氏的两个比喻来说,"月印万川"只能表示各川之月皆得天上月之全,但天上月毕竟是超越外在的。"大海水现为众沤"则只能表示大海水并非在众沤之外独存,但众沤各自却不可能揽大海水之全。换言之,二喻只能分别表示本体与其遍现之现象之间离而为二,或现象各别只能得本体之全的部分,熊氏似乎找不到一个既遍现而又不离的恰当比喻。比喻不成功,但仍可有理论性语言的分析来表达这个道理。熊十力乃在其思想前后期转折之间,借弟子黄艮庸之名写了一本《摧惑显宗记》,提出了一套"自性即依他"的圆融说法。

熊十力在其论著中时有推许西方的泛神论,只是以其所见未能透底。[21]在《摧惑显宗记》中,他认为"神"有二义:

> 一曰,神者,造物主之谓。即视为具有人格者。凡宗教家所奉之神,即此义。二曰,体物不遗之谓神。此语出《中庸》。体物不遗者,言其遍为万物实体,而无有一物得遗之以成其为物者。此即深穷宇宙本体,而叹为神。[22]

前者亦叫"依他神",是"一神教"所主张的;后者亦称"自性神",是"泛神论"所主张的。[23]他认为:"一神教所谓上帝,若

---

21 同注 3,卷三,页 69。

22 熊十力:《摧惑显宗记》,台北:学生书局,1988,页 20。

23 同注 22,页 22－23。

将拟人的妄执除遣，斯与真如，有甚差别。"[24]二说"不当歧视，而当融和"。因为，"盖就〔真〕如言，本无个体之拘限与分畛，实乃无定在而无不在。故有超越各个体而为绝对义。由此义故，当说如者，不唯是吾人自性神而已，亦即是依他神。以此自性神，非限于吾之一身，即有他义。此乃吾之所依之以有生者，亦得名依他神。"[25]换言之，"在己之自性神，与超越的一神，元来不二。"[26]能悟此者，"便觉常有一物，不限于腔子里。亦不离于腔子里。……此物也，不谓之天不得。不谓之帝不得。不谓之我亦不得。是通自性神与依他神而不二者也，是通一神教与泛神论而不二者也。"[27]

"自性即依他"之说表面可以圆成"超越内在"的"遍现"义，不必变成"超越外在"的"遍现"义，也可避免"分裂本体"的"独现"义。然而，由于"自性即依他"假定"不一不异"之说，如果"不一不异"之说不成立，便难以达至"自性即依他"的圆满说法。

七、"不一不异"说

依据熊十力的分析，所谓"不一不异"，是因为"体无形相，其现为用，即宛尔有相；乃至体无差别，其现为用，即宛尔差别，故不一。譬如水非坚凝，其现为冰，即成坚凝，故水与冰非一。由

---

24 同注 22，页 26。
25 同注 22，页 23。
26 同注 22，页 25。
27 同注 22，页 26。

此譬喻可悟体用不一也。体，即用之体故，如假说水即冰之体，以喻体成用，而非超脱于用之外。用，即体之显故，显者显现，如云冰即水之显，非异水而别有冰之自性，以喻用非异其本体而别有自性，故不异。"[28]另一说法是："真如理，是一切法之本体。故与一切法不异。而真如理，非即是一切法。譬如水，非即是冰相。故又云不一。"[29]换言之，体与用不同，是因为二者所具有的性质不同：本体浑一，现象分殊；本体无形，现象有相；本体超时空，现象在时空中。体与用不异，是因为用乃体之显现，而且体不在其显现之用之外独存。由于体不离用而独存并非涵蕴体与用个体地等同，而且由于体与用具有不同的性质，依据莱布尼兹律（Leibniz's Law），[30]体与用便是个体地不等同之二物。这当然是熊氏所不愿接受的。

显然的，从熊氏以水与冰喻体与用，或用大海水与众沤喻体与用，都表示体与用只是一物，而非有二物。二者为同一物而仍说二者性质不一，则不一者不是对存有项目（entities）言，而是对存有项目的面目（aspects）或状态（states）言。同一项目或事物由隐而显，乃是状态之不同而已。就水与冰之喻言，同一物质由非坚凝而转变为坚凝，乃是二态之转化。就大海水与众沤之喻言，同一物质由不腾跃而转变为腾跃，亦是二态之转化。如是，"不一不异"便成为"二态一物"或"同一物而有二面相"之说。然

---

28 同注4，页646；及同注3，卷二，页90。

29 同注22，页51。

30 莱布尼兹律表示等同项之不可分别性：$(\forall x)(\forall y)[(x=y)\rightarrow(Fx\leftrightarrow Fy)]$；由于$\sim(Fa\leftrightarrow Fb)$，可证$\sim(a=b)$。

而，由于各个现象之物皆有个体性（individuality），与各个现象之物同为各个一物之本体亦须有个体性。因此，对于甲物来说，不管它作为隐态的本体或作为显态的现象，都有其个体性；且由于甲物之个体性表现于与乙物及其他物分别为不同个体之处，甲物之本体便不可能与乙物之本体及其他物之本体为个体地等同。各个物之本体不同，也就无浑一之本体或整全之本体可言，相信这也是熊氏所不愿接受的。

如果"不一不异"不是上述两个意思（一个直说，一个比喻），它会是什么意思呢？我想最后的可能性只有一个，就是自相矛盾的（self-contradictory）说法。"不一"表示"不等同"，而"不异"则表示"等同"。熊十力之所以认为"体用不一"，主要的理由是"体用同一"涵蕴"无体论"或"幻象论"；如果不接受这些理论后果，便只得承认"体用不一"。熊氏之所以主张"体用不异"，主要的理由是"体用异"涵蕴"二重世界"，会引起"超越外在"之说；为了维护"超越内在"及"遍现"之说，便得承认"体用不异"。由"体用不一"，诸用皆依于体，故可说"依他"；由"体用不异"，诸用各有其体，故可说"自性"。由"体用不一不异"，乃可说"自性即依他"。然而，由于前提是自相矛盾的，结论当然也可以是自相矛盾的。我们可以把自相矛盾的语句美其名为"吊诡的语言"（paradoxical language）；但正如史泰斯（W. T. Stace）对东西方宗教及形上学中的吊诡语言的分析，吊诡语言的运用乃是任何神秘主义（mysticism）思想的一项最重要的特质。黑格尔所谓"对反项的等同"（the identity of opposites）或"在差别中的等同"(identity in difference)，乃是此一说法的高峰。[31]
除了吊诡语言之外，由分全的体现关系而放弃个体性原则
(principle of individuality)，以及以本体在究极意义上不可言
说，都是神秘主义的重要特质。我们不难发现，熊氏的论著都强
调这三个特征，其神秘主义的色彩似乎并不比任何其他宗教及形
上学的为淡。

八、"超越内在"之滑转说

牟宗三先生对于传统儒学及中国哲学之特质，也采取"超越
内在"说，而另赋新义。他说：

> 吾人依中国的传统，把这神学仍还原于超越的存有论，此
> 是依超越的、道德的无限智心而建立者，此名曰无执的存有
> 论，亦曰道德的形上学。此中无限智心不被对象化、个体化而
> 为人格神，但只是一超越的、普遍的道德本体（赅括天地万物
> 而言者）而可由人或一切理性存有而体现者。此无限智心之
> 为超越的与人格神之为超越的不同，此后者是只超越而不内
> 在的，但前者之为超越是既超越而又内在。分解地言之，它
> 有绝对普遍性，越在每一人每一物之上，而又非感性经验所
> 能及，故为超越的；但它又为一切人物之体，故又为内在
> 的。（有人以为既超越而又内在是矛盾，是凿枘不相入，此不
> 足与语。）[32]

---

31 W. T. Stace, *Mysticism and Philosophy* (London: Macmillan, 1980),
pp.212－213.

32 牟宗三：《圆善论》，台北：学生书局，1985，页340。

牟先生既然承认"内在"(immanent) 与"超越"(transcendent) 是相反字，[33] 则对于同一对存有项目言，这二种关系当不可能共存。现在牟先生认为"既超越又内在"并不构成矛盾，可见他这里的"超越"一定不是"内在"的相反字，亦即不是西方柏拉图的正统用法，而须另赋新义。表面看来，牟先生上述一段话好像与一般"超越内在"说无别，其实大不相同。牟先生的"超越"概念"分解地言之，它有绝对普遍性，越在每一人每一物之上，而又非感性经验所能及"，这似乎与西方存有论上一般用来形容柏拉图的"理型"(idea) 为"超越"或"超离"的典型用法不同，而与康德的"超验"(transcendental) 的意思较为接近。我们这样说有没有误解牟先生的意思呢？似乎没有。譬如他说：

> 儒家经典中代表主体的观念比如孔子讲仁，仁就是代表主体。仁也可以说是"理"、是"道"。假如把仁看成是理、道，那么仁也可以看成是客观的东西。但是客观的东西并不就是客体，并不一定表示是外在的东西。我们说仁可以是客观的东西，这是从理、道的普遍性来规定的。说它是客观的和说它是外在的对象 (external object) 是不一样的。我们说仁是个理、是个道，那它就是客观的。它之所以为客观，就是因为它是理、道的关系，因为理、道是客观的。理、道为什么是客观的呢？用康德的话来说，就是因为它有普遍性和必然性这两个特性。而且康德讲普遍性和必然性都是由主体发。十二范畴不是就有普遍性和必然性吗？它是从主体发的，它也不是

---

33 牟宗三：《中国哲学的特质》，台北：兰台书局，1973，页 20。

external object呀。我们说客观就是这个意思。[34]

牟先生经常认为客观地说的道体、理体显天命流行之体的超越性，主观地说的仁体、心体显其主体性或内在性。依此，他的"超越"无疑以"客观"为主要涵义。根据上两段引文亦可知，二者他都以"普遍性"及"必然性"来界定；而以"非感性经验所能及"与就康德十二个"先验"（a priori）范畴来说明，也就是"超验"而非"超越"的意思。因此，我们有充分的理由相信，牟先生虽一再强调儒家的天道、天理有"形上实体"的意思，但他在这里无疑已从"超越实体"的概念不知不觉地滑转为"超验的概念或原理"的概念。

我们还有一个证据，可以说明这种滑转的情况。牟先生说：

> 充其极而最纯净的理神论，不但"神"字无多大意义，即"上帝"一词亦不必是一个体的存有。康德明言吾人可否认理神论者有上帝之信仰。此即是充其极而最纯净的理神论，即理极论。程明道云："诗书中凡有一个主宰底意思皆言帝，有一个包涵遍覆底意思则言天。"又言："言天之自然者谓之天道，言天之赋于万物者谓之天命。"又言："上帝之载无声无臭。其体则谓之易，其理则谓之道，其用则谓之神，其命于人则谓之性。"凡此俱无个体存有义，帝只是一主宰义，即根源存有或最高原因义，这只是一形式的超越概念，并无特殊的规定——规定其须是一物（一个体物），更何况规定其为一人格神。朱子之太极亦然。这是纯净的理神论。[35]

---

34 牟宗三：《中国哲学十九讲》，台北：学生书局，1983，页79。

35 同注32，页253。

正如美国当代分析哲学家奎因（W. V. Quine）所言的"no entity without identity"，[36]没有个体的认同与析别，便难以承认那是存有的项目，不管那是具体的个体物或抽象的个体物，物理的东西还是形上的东西。牟先生既然承认"天道""天理"及"太极"等是"形式的超越概念"，"无个体存有义"，则这些语词之所指便不是有个体性的存有项目，而毋宁像理极论一样，终究只能视之为超验的概念或原理而已。依此，牟先生似乎不能坚持天道、天理或太极是创造天地万物的形上存有或超越实体，而只能承认它们是有普遍性及必然性的超验概念或原理而已。再者，对于概念或原理言，我们虽可以心理学地说"内化"或"内具"（internalized），却不能存有论地说"内在"。因此，牟先生所建立的"超越内在"新说，严格言之，既"不内在"也"非超越"；对于传统儒学来说，似不是一个恰当的理解模式。

除了熊十力与牟宗三先生之外，唐君毅先生也是主张"超越内在"说的。但由于他只是应用此一概念与西方宗教的"超越外在"说对比而观，对于此一概念本身的问题，并无任何分析，故此处不拟讨论。

九、结论：问题的试解

根据上述各节的分析，可知熊十力与牟宗三的"超越内在"说都有不少的理论困难，并不容易解决。特别是熊氏的"体用不一

---

36 W. V. Quine, *Ontological Relativity and Other Essays* (New York: Columbia University Press, 1969), p.23; and *Theories and Things* (Cambridge, Mass.: Belknap Press of Harvard University Press, 1981), p.107.

不异"之说，表面似有极深之玄义，而实质上却不免产生两大毛病：其一是与传统儒学心性论的基本义理有所偏离；其二是有不少玄义之说似乎只是语言误用之后果。兹逐一分析这些问题的症结。

我说熊十力的学说与传统儒学心性论的基本义理有所偏离，理据何在呢？我们知道，传统儒学虽以心性论与工夫论为主（就《易传》和《中庸》而言），亦不废天道论及宇宙论。熊氏的《新唯识论》主要是讨论本体宇宙论的问题，单从题材上来说，其说似未可遽断为"偏离"。但问题之关键是，孔孟虽时有"天命"之叹，"知天"之说，但主要关心的还是成德之教，而特重道德自觉或主体性之确立。然而，在熊氏的《新唯识论》中，传统儒学的"自觉"与"主体"之涵义为其本体宇宙论所掩盖，而尽失儒学之本义。熊氏之偏失，可从其对"觉""识"及"知"等概念之奇特用法，及植物和死物如草木瓦石也有良知之说法可见。

依照熊氏的说法，"在宇宙论中，赅万有而言其本原，则云本体。即此本体，以其为吾人所以生之理而言，则亦名真的自己。即此自己，在量论中说名觉悟，即所谓性智。"[37]可知熊氏在心性论上的"觉"义，背负有本体宇宙论的极沉重的包袱，以至使"自觉"或"觉悟"失却个体之"主体"义，而陷入宇宙精神或宇宙大心之"显发"义。他说本体之"自明自己"，其"明"乃是"显发"之意。[38]

---

37 同注4，页249。

38 熊十力：《乾坤衍》，页176。

> 此明觉显现时，即断尽一切惑染，故云知常曰明。若未
> 知常，即未得明觉，便为染习缠缚，动作皆妄。故云不知常，妄
> 作凶。

而且，

> 此明觉，凭吾人之官能而发现，以感通乎天地万物。天
> 地万物，待此明觉而始显现。足征此明觉为一切形物之主
> 宰。所以说，明觉即是吾心与万物之本体，非可舍吾心而别
> 寻造物主也。[39]

依此说法，明觉即人与草本瓦石以至一切物所共有之本体，此明
觉自明自了而主宰一切形物。至于人能显发而死物不能显发，乃
在于死物之"形体闭塞、粗笨"之故。[40]熊氏在用语上虽也强调
"吾心""本心"之"自力"，而不以道德自觉在"他力"；但他既
以良知、生命或本心非个人所独具、私有，[41]且此良知为浑一而不
可分，即使勉强承认此良知既为天地万物所共具（宇宙大心）亦
为一己所各具（一个体之主体），若云"自力在主体"，则何以人
能显发而石头不能显发，唯一的原因便只是"形气所限"而已。依
此，石头的主体之所谓"自力"并不比人的主体之"自力"为少，其
力有不逮，只因"形气粗笨"。这一种"自力"说涵蕴一种命定
论之变形（良知是不变因素，变量是形气），实无个体之自由意
志可言，与先儒所言之"觉悟""自反"及"恻隐"诸义相去甚

---

39 同注 3，卷二，页 37。

40 同注 38，页 328。

41 同注 4，页 641；又页 252 云："故此言心，实非吾身之所得私也，乃
吾与万物浑然同体之真性也。"

远！熊氏以真实"动力"在"本体","能动之内因是天性","外物为缘以引发之"。[42] "真实动力"既属一视同仁的"本体",不会因人因物而异,而别异之处尽在"形气"之上,试问:个人在什么地方可以容许自由意志任运其间呢？又是否需要有多此一举的自由意志呢？

至于"草木瓦石也有良知"的问题,熊氏可谓毫无根据,唯一的论证却是"无不能生有",其次便是乞取论题(question-begging)。熊氏说:"无机物出现时,生命心灵之性,只是隐而未显,非本无也。"他认为"无中不能生有",好比"坚冰未出现时,不可谓水无凝冰之性在"。[43]不过,这个比喻只能用以说明生物或人之出现,不可能从无心灵、无生命的东西演变而来,不足以证明石头也有心灵、生命、良知或仁。除非人是由石头演化而成(这是另一个"石头记"的神话！),否则"石头有良知"的说法可以泛滥成"石头有任何性质或功能"之谬说！如果我们用"能飞之性"取代"良知"或"天性",也可以做类似的论证:"石头也有能飞之性,只是其质碍使之表现不出来。岂有一种能飞之性为鸟所独具、私有？就能飞之性而言,万物一体也；就形体而言,万物殊异也。石头的能飞之性即我(鸟)的能飞之性,因此,'万飞之物皆备于我(鸟)'。"此种谬说当然不成立,与这一谬说同类型的"石头也有良知"的论证也不成立,而且大大背离孔孟的儒学。我们在孔孟的言论中,实在找不到"石头也有心""死物

---

42 熊十力:《原儒》,页14,274。

43 熊十力:《明心篇》,台北:学生书局,1976,页3；又《乾坤衍》,页324 也有类似说法。

也有生命"的说法，更遑论"草木瓦石的良知即我（人）的良知"的奇妙论调！

以上分析熊氏之说与心性工夫论之偏离，以下则分析其语言误用的问题。熊十力著作中有不少用语都是容易引致思想混淆的。例如他主张"心即理"，又说"辟用即是心""本体含万理"等，实在不易理解。但把他的所有说法加以排比，便知道"心或辟是本体"，是就心或辟之用不舍本体之自性而以"心"名"本体"。换言之，他是以"心"作为"具有心用之体"的简称，而非"心用"本身，才可以等同为"本体"。同样，"（天）理是本体"是就本体备万理而以"理"名"本体"。换言之，他是以"理"作为"具备万理之体"的简称，而非"理则"本身，才可以等同为"本体"。因此，"心即理"不是说"心用等同理则"，而是说"具有心用之体即是具备万理之体"。这是对同一本体就不同方面而作之不同描述，毫无神秘可言。在熊著中有不少这类用语问题，不过仍可透过我们的细心分析加以辨认，消除不必要的迷糊色彩。

但有些用语却似乎是其"体用不一不异"说之误导根源，也就是其"超越内在"说之诱因。例如他以大海水与众沤比喻本体与现象之关系，并以"大海水的腾跃"和"腾跃的大海水"来解释"众沤"。其实，"大海水的腾跃"是描述一种现象或事件，"大海水"是描述一种事物或物质，二者之关系乃是"预设"（presupposition）的关系，而非所谓"体用"的关系。因为，无论大海水是腾跃或静止，说"大海水的腾跃"或"大海水的静止"，其现象之发生都是预设了有大海水的事物或物质之前件，这些话才有认知意义。换言之，事件是有关某些事物的事件，现象是关涉某些东西的现象，不可能是无事物而有事件发生，也不可能是无东西而有现象产生。由主谓词之结构而误导出本体与现象之不一不异的构想,乃是中外哲学常见的情况,从摩尔(G. E. Moore)开始已有不少哲学家有过精辟的分析,此处不赘了。

第八章
皇帝的新心:"超越内在"说再论

一、前言:"超越内在"说的问题

对于"超越内在"说的问题,我写了一系列的论文,[1]认为"超越内在"说或"内在超越"说并不适合用来说明中国文化或中国哲学的特质;应用它来说明原始儒学,会产生极大的歪曲;而且它的理论内部也有难以克服的困难。

质实而言,把某些存有论的或形上学的元目视为"既超越又内在",并不是中国哲学所专有。西方和印度传统中源远流长的泛神论、万物有灵论及神秘主义等教义中,都充斥着这样的说法。自印度佛教传入中国,这种说法借着三教的互动而得以渗透,从而使儒学在心性工夫论之外,走上了一条有神秘主义倾向

---

1 冯耀明:见本书第七章"当代新儒家的'超越内在'说";《朱熹心性论的重建》,载钟彩钧编:《国际朱子学会议论文集》(台北:"中研院"中国文哲研究所,1993年5月),页437-461;及《可说与不可说:一个东西形上学的比较》,载中国文化大学哲学系编:《东西哲学比较论文集》(第二集),(台北:中国文化大学哲学研究所,1994),页203-221。

的本体宇宙论的歧途，部分教义与原始儒学日渐背离。此外，依照西方哲学的典型用法，"超越"含有"外在"的意思，凡"超越"者自不能也是"内在"的，否则有关的论述便会自相矛盾。因此，依照这种典型用法，"超越内在"说不只不能成立，更且是逻辑地不可能成立。为了避免此一恶果，西方中世纪之后的哲学和宗教思想在这方面作过不少新的尝试，但主要都是把原来的概念加以转换，重新界定，赋予"超越"或"内在"以不同的意义。如此一来，这种新建立的"超越内在"说虽然没有自相矛盾，但它的"超越"概念便与"超越外在"说中的"超越"概念不一样，或它的"内在"概念便不会与"超越外在"说中的"外在"概念构成对反 (contrary)。我们认为：即使这种新说并非逻辑地不可能成立，甚至能够被建立起来，它也不可能与"超越外在"说形成对比 (contrast)，及运用此对比来说明中西文化或中西哲学之不同特质。打个比喻，"超越外在"说好比是"圆而不方"说；"超越内在"说好比是"圆而且方"说。新的"圆而且方"说如果并非自相矛盾，则它的"圆"概念与"圆而不方"说的"圆"概念是不一样的，或它的"方"概念与"圆而不方"说的"不方"概念不会构成对反。如此一来，二说表面上好像可以加以对比，其实并不相干。

上述观点之提出，在拙作各篇论文中都有充分的论据支持，虽然不一定能够改变某些坚持"超越内在"说的论者之看法。这种坚持也许含有某些社会文化心理的因素，是日积月累而成者，相信并不是纯学术研究所能立刻改变的。环顾中外学术界，能够赋予"超越内在"说以新包装或新内容的，而又似乎言之成理者，可以在西方找到三四个代表。本章的目的，即在上述各篇论文的基础上，再进一步，分别就南乐山（R. C. Neville）的"创生新说"、莱文（M. P. Levine）依据哈德森（W. D. Hudson）及斯马特（N. Smart）而构想的"泛神新说"及杜兰特（M. Durrant）和蔡斯（John Zeis）分别根据吉奇（P. T. Geach）的"同一理论"（identity theory）而发展成的"化身新说"和"位格新说"，加以分析及评论，看看这些新说能否成立；从而揭示那些比当代新儒家更为深刻而新颖的"超越内在"说，也是难以证立的。

二、南乐山（R. C. Neville）的"创生新说"

南乐山是美国的一位比较宗教哲学家，他对儒学特别有兴趣，号称"波儒"（即"波士顿儒"，Boston Confucians，而非"坡儒"或"新加坡儒"）。他企图为上帝创造万物建立一种"创生新说"，与传统基督教有神论的"超越外在"说不同，似乎含有"超越内在"说的涵义。这种新说颇为某些华裔学者引为同调，以为可以作为支持"超越内在"说的外援力量。以下，我们即就南乐山的新说加以分析及评论，看看他能否使"超越内在"说起死回生。

为了建立一种"创生新说"，南乐山把传统基督教有神论的"从无中生有"（creation ex nihilo）的概念加以改造。他说：

这个〔从无中生有的〕观念的特别之处，在于它断言创造者的性格是完全从创造活动中得来的。因此，要判定创造者是否为一如有神论所断言的个体，还是一原理、纯粹意识或任何东西，乃是对被创造的秩序之性质有所解释之后的事。故此,相对于创造者的神是否被描述为有神论的意义,为佛教或印度教的意义,或适合于中国宗教的意义,"从无中生有"这概念是含混的。每一传统都可以是"从无中生有"的一个描述,而且,把它们作为此一含混概念的交替描述来加以比较,我们可以判定它们是否互相矛盾、互补、重叠或不可共量。[2]

也许因为"从无中生有"中的"无"(甚至"有")这关系项目 (relator) 在第一序上似乎是未加任何具体的诠释的,要在第二序上才由各传统的交替描述确定其意义,因此这概念是含混的。此一"含混策略"对于比较宗教哲学的共同架构之建立是否有用,我们留待下面再作深究。但是,"从无中生有"中的"无"或"有"这些关系项目是否在第一序上未加任何具体的诠释,因而可以为各种交替描述的教义建立一不偏不倚的共同架构,乃是值得探讨的问题,而且也是判定南乐山的"创生新说"是否成立的关键。

南乐山的"创生新说"是建立在一种"三个特征"与"二重关系"之上的。他说:

> 基于存有论所需要的抽象诠释,"从无中生有"是含有三个可被确认的特征之创造活动:这被创造的世界、这创造根源及这活动本身。这三者是不可分离地合一的。没有某些东西之实际创造,便可能没有活动;没有世界之被创造,便可能没有世界;及没有这创造,便可能没有创造者。每一项都倚靠其他二项,而且它们一起构成"从无中生有"。[3]

2 R. C. Neville, *Behind the Masks of God* (New York: State University of New York Press, 1991), p.2.

3 同注 2,页 13。

三者之互依是一种"概念地对称的"(conceptually symmetrical) 关系，而另一重关系则是"因果地不对称的"(causally asymmetrical) 关系。他说：

> ［创造］根源与世界之间的关系是在因果性中不对称的：在其创造活动中的根源是这世界的成因。当然，此关系本身有三个项目，以便彼此可被理解，而此三者是概念地对称的：根源、活动、世界。然而，这"存有的秩序"是因果地不对称的，而这"认知的秩序"则是互为界定地对称的。……某些思想家把"从无中生有"的观念界定为不可理解，是因为他们拒绝承认在存有中的不对称性与在概念的互为界定中的对称性之间的区分。不过，在这区分中并无任何不可理解的东西。[4]

透过此一"三个特征"与"二重关系"的架构，似乎可以在传统基督教有神论之外建立一套"创生新说"。由于这"因果的不对称性"，创造根源或创造者的神为所有确定性的被创造物所依，因而有"神性之超越性"(transcendence of divinity)；又由于这"概念的对称性"，创造根源或创造者的神的性质是内在于被创造物之中的，故它又有"神性的内在性"(divine immanence)。[5]这似乎在传统基督教有神论的"超越外在"说之外，成功地建立了一套"超越内在"新说。

然而，如果这种"超越内在"新说中的"超越"概念保留原来"超越外在"说中"超越"概念的原义，此说又怎么会成立呢？事

---

4 同注 2，页 15－16。
5 同注 2，页 15。

实上，南乐山的确为"超越"概念赋予新义，这可从三点分析出来。第一点是：他把创造者或神规定为"非个体的作用者"(non-individual agent)。他认为："把神视为从无中生有的一个个体的作用者之观点，与每一确定的事物都是被创造的之论旨并不相容。"由于"所有个体都是确定的，因而是被创造出来的"，因此神不可能是个体的事物。第二点是：他把创造者或神规定为"非先在者"(non-antecedent)。由于神没有个体性，如果勉强说他的"个体性"，则"神的个体性是出现于创造的活动之中；它不是先在者。对创造性作小心的分析，会显示作用者乃是创造的结果，而不是一独立的原因"。[6]由此引出第三点是：他把创造者或神规定为"无"(nothing)或"非有"(non-being)。在"不对称的因果关系"中它不是另一个体的先在者，因而这种"关系"如果仍可被称为"因果"，一定不是"物理因果"。在"物理因果"的关系中，两个关系项都是个体（的事物或事件），一个是先在者，而另一个是后在者。南乐山对其"不对称的因果关系"中的"作用者"规定为"非个体"及"非先在者"的"无"，似乎可以说是一种"无因果相的因果"，是一种具有"特异功能"的"特种因果"。一般"超越外在"说之下的神都是个体的先在者，而且独立于世界而恒存，是"不为尧存，不为桀亡"的，不会因为山河大地崩坏了而归于"无"的。但南乐山所规定的作为这种"特种因果"的"作用者"的神不是一种独立的个体神，无怪乎他称这样的神是"神之外的神"(the God beyond God)，而其"超越"概念亦由个体的存有论性格滑转为非个体的神秘主义性格。为了与"超越"的原

---

6 同注2，页16。

义有所区别，他称之为"神秘的超越"(mystical transcendence)。[7]

依此所谓"抽象诠释"，是否就不能判定创造者究竟是一个体、原理、纯粹意识或任何东西呢？亦即是否必须在第二序的具体诠释之后才得判定呢？我们认为这种表面的"含混策略"并不成功，亦即不能为比较宗教哲学建立一不偏不倚的共同架构，从而使西方的有神论与神秘主义之间的裂缝得以弥补。[8]这是因为南乐山的抽象诠释所规定的条件把若干具体诠释的可能性排斥掉了。譬如说："超越者只有唯一的一个个体"是一相对地形式的或抽象的规定，但这规定却可以把某些具体诠释下的多神论或泛神论排斥掉。同样的，他在"三个特征"与"二重关系"的基础上建立的"创生新说"，虽然相对地说并没有涉及各个传统的具体诠释，却明显地站在泛神论的一边，把传统基督教一元神意义下的有神论排斥掉，或把这种有神论泛神化或神秘主义化。把一元神变换为非个体的创造根源，即是"无个体性的个体"；变换为非先在的作用者，即是"无因果相的因果"。换言之，南乐山不知不觉地用了神秘主义者惯用的"吊诡语言"(paradoxical language)把一元神神秘主义化了。然而，我们要注意的是：任何"吊诡语言"如果不是修辞上的伪饰，而是真正的"吊诡语言"，则它是含有矛盾句的。由含有矛盾句的前提出发，可以在逻辑上对确地推出任何结论："神是超越而不内在的"，"神是内在而不超越的"，"神是既超越又内在的"，或"神是既不超越也不内在的"。因此，为了避免此一恶果，南乐山必须把"非个体

---

7 同注 2，页 19。

8 同注 2，页 68。

的个体性"（或"无个体性的个体"）、"非先在的作用者""神之外的神"及"无'前'的创造"等理解为"非吊诡语言"。但是可惜的是，南乐山并没有为他的"特种个体性""特种作用者""特种神""特种创造"及"特种因果"等提出正面的解释及使用的判准。有关一般个体的个体性是有确定判准的，但这种"特种个体性"的判准是什么呢？总不能说"非个体的个体性"之判准是"非'（一般）个体的个体性'的判准之判准"，因为这仍然没有正面而实质地说明是什么判准。徒说"无前因的因果"之不能说明"特种因果"，和徒说"道非器"之不能充分说明"道"是什么一样；因为满足"非器"条件的不只是"道"（如果有"道"存在的话），而且包括"不存在的东西"或"什么东西也没有"的情况。由于南乐山认为神或创造根源是"非有"或"无"，它是没有确定性（determinateness）的，因此，除了空洞地说它与有确定性的事物有"因果地不对称的"关系之外，他不能给予它任何正面的说明。于是他能够告诉我们的只是：（神之外的）"神"依"特种因果"或"特种创造"而被界定；而"特种因果"或"特种创造"则依"非物理因果"或"非一般创造"而略泄"天机"。换言之，他的"神"仍然是一个不可理解的概念——一个神秘主义者的产物。

为了论证上的需要，即使我们勉强地承认这"特种神"不是不可理解的概念，但它是否在存有论上是可被证立的元目（entity），仍然是大有问题的。因为，我们并不能够逻辑地从这个世界的经验事实推论出"特种神"的存在。事实上，南乐山的确尝试过类似的证明，不过他所使用的并不是严格的逻辑论证，而是一种极不可靠的"超越论证"（transcendental argument）。例如他说："这［创造］根基是创造者，只因为有这创造。"[9] "这根基并不离开创造，因为这创造是真实的。"[10] "这根基仅当它作为使某些东西有根基之结果而为根基。"[11] 及"创造者的性格是完全从创造活动中得来的"。[12]换言之，作为"创造根基"的"特种神"之存在，是由所谓"真实的""创造活动"及"创造物"推衍得来的。然而，我们虽然承认这个世界是真实的，甚或也承认它是经过某种"创造活动"而产生的"创造物"，我们却不必由此推论出它有一个"特种神"作为"创造根基"。我们也许可以用"自生"来说明这个世界之产生，或用"他生"来说明，而不必用"既超越又内在"的"特种神"来说明。为什么这个世界之产生不是来自"超越外在"的原因，或不是来自"内在而不超越"的内部因素，而必须来自"既超越又内在"的"特种神"呢？南乐山只能诉诸"不可分离的合一"之规定，及"乞取论点"地把"特种神"作为"超越的预设"(transcendental presupposition)。例如他说："在这世界中存在就是成为确定的东西，而任何确定的东西都要求一个相互关联的先行脉络。"[13] "任何确定的东西都是偶然的，且因之而需要一个使之存在的创造者。"[14] "任何确定的东西乃是这世界的部分，而且需要一个存有的根基。"[15]换言

9　同注 2，页 92。

10　同注 2，页 94。

11　同注 2，页 112。

12　同注 2。

13　同注 2，页 74。

14　同注 2，页 90。

15　同注 2，页 96。

之，作为"存有的根基""创造者"或"先行脉络"中的"特种神"是使这世界中的事物存在的"必要条件"或"先决条件"，亦即"预设"（presupposition）的项目。然而，这个"预设"是没有必然性的。因为，从"'任何确定的东西'都（需要）有'一个（使之存在的）创造者'作为根基"这前提（即：$(\forall x)(\exists y)Gxy$），是逻辑地推论不出"有'一个（使之存在的）创造者'作为'任何确定的东西'之根基"这结论（即：$(\exists y)(\forall x)Gxy$）的。

这里所谓"超越论证"的结构是这样的：它一方面要借着前提"A"去证明结论"B"；另一方面，结论"B"又是前提"A"所以可能的先决条件或必要条件，或"A"是预设着"B"的。南乐山的"创生新说"的"论证"正是如此：一方面他把所谓"真实的"创造活动及被创造的世界作为有创造者或创造根基的前提；另一方面，他又以世界中的任何确定的东西必须预设有创造者或创造根基才能使之存在。用他自己的话说，就是"〔创造〕根基作为根基的性格是一个从创造得来的条件"。[16]创造根基一方面是从实际的创造（包括创造活动及被创造的世界）中推衍得来；另一方面它又是创造的条件。换言之，在证明"B"的过程中，我们需要"A"作为可被接受的前提；但"A"之是否可被接受，反过来又需要先接受那作为"A"之先决条件或必要条件的"B"。也就是说，依论证关系，"A"比"B"有先行性（priority）；但依预设关系，"B"却比"A"有先行性。从逻辑的观点看，这种双方性而非单向性的论证是会引出恶性循环谬误来的。

---

16 同注15。

如果我们暂时撇开论证的对确性与循环性的问题，南乐山在其"创生新说"中的"超越论证"也和其他类似的"超越论证"一样，会遭遇到一个难以克服的两难（dilemma）困境。就第一方面来说，即使我们暂时承认前提"A"是大家所接受的，是描述这个世界被创造之事实的真句，而"A 预设 B"之为真则是依照一个概念架构或理论内部的约定（南乐山所谓"不可分离的合一"或"二重关系"之规定，正是这种内部的约定）；则结论"B"（肯定有创造者或创造根基）便只能是经由语言框架内部而论证得的（arguing within-the-framework-of-language）。[17]如是，透过不同的概念架构或理论内部的约定，将会制造出不同的结论来，从而引出相对主义（relativism）的问题。尤有甚者，世界之被创造及如何被创造之事实，可以由于不同的概念架构或理论而有不同的诠释或理解，因而亦极可能会使之被"美化"或"污染"。就第二方面来说，如果有关的预设不是建立在概念架构或理论内部的约定之上，即使我们相信"A 预设 B"是合理的，但被预设的"B"之客观实在性是不能由这相信的信念建立的，因而必须要求"B"满足"检证原则"（verification principle）的要求而被检证。然而，若要加上此一原则，由于此一原则本身之要求即足以证明"B"有客观妥效性，因而亦足以证明"B"是真句；因此，经由"超越论证"去证明"B"便是多此一举（superfluous）的了。

此一两难也可以说是"超越论证"在语意内在论（semantic

---

17 S. Körner, "The Impossibility of Transcendental Deduction", *Monist*, vol.51 (1967), pp.317－331; and M. Ujvári, "Analytic Philosophy Challenged, Scepticism and Arguing Transcendentally", *Erkenntnis*, vol.39 (1993), p.293.

internalism) 与语意外在论 (semantic externalism) 之间的困境。当一个"超越论证"建立在某一概念架构或理论内部的约定之基础上时,所谓"世界"或"被创造的东西"便只能是内在论所"美化"或"污染"的内容,其中概念的客观实在性 (objective reality) 也只能是相对于或内在于概念架构或理论内部之要求。[18]相反的,当"超越论证"不建立在概念架构或理论内部的约定之基础上时,它必须加上"检证原则"之要求,才能把结论对确地推导出来。由前者,可以引出概念的相对主义,不能证明概念架构对客观世界之唯一性。(南乐山能证明"三个特征"与"二重关系"这概念架构对客观世界被说明之唯一性吗?显然是不能的。)由后者,即使可以把怀疑主义赶走,这也不是由于"超越论证"本身的力量,而是单靠"检证原则"的作用。(南乐山也不能倚靠其"超越论证"本身来证明作为创造者的"特种神"有客观实在性。)简略言之,此一两难即是:放弃概念架构对客观世界之唯一性而引入相对主义的"豺狼";或引入"检证原则"而使"超越论证"变成假借虎威的"狐狸"!南乐山的"超越论证"亦难逃出此一两难的困境。

总结来说,南乐山的"创生新说"并不能成功地建立一套"超越内在"新说。若把它应用到中国哲学上来,将会使儒、道、佛三家引入歧途。依照三教的主要教义,以主体性为核心的心性工夫论是至为根本的,任何"超越内在"说都会把主体埋没在与客体的浑一之中,因而失去了自作主宰的精神。

---

18 R. B. Pippin, "The Idealism of Transcendental Arguments", *Idealistic Studies* (1988), pp.99－100.

三、莱文（M. P. Levine）的"泛神新说"

依照传统基督教有神论的观点，有一个一元神创造天地万物，没有这个创造者，便没有天地万物；但反过来说，没有天地万物，这个创造者仍然独立恒存，是"不为尧存，不为桀亡"的。这便是所谓"神圣的超越性"（divine transcendence）。但一般泛神论则反对有这种"全然他在"的超越者，认为神是一个"神圣的整体"（divine unity），它是完全内在于世界之中的。因此，一般泛神论主张神之"内在性"而反对"超越性"，认为"超越"涵蕴"外在"，不可能同时又是"内在"的。

不过，历史上也有一些非正统的有神论者或泛神论者尝试调和此一"对反"，尤其是一些有神秘主义倾向的泛神论者或泛灵论者，更是不遗余力。莱文可以说是这方面的现代继承者，他企图把"超越"的概念引进泛神论中，而加以调和。他的努力可分为两部分：一部分是针对哈德森的"知识论的超越"（epistemological transcendence）之说而加以修改，使之成为一个可取的概念，并认为泛神论可以应用此一"超越"概念而不会与"内在"概念产生"对反"。另一部分是针对斯马特的"存有论的超越"（ontological transcendence）之说而加以变换，使之在一种"自然主义的模型"之下，为泛神论建立一种"既超越又内在"的新说。

莱文认为："超越"概念可以有很多方面的意思，其中三种至为重要，即"存有论的超越""知识论的超越"及"逻辑（即概念）的超越"三方面。三者可能相关，却不一定有涵衍（entailment）的关系。例如："存有论的超越"与"知识论的超越"有关，但后者并不一定涵衍前者；但"概念的超越"则涵衍"知识论的超越"。[19]他认为对有神论而言，创造者的上帝对被创造物而言为全然的他在，因而亦在人类这种有限存在物的认识能力之外。换言之，对有神论而言，"存有论的超越"涵衍着"知识论的超越"。[20]然而，对泛神论而言，由于上帝是一神圣的整体，它是全然内在于宇宙中的，因此它不可能又是全然他在的。不过，反对"存有论的超越"并不涵衍反对"知识论的超越"，因为上帝作为一无所不包的神圣的整体（all-inclusive divine unity），尽管它不是外在于世界的，但也不是有限存在物的人类所能认识的。因此，与有神论的观点不同，泛神论反对"存有论的超越"而不反对"知识论的超越"。[21]

依照哈德森的说法，"超乎知识"（beyond knowledge）这种"超越"表示"超乎人的有限知识"，而非"超乎所有知识"；而"超乎描述"（beyond description）这种"超越"则表示"超乎人类语言中的所有一贯的描述"。[22]无论从经验、语意或神学的基础上来考核，他认为"超乎描述"的说法都是"自我否定的"（self-defeating）。因此，"超乎知识"作为一个"神圣超越"的概念，比之"超乎描述"较为可取。[23]然而，莱文并不同意此说。他认为哈德森的说法会遭遇到一个两难：如果"超乎知识"并不排除知识的增长，即人类对上帝在认知上的限制并不是原则上或逻辑上

---

19 M. P. Levine, "Transcendence in Theism and Pantheism", *Sophia*, vol.31, no.3, (1992), p.95.

20 同注 19，页 91 – 92。

21 同注 19，页 92 – 93。

22 同注 19，页 96。

23 同注 19，页 97 – 99。

不可克服的，则这种上帝的"超越"是可以被消除的，亦即上帝终究不是"超乎知识"的。反过来说，如果"超乎知识"是指有本质上或逻辑上的理由以排斥人类对上帝的知识，则"超乎知识"就会引出"超乎描述"的结论来。又由于"超乎描述"涵衍着"超乎知识"，因此二者便是等价（equivalent）的了。[24]就两难的第一端而言，"超乎知识"并不成立；就第二端而言，"超乎知识"即使成立，却是与"超乎描述"等价的。但由于哈德森所界定的"超乎描述"采取极端的意义，即以上帝超乎人类语言中所有一贯的描述，甚至是"不可说"的，因而是"自我否定"的；因此，这种"超越"概念到头来也是不能成立的。[25]

依此，莱文认为哈德森有关"超乎知识"及"超乎描述"的说法是不能成立的。"超乎描述"应采取较为温和的说法："由于上帝〔本身〕的性质和我们自己本质的及不可克服的认知限制，有些有关上帝的事物我们是不能知道的，上帝因之而是存有论地分离开来的。"[26]只要"超乎描述"不是绝对的，而是部分的，即我们拥有某些概念可以用来描述上帝，但另外一些描述上帝的概念则不是我们人类所能掌握的；则"超乎知识"之说便涵衍着"超乎描述"之说，而这两种"超越"便不是真正地互相分离的概念。[27]

---

24 同注 19，页 100。

25 有关"超乎描述"及"不可说"论旨何以为"自我否定"的问题，哈德森和莱文言之甚简。拙作《可说与不可说：一个东西形上学的比较》一文，载中国文化大学哲学系编：《东西哲学比较论文集》（第二集）（台北：中国文化大学哲学研究所，1993），页 203－221，有较详细的论证可供参考。

26 同注 19，页 101。

27 同注 19，页 102。

对泛神论而言，莱文认为上帝作为一神圣的整体对作为其部分的
个体物在某些意义上也许是超越的。即使这神圣的整体不是存有
论地全然他在，但它也许有一些基于存有论的性质，而且可能有
些性质是泛神论者所不能掌握的。因此，泛神论者除了可以肯定
神圣的整体内在于世界之外，也可以肯定它在知识论方面和存有
论方面的超越性。[28]如此一来，泛神论的上帝也可以在某种意义
上说是"既超越又内在"的了。

我们认为莱文的努力并不成功。首先，他的"超乎描述"的
温和说与"超乎描述"的极端说只是五十步与百步之间的问题而
已。如果对上帝部分地不可描述及不可说是由于上帝本身的性质
和我们认知上的限制，因而使某些可以用来描述上帝的概念不能
为我们所掌握，这和绝对地不可描述及不可说有什么分别呢？我
看这里并无太大的实质性的分别，因为二说都是"自我否
定"的。除了定义性的规定之外，我们如何能够知道及说出有这
样地不可知及不可说的部分呢？如果我们不多多少少地知道这
不可知的部分，不或多或少地说出这不可说的部分，我们凭什么
可以肯定有这些不可知及不可说的部分呢？换言之，要肯定有这
些人类不能掌握的概念和语言，我们必须先要运用戴维森
(Donald Davidson) 的"宽容原则"(principle of charity) 来诠释
之；但当此一原则用上以后，这些所谓"不能掌握"的概念和语
言便会变成"可以掌握"的了。也就是说，无论"超乎概念"是
部分的或绝对的，都同样会遭遇到这个"自我否定"的问题。其
次，如果有一些用来描述上帝的概念不能为人类所掌握，至少也

---

28 同注19，页104。

该是上帝所能掌握的。如果没有任何认知主体（包括上帝在内，即使他的认知方式与众不同）能够掌握这些概念，我们也就没有理由相信有这些概念存在。然而，如果只有上帝才能掌握这些概念，所有其他认知主体都不能掌握，则对上帝而言，这不正好就是他的"私有语言"(private language)吗？我们知道，维特根斯坦（L. Wittgenstein）早已证明过"私有语言"是不能成立的；因此，我们亦可由此而反证"有一些用来描述上帝的概念不能为人类所掌握"是一假句。

即使暂时撇开"宽容原则"与"私有语言"的问题，莱文也不能透过这种"泛神新说"来建立一种"超越内在"新说。主要理由之一是他忽略了事物与其性质之区别。他认为："从泛神论的角度看，并无分离的上帝是全然地内在——或超越——于宇宙的，因为上帝是无所不包的。内在是从没有东西超越或能超越那作为上帝的无所不包的整体此一事实推导出来，或为其所涵衍的。"[29]并认为泛神论的"存有论的超越"是由这整体的无所不包性推导出来的，亦即除了整体之外别无其他东西。[30]这似乎把泛神论的上帝或神圣的整体等同于世界、宇宙或自然界的全体。如是，泛神论与自然主义的宇宙观又有何分别呢？也许这种泛神论强调世界或宇宙有神圣性，而自然主义则并不如此。即使如此，这"神圣性"该如何说明呢？此乃是一大问题。即使我们勉强接受此说，因而承认上帝这个神圣的整体内在于（或等同于）世界或宇宙，并承认上帝本身的某些性质不能被有认知限制

---

29 同注19，页92。

30 同注19，页90。

的人类所掌握，及承认这些性质是存有论的项目（ontological entity），莱文还是不能说服我们接受他的"既超越又内在"的新说，因为这里所谓"内在"的项目是指上帝这神圣的整体本身，而"超越"的项目则指上帝本身那些不可知或不可说的性质。换言之，这仍然不是对同一东西说它是"既超越又内在"的，尽管这"超越"的项目与"内在"的项目可能有密切的关系。

此外，若把泛神论理解为斯宾诺莎（B. Spinoza）的"能生的自然"（Natura naturans, "naturing Nature"）（上帝）与"被生的自然"（Natura naturata, "natured Nature"）（世界）为"不一不异"，用"吊诡语言"来描述"既超越又内在"的关系，便会把泛神论推向神秘主义的火坑之中。有关神秘主义的困难我已在另文有所论析，此处不赘了。[31]

莱文除了修改哈德森的"知识论的超越"概念以确立一种"超越内在"新说之外，他也对斯马特的"存有论的超越"概念加以调整，尝试在一种"自然主义模型"之下为泛神论建立另一种"超越内在新说"。斯马特认为有神论的"超越"概念包含五个成分或方面，即：非空间性（non-spatiality）、秘密的全现（secret omni-presence）、特殊显现（special presence）、独立性（independence）及创造性（creativity）。这五者相容，甚或相依。如果"内在"意即"特殊显现"，相对于其他四项作为"超越"的特质来说，"内在"与"超越"便不是如正统有神论者所想象的处于对反的关系。如果"内在"表示"上帝在万物中的作用"，这便与"上帝的不息而全现的创造性"等价，因而"内在"与"超越"便是同

---

31 参阅注25所引之拙文。

一的概念。[32]依此，不管"内在"作第一种或第二种解释，它与"超越"概念是兼容的或合一的，因而可以在有神论上建立"既超越又内在"之说。莱文认为斯马特对"超越"与"内在"二概念的分析都有问题。他认为把上帝的"特殊显现"当作"超越"概念的部分内容，因而消弭"内在"与"超越"的不兼容是大有问题的。因为上帝的"特殊显现"若理解为它在这个世界中的"空间置定和活动"，这是与它的"非空间性"不相容的。对有神论来说，"超越"与"内在"并不是同一的概念。他认为"独立性"也不是明显地属于"超越"的概念，上帝可以是在某种方式下"独立"于世界，而在其对世界的关系上则不是"独立"的。由于"独立性"并不涵蕴"创造性"，因此"创造性"也不一定是"超越"概念的成分。此外，人类所经验到的某物或状态即使与"超越"观念有关，却不足以由此而证明"特殊显现"包含在"超越"概念之中。[33]

莱文认为斯马特对"超越"概念的分析尽管有问题，但却可以显示此概念除了应用在有神论上，也可应用到泛神论上，虽然与"超越"有关的问题，后者和前者一样不一定能够解决。莱文认为斯马特有关"超越"概念提出的五个方面，只要加以调整，便可以在一种"自然主义模型"下为泛神论建立一种"既超越又内在"之说，尽管其中牵涉到与"超越"有关的难题仍然存在。就"非空间性"方面来说，只要泛神论的"整体"不是理解为宇宙的物质总和，而是"自然主义模型"下的某种"原则""计划"或

32 N. Smart, "Myth and Transcendence", *Monist*, 50 (1966), p.487.
33 同注 19，页 112－113。

"力量"，这种整体是可以被置定的而又不是空间性的。就"秘密的全现"来说，泛神论的"整体"在"自然主义"的解释下作为一种"力量""原则"或"计划"，把它说成是"无所不在地显现"（即使人们不一定经常察觉到），比之有神论的个体实体神来说，更为适合。就"特殊显现"言，有神论的上帝如何能道成肉身为耶稣基督，或如何能由非空间的超越的神圣创造者变成在时空中的一个人，乃是一大难题。但对泛神论而言，神圣整体在"自然主义"的解释下作为一种"秩序"，它可以在某些地方而不是别的地方有较佳的显现，因而使不同的地方有良序与混乱的差别。就"独立性"方面来说，泛神论的整体是不能依"存有论的模型"而严格地理解为在宇宙之外独立自存的，只能笼统地说整体独立于各部分而又包含各部分。在泛神论的"超越"概念中是不能接受有神论所强调的"独立性"的。最后，就"创造性"而言，泛神论必须采取与有神论不同的"创造"概念，亦即不能接受创造者与被创造者分离的"创造"概念。在"自然主义"而非"有神论"的模型下，整体可被理解为具有内在地作用的创造的一个方面，这创造的一面是整体的部分。依此，宇宙的有序与无序亦可由这创造的一面之表现得以说明。[34]

总结来说，莱文认为依照以上对"超越"与"内在"二概念的解释，二者是可以（同时）用来说明"自然主义模型"下泛神论的"整体"概念。把泛神论的上帝视为只是"内在"而非"超越"的传统看法，乃是错误的。换言之，即使与"超越"有关的问题仍在，泛神论的上帝或神圣的整体对于宇宙或世界而言，仍

[34] 同注19，页114-116。

然可以说是"既超越又内在"的。

我们认为莱文这种"超越内在"新说也是不能成立的。理由至少有以下几个：首先，他一方面批评斯马特的"超越"概念中大多数的成分都有问题，但另一方面在未把这个概念充分界定好之前，便略加调整地应用到泛神论上，就好像未清楚某物是否为手术刀之前，便马上应用来做心脏手术，似乎是不太恰当而且极之危险的。其次，依照他的"自然主义模型"，把泛神论的"上帝"或"神圣的整体"解释为"原则""计划"或"力量"，而非有神论者所强调的有个体性的"实体"，他的"超越内在新说"至少会碰到三个难题：（一）作为一种"原则"而非"实体"，这种"神圣的整体"便只是一种"但理"(mere principle)，它因之而只有"规范力"而无"生产力"。换言之，它是被万物"依循"的"原则"，而不是"内在"于万物之中的东西。"原则"可以是"超验"的(transcendental)，并可以作为理解的项目"内化"(internalized)于人的认识状态之中，但它却不是使万物得以生成或存在的"内在因素"。（二）即使我们勉强承认此种"原则"是使万物得以生成或存在的"内在因素"，并承认它是"超越"的；然而，这种"原则"与经验科学中的"物理则律"又有何分别呢？依照同一的判准，以及"自然主义"的解释，我们岂非也得承认"物理则律"对于万物是"既超越又内在"的吗？如是，我们便不必在宗教（尤其是泛神论）中建立"超越内在新说"，在自然科学中也行了！（三）虽然泛神论的"整体"不等同于"世界"或"宇宙"，前者却是由后者构成的。[35]因此，"整体"是不能离开"世

---

35 同注19，页116。

界"的任何一部分。这种"不离"的关系与"秘密的全现"是协合的，但与"特殊显现"并不兼容。把某些事物之处于有序状态视为"整体"的一种"特殊显现"，而把另外一些事物处于失序或混乱的状态理解为某种程度的"缺乏整体（性）"，[36]显然是甚不合理的。因为，"原则"之不被依循或用不上，不是正好表示这"原则"并非万物的"整体（性）"吗？如果硬说这是"缺乏整体（性）"而仍"潜在地有整体（性）"，这和草木瓦石"缺乏良知"之显现而仍"潜在地有良知"的说法有何分别呢？

再者，如果把泛神论的"整体"理解为一种"（创造）力量"，对于"超越内在新说"来说，会遭遇到一个两难：如果"整体"是一种"他力"，它便与有神论的"创造力量"一样，是一种外在于万物的力量。此同一力量可对各个事物发生作用，但却不可能内在于各个事物之中，所以是"超越"而不"内在"的。若勉强把"内在"等同于"发生作用"，则所有物理世界中的"外在力量"也可以被说成是"既超越又内在"的了！另一方面，如果"整体"是一种"自力"，即是不离各个事物之"内在力量"，则各个事物之中的"内在力量"当然可能是属于同一类型（type）的，但却不可能是同一个例（token）。换言之，"内在力量"只能是"内在"而非"超越"的。

此外，莱文把非有神论和非西方宗教传统的儒、道二家视为其"超越内在"新说的最佳例证，并认为二家中的"整体"概念是在"自然主义模型"下被理解的。[37]我们认为这是对儒、道二

---

36 同注 19，页 115。

37 同注 19，页 117。

家的一种极大的误解，亦无助于"超越内在"新说之确立。无论把二家的"天"或"道"视为"自然主义"的"原则""力量"或"计划"，都会给二家带来极大的灾难。因为这样的"整体"概念只有"客体性"而没有"主体性"的意义，即使勉强可以用来说明宇宙或世界如何生成及继续，却不能用来说明二家所强调的人的自我完成（修身以成圣、成真人）的问题。二家皆强调人的自我完成的力量或依据来自人内在的心灵力量或自由意志，但"自然主义"的"整体"概念可以用来说明事物（包括人）处于良序或失序（所谓"缺乏整体〔性〕"）的状态之中，而不能说明事物（包括人）如何由失序转化为良序的状态。这正是"自然主义"所带来的"命定论"或"决定论"与"心灵自由"之冲突的问题，也是本体宇宙论与心性工夫论不能协合的一面。因此，依照莱文的"自然主义模型"，他不可能说明儒学中"心即理"的论旨，而不失去"心"或"良知"作为"人禽之辨"的意义。如果由于"心即理"及"草木瓦石皆有理"，不得不坚持所谓"草木瓦石也有良知"之说，这"良知"便一定会失去"人禽之辨"的意义，而由"主体性"的"自我心灵"变成"客体性"的"宇宙精神（或力量）"。尤有甚者，对于草木瓦石何以不能像人那样把其良知扩而充之的问题，当然不能把原因归诸万物共有的"良知"本身，因而只好诉诸万物不齐的"气质"之或清或浊了。如是，"心灵的自主性"或"自我主宰"的意义在儒学中便会流失，而代之以"气质命定论"。这无疑是心性之学或生命学问的大灾难！

　　归结来说，无论莱文由哈德森的说法而引出的"知识论的超越"概念，或由斯马特的说法而引出的"存有论的超越"概念，都无法帮助他成功地建立一套"超越内在"新说。

四、杜兰特(M. Durrant)的"道成肉身说"

依照杜兰特的看法,自柏拉图的《巴门尼德》(*Parmenides*)篇以来,大都认为理型(forms or ideas)与特殊者(particulars)之间,或超越者(the transcendent)与内在者(the immanent)之间,并无共同可用的实质性的谓词,二者所展示的特质是互相排斥的。例如"理型"具有永恒、不可毁坏、不可变改及非空间的性质,而"特殊者"的本性是时间性的、空间地被决定的、可毁坏的及可变改的。因此,二者不可能有任何实质性的关系,二者是绝对不同及不相容的。但杜兰特并不同意此说,他认为此一观点是建基在一个假定之上,即把理型的表达式"理型"当作是名(names)或专名(proper names),以称谓一些超越对象(transcendent objects)。但是,他认为此一假定是有问题的,一旦我们放弃了此一假定,情况便会截然不同。他依据吉奇(P. T. Geach)的说法,认为只要把超越对象的表达式理解成具有"—is F"形式的论谓表达式(predicable expressions)或函数表达式(functional expressions),超越对象与内在对象(immanent objects)二者便不再是绝对地不同的。在语言层面上说,论谓表达式或函数表达式可以容许某些填补其空位(argument place)的个体(individuals)来满足它;在存有论层面上说,超越对象可以容纳体现(instantiation)[它]的个例(instances)。[38]和"理型"一概念的处理方式一样,吉奇认为"神"或"上帝"也不是一个专名,而是一个论谓表达式,一个概念词(term),并把圣托马斯·阿奎那

---

[38] Michael Durrant, "Transcendence, Instantiation and Incarnation——An Exploration", *Religious Studies*, vol.29 (1993), pp.339－340.

(St. Thomas Aquinas) 的作为理型的神（God qua Form）之观念表达为"——是神"("—is god") 这论谓表达式。杜兰特认为吉奇此一构想可以用来发展出一套"道成肉身说"(incarnation)，可以用来说明神是"既超越又内在"的。[39]

依照传统基督教的想法，神是完全超越的、永恒的、不变的、不坏的及非空间性的；而作为神之子的耶稣则是在历史的时空中出现的，内在于现象世界之中的个体。因此，要说明神与耶稣是同一个体的两个位格，或说明道成肉身或化身之事实，必须先要说明非时空性的东西如何可能成为时空中的事物，或超越于世界之外或之上的元目（entity）如何可能成为内在于世界之中的东西。如果把"神"与"神之子"都当作专名，基于莱布尼兹律（Leibniz's Law），这些说明都是逻辑地不可能成立的。由上帝化身为耶稣，与小孩成长为大人，或与仙女下凡转化而为凡人，情况都是不太相同的。因为小孩长成大人后，便会失去原先作为小孩的一些特性；仙女下凡沦为凡人之后，也会丧失仙女原有的法力。但神与神之子二位一体并不表示神之子只有人性而失去神性。化身之说即使成立，我们也只能由此而说明此同一个体在未化身为耶稣之前是超越而不内在（于现象世界）的，在化身为耶稣之后则是内在而不超越（于现象世界）的，却不可能证明此一个体在同一阶段或处境内是"既超越又内在"的。换言之，这样的父位之神是超越而不内在的，有神性而无人性；而子位之神则是内在而不超越的，有人性而无神性。这样的结论相信并不是任何基督徒及基督教神学家所愿意接受的，由此亦可反证这与小孩

39 同注38，页340−341。

或仙女的变身问题是不同的。"道成肉身"的概念必须寻求别的
方法来建构。

把"神"或"上帝"当作专名或个体词固无助于道成肉身或
二位一体说之建立，甚且是一大障碍；然而，把"神"或"上帝"当
作概念词或论谓表达式是否有用呢？杜兰特的答案是肯定的。他
把"既超越又内在"的问题分为两个步骤来处理，分别解答下述
两个问题：

1. 神如何可能是完全超越的？

2. 神如何可能是完全内在的？

他认为：说"神是完全内在的"，在存有论层面上看，意即作为
理型的神有完美的个例来体现它（或把它道成肉身化）；在语言
层面上看，意即以表达理型之函数表达式或论谓表达式有完美地
满足它的个体。[40] 至于说"神是完全超越的"，问题比较复杂。简
言之，他认为神依其本质是可以有个例来体现它或使之道成肉身
化，但此点并不涵衍描述神的本质之谓词可以用来描述它的体现
个例或化身，反之亦然。作为理型的神不是完全地超越的，若且
唯若（if and only if）其中有一个表达体现个例的本质之谓词必
然地应用到那可被体现者之上。他认为作为理型的神的确是超越
的，它不只不是必然地与其体现者或化身共享同一谓词，而且必
然地不是如此。因为，一若函数表达式与其空位之间的情况一
样，二者共享同一个谓词是不可能的。当然，这个说法是针对一
些非形式的及非后设的实质性的谓词而言，并非针对"——被体
现"（"—is instantiated by"）或"——被化身"（"—is incarnated by"）

---

40 同注 38，页 344。

这些形式谓词，也非针对"——被说及"（"—is spoken of"）或"——被思及"（"—is thought about"）这些后设谓词或高阶谓词。[41]依此，一些实质性的谓词如"是明智的"（"being wise"）、"是善的"（"being good"）及"是爱"（"is loving"），表面看来即使好像可以用来共同论谓作为理型的神与其体现个例或化身(在人类历史上出现的耶稣这个人)，但也不可能具有同样的意义，而只能具有相关的意思或类似的意思。[42]总而言之，神是完全内在的，因为它有体现的个例或化身；它也是完全超越的，因为它拥有的神性谓词是不能与其体现个例或化身共享的。换言之，杜兰特是以"可体现性"（instantiability）来规定"内在性"（immanence），以"不可论谓性"（impredicability）来界定"超越性"（transcendence）的。

依照吉奇的"相对同一理论"（theory of relative identity），由于"——是神"这论谓表达式或函数表达式既可用来形容"父位之神"或"圣父"（"God the Father"），亦可用来修饰"耶稣"。换言之，"圣父是神"和"耶稣是神"二句分别表示圣父和耶稣是作为理型的神的一个个例，而彼此并非同一个例。[43]但是，相对于"——是神"此一表式所论谓的性质而言，"圣父"和"耶稣"这两个个体名之所指却是同一的。用符号来表示即是：虽然"(a=b)"这绝对的同一性（absolute identity）不能成立，但相对于"G"一性质而言，"(a=_G b)"这相对的同一性是可以建立的。不

41 同注 38，页 341－342。
42 同注 38，页 343。
43 同注 38，页 345，348，350。

过，依照杜兰特的看法，虽然"圣父"和"耶稣"所表示的都是
"——是神"所表示的理型之体现个例，但"圣父"所表示的显
然不是此理型的道成肉身，只有耶稣才是。由此可见并非所有体
现个例都是道成肉身的，只有那些肉身化（enfleshment）的个例
才是。他认为我们不能单凭理型与其体现个例之间的关系来充分
说明道成肉身，而必须用间接的方式来说明。也许可以说：并非
每一个体现的例子都是道成肉身，但每一个道成肉身的例子无疑
都是一个体现。但是，由于体现个例所体现的东西是一般的
（general），而道成肉身所化身的东西是特殊的，因此"体现个
例"一概念与"道成肉身"一概念明显是不同的。然而，他认为
作为理型的神虽是一般的，但它的某些体现个例却是特殊的，于
是我们可以间接地说：作为理型的神容许某些个体作为它的个
例，而这些个体本身又容许自己有"肉身化"的可能性。[44]依此，圣
父虽然是作为理型的神之体现个例，只有圣子、子位之神（God
the Son）或三位一体中的第二位（the second person of the Trinity）
才是可以肉身化的体现个例。因此严格言之，并非作为理型的神
直接可以成为人或肉身化，而是间接地透过它的体现个例的圣
子、子位之神或三位一体中的第二位才可以成为人或肉身化。[45]

　　依照此一"道成肉身"的概念，杜兰特认为有助于解答"同
一个体的拿撒勒的耶稣（Jesus of Nazareth）如何可能既完全是
神又完全是人"这个问题。有关"耶稣完全是神"这一部分问题
上述已有解答，因为依照把"神"当作是"——是神"这论谓表

44　同注 38，页 349－350。

45　同注 38，页 349，350。

达式或函数表达式之论旨，耶稣乃是超越之神（作为理型的神）的完美的体现个例；基于此一解释，我们便可以说"耶稣完全是神"。至于"耶稣完全是人"的问题，则牵涉到道成肉身的问题。一如上述，严格言之，"道成肉身"并不是说神成为人的问题，而是三位一体中的第二位（即圣子或子位之神）成为人的问题。他认为圣子或子位之神之所以可能化身为人，在于圣子或子位之神是一个体，它除了可以是作为理型的神或神格（God head）之体现个例外，它也可以使用所有那些描述人的本质之非形式的谓词来形容它而不至产生矛盾。理由其实非常简单，圣子或子位之神即使可以使用描述（作为理型的）神的本质之非形式的谓词（如"是明智的""是善的"及"是爱"等）来形容它，也只能具有相关或类似的意义，而与原来描述的意义不同。尽管描述（作为理型的）神的本质之非形式的谓词与描述人的本质之非形式的谓词相对反（contrary）或相矛盾（contradictory），但具有相关或类似意义而实质不同义的那些描述圣子或子位之神的本质之非形式的谓词，却不会与描述人的本质之非形式的谓词构成吊诡。基于此一理由，认为耶稣既然可以用所有那些描述人的本质之非形式的谓词来形容它而不会引至矛盾，故此"耶稣完全是人"的说法是可以被肯定的。综合来说，圣子或子位之神之所以能既是三位一体中的第二位，又是拿撒勒的木匠（耶稣这个人），是因为它一方面作为神格的体现个例，便可以在相关或类似的意义上使用"神性"谓词（"divine" predicates）；在另一方面它作为肉身化的个体，又可以在完全相同的意义上使用"人性"谓词

("human" predicates)。[46]由此似乎可以进一步说：圣子或耶稣完全是神，也完全是人。

杜兰特这种"道成肉身说"是否成立呢？我们认为他的说法是不能成立的，他的论据是贫乏而无力的。首先，就他所接受的吉奇的"相对同一理论"而言，"三位一体"可被理解为圣父（父位之神）、圣子（子位之神）及圣灵三者俱可以作为"——是神"这一论谓表达式或函数表达式所描述的理型之体现个例，而三者又是相对于此理型而为同一的。同样的，拿撒勒的耶稣虽然是历史上出现的一个人，但由于他也全然是神，因此，相对于全然是神而言，耶稣与三位一体中的第二位是同一个体 (one and the same individual),前者为后者的"道成肉身"。依此，我们可得"$(a=_G b)$"、"$(b=_G c)$"及"$(c=_G a)$"三个同一性的语句以表示"三位一体"；可得"$(a=_G a')$"一语句以表示"道成肉身"。然而，这种"相对同一理论"与莱布尼兹律是不相容的。依照杜兰特说法，我们可得：

(1) $(a=_G b) \cdot (a \neq_M b) \cdot Ma$

[即表示："圣子与圣父作为神是同一的"，"圣子与圣父作为人不是同一的"，及"圣子是人"。]

但依莱布尼兹律，则可得：

(2) $(a=_G b) \rightarrow (\emptyset a \leftrightarrow \emptyset b)$

如以"$(a=_M x)$"代替"$\emptyset$"，可得：

(3) $(a=_G b) \rightarrow [(a=_M a) \leftrightarrow (a=_M b)]$

由 (1) 中的第一合取项与 (3)，依断离律 (modus ponens) 可得：

(4) $(a=_M a) \leftrightarrow (a=_M b)$

---

46 同注38，页350－351。

依同一律，可得：

(5) Ma→ $(a=_M a)$

再由（1）中的第三合取项与（5），依断离律可得：

(6) $(a=_M a)$

由（4）与（6）再用断离律，则可得：

(7) $(a=_M b)$

但（7）明显与（1）中的第二合取项"$(a≠_M b)$"互相矛盾。换言之，依"相对同一理论"，我们可以肯定"圣子与圣父作为人不是同一的"；但依莱布尼兹律，我们却要肯定"圣子与圣父作为人是同一的"。如果我们不太愿意放弃行之有效的莱布尼兹律，则这种同一理论及由之而发展成的"三位一体说"与"道成肉身说"便不是可被接受的了。[47]当然，杜兰特可以反驳说：圣子并不是人，耶稣才是人，因此上述（1）式是不成立的。然而，圣子或三位一体中的第二位与耶稣若被视为同一个体，上述（1）式可以被改写为：

(1') $(a=_G a')·(a≠_M a')·Ma'$

依照同样的步骤，我们可得类似（7）式的：

(7') $(a≠_M a')$

而（1'）与（7'）仍然是互不兼容的。我们认为"同一类型"与"同一个体"的概念是不同的：两个东西依某一性质可被归为同一类型，依另一性质却可被归为不同类型；但两个东西依某一性

---

47 有关论证主要来自维金斯（David Wiggins）而略作修改，转引自 P. Engel, *The Norm of Truth: An Introduction to the Philosophy of Logic* (Toronto: University of Toronto Press, 1991), pp.190－191.

质可被视为同一个体，如果真是同一个体，便不可能有其他性质不是共有的。"三位一体说"与"道成肉身说"都是扣紧"同一个体"而非"同一类型"的概念而立说的，我们并无任何坚实的理由可以令我们放弃那充分能体现个体性原则的莱布尼兹律，而去接受杜兰特的说法。

其次，杜兰特的"道成肉身说"与一般接受的"三位一体说"是不相协合的。因为三位一体中的圣父与圣子的关系，一般都被理解成道成肉身的关系。如果没有耶稣这个肉身或化身，根本就不可能有"圣子"的观念。可是，杜兰特却把"道成肉身"理解为三位一体中的第二位（即圣子或子位之神a'）成为耶稣这个人（a）的问题，而不是理解为神（即圣父或父位之神b）成为人（a）的问题。换言之，道成肉身纯粹是三位一体中的第二位（即圣子）本身的问题，与其他二位（即圣父和圣灵）并无直接关系。这种观点除了与一般的理解不协合外，杜兰特的说法也有偷换概念的谬误。对于"同一个体的拿撒勒的耶稣如何可能既完全是神又完全是人"的问题，他认为"耶稣完全是神在于祂是超越之神的完美体现"，[48]亦即"耶稣"一个体名可以用"——是神"这论谓表达式或函数表达式来修饰它。形成的句子可以用"Ga"来表示，而不可以用"a=b"来表示，因为作为理型的神之表达式并非专名。可是在另一方面，杜兰特却把原来的论题转换为"圣子这个个体可以既是三位一体中的第二位又是拿撒勒的木匠（耶稣这个人）"。[49]依此，"同一个体既是神又是人"的论题中的"是神"，在

---

48 同注38，页350。

49 同注38，页351。

这里却转换而为"是三位一体中的第二位"。由于三位一体中的第二位是作为理型的神之体现个例，故"三位一体中的第二位"是个体名，不是论谓表达式或函数表达式。因此，论题转换后"——是神"一论谓表达式或函数表达式不见了，"此同一个体是神"便不能用"Ga"来表示，而只能用"$a_1=a_2$"来表示。这里明显有偷换概念的问题。再者，即使我们勉强接受此说，也难以承认三位一体中的第二位成为耶稣这个人，是由于同一个体可以在相关或类似的意义上使用"神性的谓词"，也可以在完全同一的意义上使用"人性的谓词"来形容。我们认为：语言层面上的安排并不是道成肉身这存有问题之所以可能的合理和充分的说明。同一个体可以容许在语言层面上有不同的描述；但在语言层面上的不同描述却不能保证所述的是同一个体。"语意上升"（semantic ascent）不一定可以解决存有的问题。

此外，如果我们接受杜兰特之说，把"神完全是内在的"理解为神这理型有体现个例，或"——是神"这一论谓表达式或函数表达式有满足其空位的个体，并把"神完全是超越的"理解为这一表达式所表达的与满足其空位的个体之间的"不可论谓的"（impredicable）关系，则这种"既超越又内在"之说将要付出极大的代价。依照他的说法，圣子或子位之神是作为理型的神之体现个例，由于理型与其体现个例之间有"不可论谓性"，当我们以"神性的谓词"如"全知""全能"或"超越"来形容此理型时，虽然我们也可以用这些谓词来形容祂的体现个例（即圣子或子位之神），但二者的意义最多只能是相关或相似，而实不相同；否则，当我们用"人性的谓词"（如"空间性""时间性"或"可朽性"）来形容圣子时，便会产生对反或矛盾（例如"空间性"与

"非空间性"，或"可朽性"与"不朽性"之对立）。譬如说，当我们说"圣子是超越的"或"圣子是全知的"，其中的"超越"或"全知"二词的意义，也分别与"神（这理型）是超越的"或"神（这理型）是全知的"之时的用词意义并不相同，只能有相关或类似的意义。然而，所谓"相关"或"类似"是什么意思呢？委实是甚难明了的！而杜兰特也没有提供任何例证来加以说明。但问题还不止此，由于圣父（或父位之神）和圣灵也是神这理型的体现个例，因此我们也可以在"相关"或"类似"的意义上说"圣父是超越的"和"圣灵是超越的"，或"圣父是全知的"和"圣灵是全知的"。如是，相对于神这理型的"超越"或"全知"的概念来说，我们便可以为一体之三位分别找到三个"超越"或"全知"的概念与之"相关"或"类似"。可是，这三个"超越"概念是否相同、不同，或"相关"或"相似"呢？这三个"全知"概念又是否相同、不同，或"相关"或"相似"呢？对于可以道成肉身的圣子与不可以道成肉身的圣父和圣灵来说，三个概念似乎是不可能完全相同的。如果以三者全不相同，各自又分别与神这理型的有关"神性的概念""相关"或"相似"，固然背离了我们的语言直觉，而且是不可思议的。如果以三者彼此"相关"或"相似"，而又分别再与神这理型的有关"神性的概念""相关"或"相似"，相信更是难以想象的！

最后，即使我们全盘地接受杜兰特的"道成肉身说"，他也不能成功地建立一套与传统基督教的"三位一体说"相协调的"超越内在"说。因为他的"三位一体"概念只是依照吉奇的"相对同一理论"而被理解的，因而圣父、圣子及圣灵三者是相对于祂们同为神这理型之体现个例而为一体者，并不表示这三个作为空位之值的个体与祂们所体现之理型为同一者。即使这三者由于分别是神这理型之体现个例而似乎可被视为"内在者"，其实只有圣子的耶稣才真正是内在于世间之中的"内在者"，圣父和圣灵皆不与焉。而真正可被视为超越于世间之外或之上的"超越者"乃是神这理型本身，而不是圣父或圣灵这些体现个例。依照传统基督教的教义，圣父或圣灵不可能不是"超越者"；依照杜兰特的"体现"关系之说，圣父或圣灵又不可能不是"内在者"。如是，圣父和圣灵二者在杜兰特的理论中是没有座位的，祂们既不能坐在"超越"的位置上，也不宜坐在"内在"的位置上。真正的"内在者"是圣子耶稣，真正的"超越者"是作为理型的神。这种说法除了不合传统基督教的教义之外，也使圣父和圣灵放置在既非"超越"也非"内在"的"冷板凳"上。尤有甚者，这种说法也无法说明同一个体是"既超越又内在"的。

总而言之，杜兰特的"道成肉身说"既不能与传统基督教的"三位一体说"洽合无间，也不能在吊诡性的困窘之外建立一片"既超越又内在"的净土。他的理论无疑是失败的！

五、蔡斯（J. Zeis）的"三位一体说"

和杜兰特的情况一样，蔡斯的"三位一体说"也是继承吉奇的"相对同一理论"而发展成的。吉奇自己建立的"三位一体说"曾遭受到卡特莱特（Richard Cartwright）与维金斯（David Wiggins）的猛烈抨击，蔡斯除了反驳二氏对吉奇的批评之外，亦欲为其"三位一体说"另赋新义，企图摆脱吊诡性的缠绕而自圆其说。

蔡斯的反驳主要有三点，分别是历史观点、逻辑观点及形上观点。就历史观点言，他认为基督教传统自圣奥古斯丁（Saint Augustine）及圣托马斯·阿奎那以来，"诸神圣位格并不是被理解为实体范畴中的差异，而仅仅是关系范畴中的差异。"由于卡特莱特和维金斯所考虑的问题是前者而非后者，故他们对"三位一体说"的批评是不妥当的。[50]然而，"关系"概念之运用预设着"实体"概念，关系所连接的相关项（relata）不可能没有个体性的问题。因此，"三位一体说"不可能不牵涉到个体或实体之异同的问题。蔡斯的历史观点显然不足以驳倒二氏的批评。

蔡斯指出，依照卡特莱特的观点，要建构一套三位一体的理论，以下七个命题是必需的：[51]

（1）圣父是神。

（2）圣子是神。

---

50 John Zeis, "A Trinity on a Trinity on a Trinity", *Sophia*, vol.32, no.1 (1993), pp.47－78.

51 Richard Cartwright, "On the Logical Problem of the Trinity", *Philosophical Essays* (Cambridge, Mass.: MIT Press, 1987), p.188.

(3) 圣灵是神。

(4) 圣父不是圣子。

(5) 圣父不是圣灵。

(6) 圣子不是圣灵。

(7) 只有唯一的一个神。

卡特莱特认为：(4)(5) 及 (6) 分别可以被理解为下列各句：[52]

(4c) 圣父与圣子是不同的神圣位格。

(5c) 圣父与圣灵是不同的神圣位格。

(6c) 圣子与圣灵是不同的神圣位格。

这三句无疑表示"至少有三个神圣位格"，又由于"每一神圣位格是一个神"，于是卡特莱特便可以根据"如果每一 A 是一 B，则不能有 B 少于 A"这一原则（蔡斯称之为"CP"原则），而推论得"至少有三个神"之结论。但这个结论明显是与 (7) 互相矛盾的，由此可反证吉奇由"相对同一理论"而建立的"三位一体说"是不能成立的，难以逃离吊诡性的困局。[53]

蔡斯又指出：依照维金斯的观点，莱布尼兹律（蔡斯称之为"LL"原则）可被理解为下式：

$$[(\exists F)(a=_F b)] \rightarrow [(\forall G)(G_a \rightarrow _G a=b)]^{54}$$

即是说："如果 a 与 b 在某一种类之下为同一，则对于每一种类而言，如果 a 真的属于该一种类，则 b 在该一种类之下与 a 为同一。"将此原则应用到吉奇的三位一体的问题上来，可得："如

---

52 同注 51，页 194。

53 同注 51，页 196。

54 David Wiggins, *Sameness and Substance* (Cambridge, Mass.: Harvard University Press, 1980), p.18.

果圣父与圣子在神一种类之下为同一,则对于神圣位格一种类而言,如果圣父是一神圣位格,则圣子在神圣位格这一种类之下与圣父为同一。"如是,此一条件句之末的后件(即"圣子在神圣位格这一种类之下与圣父为同一")便与上述的(4c)或(4)构成互相矛盾的关系,由此可见吉奇的"三位一体说"是自我否定的(self-refuting)。

依照蔡斯的逻辑观点,尽管他也同意(1)至(7)是形构"三位一体说"所必需的,而且(4c)(5c)及(6c)分别是(4)(5)及(6)的恰当解释;但他认为卡特莱特所使用的"CP"和维金斯所使用的"LL"这两条原则是很有问题的。他指出,依照二氏的观点,下面四个开放语句(open sentences):

(I)a、b及c是仅有的F。

(II)a与b为同一F,亦与c为同一F。

(III)a、b及c是仅有的G。

(IV)a与b或c不是同一G,而b与c也不是同一G。

构成一个不一致集合。因为依照卡特莱特的"CP"原则,"如果每一G是一F,则不能有F少于G。"[55]如果(I)至(III)三个语句(在某一解释之下)为真,[56]则最多只能有个一G;但由于(III)与(IV)涵蕴三个G,因此合起来便不一致了。同样的,依照维金斯的"LL"原则,加上(II),可推得b和c都是与a为同一G,而

---

55 同注50,页48。原文把"每一G是一F"印刷成"每一F是一G",相信是印刷之误。

56 John Zeis 在此处的说法颇有语病,因为对开放语句而言,它们之为真或假只是在某一解释之下为真或假。

此结论亦与（IV）互相矛盾。[57]

蔡斯认为上述的"CP"与"LL"两条原则都不是真的，因为事实上这四个语句是融贯一致的。设想吉奇、卡特莱特及维金斯三人看同一书（例如弗雷格 [G. Frege] 的 *Grundlagen* 一书），而三人分别看的是同一书的三个不同的印本（copies），因此，他们三人所具有的书少于印本。依此，蔡斯认为我们可以得到下列具有 (i) 至 (iv) 四个语句形式之句子：[58]

(i) 吉奇的、卡特莱特的及维金斯的是仅有的书。

(ii) 吉奇的与卡特莱特的为同一书，亦与维金斯的为同一书。

(iii) 吉奇的、卡特莱特的及维金斯的是仅有的印本。

(iv) 吉奇的与卡特莱特的或维金斯的不是同一印本，而卡特莱特的与维金斯的也不是同一印本。

由于这四个句子是一致的，因此 (i) 至 (iv) 这四个开放语句是不能够不一致的。就三位一体的问题来说，蔡斯认为我们也可以得到下列具有 (i') 至 (iv') 四个语句形式而又互相一致的语句集合：[59]

(i') 圣父、圣子及圣灵是仅有的神。

(ii') 圣父与圣子为同一神，亦与圣灵为同一神。

(iii') 圣父、圣子及圣灵是仅有的神圣位格。

(iv') 圣父与圣子或圣灵不是同一[神圣]位格，而圣子与圣灵

---

57 同注 50，页 48 - 49。

58 同注 50，页 50。

59 同注 50，页 51 - 52。

也不是同一〔神圣〕位格。

因此,依照蔡斯的逻辑观点来看,上述的"CP"原则和"LL"原则是不成立的或不适用的。因为依据上述两组具有一致性的语句集合,"虽然每一印本是一书,但所具有的书少于印本"是可能的,而且"虽然每一神圣位格是一神,但所具有的神少于神圣位格"也是可能的,故"CP"原则是不能成立的。又由于"三人的书在书一种类之下为同一,但在印本一种类之下却不是同一"是可能的,而且"圣父、圣子及圣灵在神一种类之下为同一,但在神圣位格一种类之下却不是同一"也是可能的,故"LL"原则即使并非错误,也是不适用的。如是,吉奇的"三位一体说"经过蔡斯这样的护证之后,似乎是言之成理的。

依照蔡斯的形上观点,他认为卡特莱特和维金斯所使用的原则("CP"和"LL")似乎假定了一种同一性判准,而这种判准只适合用来判定物质实体或自然种属,而不适合于神圣实体(divine substance)或超自然种属(supernatural kinds)。一旦放弃这些判准及原则,似乎很难把上述有关三位一体的语句集合视为不一致的了。这些判准及原则似乎也不适用于非自然实体。例如连体双胞胎似乎便是如此,像三位一体的情况一样,也是"在同一实体中有不同的位格"。因此蔡斯认为:只要采用吉奇的"相对同一理论",而不是"CP"或"LL"原则及其所假定的同一性判准,"三位一体说"便可以避开逻辑矛盾的问题,并能自圆其说。[60]

我们认为:蔡斯的逻辑观点是错误的,而他的形上观点也是不能成立的。就其逻辑观点方面来说,如果他对(I)至(IV)的

---

60 同注 50,页 52−53。

解释、(i) 至 (iv) 及 (i') 至 (iv') 是正确的，而且两组语句集合分别也是相互一致的，固然可以由此而反证"CP"和"LL"原则为假或不适用。但是，事实并非如此简单，作为问题焦点的 (i') 至 (iv') 明显地分别具有 (I) 至 (IV) 的形式，所以是互不一致的；而 (i) 至 (iv) 无疑可被理解为相互一致的，但可惜它们却不是分别地具有 (I) 至 (IV) 的形式，理由是 (i) 至 (iv) 中有歧义的 (ambiguous) 词语出现。蔡斯好像也注意到歧义的问题，他指出有人可能会反对把 (i) 至 (iv) 视为 (I) 至 (IV) 的代换个例，因为 (i) 与 (ii) 中的"书"是双义的，即 (i) 中的"书"必须表示为"书个例"(book tokens)，而 (ii) 中的"书"只能表示为"书类型"(book type)。他认为这种批评并不恰当，因为当我们说二人看同一书时，并不表示说他们在看同一书类型，因此 (i) 与 (ii) 中的"书"不必作"个例"与"类型"之区分，二者其实都表示书个例。句子 (i) 中所谓"仅有的书"(the only books) 和句子 (ii) 中所谓"同一书"(the same book) 都用以表示弗雷格 (G. Frege) 的 *Grundlagen* 一书，此处实无双义或歧义的问题。[61] 然而，我们认为蔡斯这个辩解即使可以被接受，(i) 至 (iv) 中仍然有歧义的问题。歧义的项目并不是"书"这个词语，而是"吉奇的"("Geach's")、"卡特莱特的"("Cartwright's") 及"维金斯的"("Wiggin's") 这三个词语在四个语句中都分别是歧义的。因为在 (i) 与 (ii) 中，"吉奇的""卡特莱特的"及"维金斯的"分别是"吉奇的书"("Geach's book")、"卡特莱特的书"("Cartwright's book") 及"维金斯的书"("Wiggin's book") 之

---

61 同注 50，页 50−51。

省略；而在（iii）与（iv）中，则分别是"吉奇的印本"（"Geach's copy"）"卡特莱特的印本"（"Cartwright's copy"）及"维金斯的印本"（"Wiggin's copy"）之缩写。换言之，同是"吉奇的"一词语，它是不可能在（i）(ii) 句中与（iii）(iv) 句中同时用作"吉奇的书"之省略，否则（iii)(iv) 句便不知所云；它也不可能同时用作"吉奇的印本"之缩写，否则（i)(ii) 句便言之无义。"卡特莱特的"和"维金斯的"也有同样的问题。依此，若"吉奇的""卡特莱特的"及"维金斯的"在（i）至（iv）四个语句中均作"吉奇的书""卡特莱特的书"及"维金斯的书"，则（iii)(iv) 句便会变成不知所云的语句：

(iii*) 吉奇的书、卡特莱特的书及维金斯的书是仅有的印本。

(iv*) 吉奇的书与卡特莱特的书或维金斯的书不是同一印本，而卡特莱特的书与维金斯的书也不是同一印本。

若三个词语在（i）至（iv）四个语句中均作"吉奇的印本""卡特莱特的印本"及"维金斯的印本"，则（i)(ii) 句亦会变成言之无义的语句：

(i*) 吉奇的印本、卡特莱特的印本及维金斯的印本是仅有的书。

(ii*) 吉奇的印本与卡特莱特的印本为同一书，亦与维金斯的印本为同一书。

要避免此一困局，似乎唯一的办法是把三个词语在（i)(ii) 句中分别当作"吉奇的书""卡特莱特的书"及"维金斯的书"之省略语，而在（iii)(iv) 句中则分别当作"吉奇的印本""卡特莱特的印本"及"维金斯的印本"之缩写。换言之，这三个词语在（i）至（iv）句中是歧义的，因而它们并不分别是（I）至（IV）的代换个例。因此，即使 (i) 至 (iv) 是相互一致的，(I) 至 (IV) 或 (i') 至 (iv') 仍然可以是互不一致的。蔡斯欲藉 (i) 至 (iv) 之相互一致性以反驳卡特莱特和维金斯之说，明显是失败的。

至于蔡斯的形上观点，我们认为也是不能成立的，因为他只是做出了论断，而没有提供足够的论据。为什么卡特莱特和维金斯的"CP"和"LL"原则及有关的同一性判准只能适用于物质实体或自然种属，而不适用于神圣实体或超自然种属呢？如果上述他的逻辑观点方面的论证不成立，他还有什么论据来支持此说呢？显然是没有的。既然吉奇的"相对同一理论"不能成立，蔡斯理应为他所谓的神圣实体或超自然种属提出另一套同一性判准来支持己说；但可惜他并没有这样做，他又怎能驳倒卡特莱特和维金斯二氏的观点呢？他提出的连体双胞胎的模拟是不相干的，因为连体双胞胎并不是"在同一实体中有不同的位格"，而是"在未分割的躯体中有重叠与不重叠的部分"。连体双胞胎有共同的部分（例如有同一心脏），也有不共同的部分（例如有两个不同一的头）。这并不是"同一实体"，而是"两个实体"中有共同及不共同的部分（例如在未分割前），或是"一个实体"完整无缺而"另一个实体"则残缺不全（例如在分割之后）。因此，这似乎不太可能是"CP"和"LL"原则及其相关的同一性判准在应用上的一个反例。蔡斯的形上观点委实找不到任何有用的例证，他的说法是欠缺说服力的。

总结来说，如果蔡斯的"三位一体说"成立，他便可以振振有辞地说："在同一实体中的三个不同的位格"可以有不同的特质，其中一个（如圣父）是"超越"的，而另一个（如圣子）是"内在"的，因而"此同一实体"是"既超越又内在"的。但事实上，他的三种观点并没有使他摆脱吊诡性的困扰，也并未成功地建立一套合理的"三位一体说"。

六、结语："皇帝的新心"

上述的"创生新说""泛神新说""化身新说"及"位格新说"虽然都主张有一种创造者或神是"既超越又内在"的，但却没有把这种创造者或神等同于一种（人所拥有的）自觉心灵或自由主体。即使就西方传统的泛神论或泛灵论而言，其中所强调的可以作为万物一体的精神或心灵，也不过是一种"世界精神"或"宇宙心灵"，与人的自由意志或自觉意识并不相干。然而，与西方极不相同的，就是在中国哲学中有一种把客观的创造实体或超越原则与主观的自觉心灵或自由主体等同起来的传统，从而使"宇宙心灵"与"个体（主体）心灵"浑化为一。这样浑化为一的"心灵"就其"宇宙性"一面言，它似乎是"超越"的；就其"个体性"一面言，它又似乎是"内在"的。我们认为：这种浑化为一的"心灵"乃是"皇帝的新心"，是不能被证明（甚至是自我否定）的一种思辨之虚构。

如果我们把"天人合一"理解为"自其异者而视之，肝胆楚越也；自其同者而视之，万物皆一也"一语所表示的"无待境界"，作为一种主观精神上的"无分别意识"，而不是当作一种客观存在上的"一即一切"或"万个即一个"，我们认为此一说法是无害的。但是，如果把"天人合一"理解为"天理即是人与物之中的性理"（性即理），而且由于"以心定性"（心即性），进而主张"心即理"，及"草木瓦石也有人的良知"，这样的"天人合一"说是有害的，它会使人的"主体性"吞没在宇宙的"客体性"中，使与宇宙浑一的自我失却"自作主宰"的意义。

如果把"性即理"和"心即理"中的"即"字理解为"相即不离"之意，我想这样的心性论还是可以言之成理的。但是，如果像熊十力那样把这个"即"理解为"孔子即仲尼"之"即"，那便不太可能言之成理了。主张"超越内在说"的人是不会接受"相即不离"的解释的，因为"相即不离"表示二者关系密切而不等同，超越（个体）的天理不等同于内在（个体）的性理或心灵，又如何能坚持天理或天道是"既超越又内在"的呢？然而，采取"孔子即仲尼"之解释，虽然有助于坚持超越者等同于内在者之说，但这样的说法毕竟是不可理解的。"超越"涵蕴天与人"不一"，而"内在"涵蕴天与人"不二"；要坚持"既超越又内在"之说，便得断言天与人"不一亦不二"。但由于"不一亦不二"是自相矛盾之说，要我们接受一种自相矛盾之说，把它当作是很有说服力的说法，这不是"不可理解"（unintelligible）吗？如果说"不一亦不二"是"吊诡语言"（paradoxical language），这是一种表面有矛盾而实质无矛盾的启发的语言，似乎可以反证"既超越又内在"之说并无矛盾。不过，我们要注意的是：当把所谓"吊诡语言"理解为表面有矛盾而实质无矛盾的启发语言时，这便是一种可以翻译为表面无矛盾且实质无矛盾的语言之语言（否则我们无由知道或判定其实质意义），因而"吊诡语言"只是修辞性的用语，而它的翻译会告诉我们这里的"不一"不是"不同一"之意，或"不二"不是"同一"之意，而"超越"也不是"超越外在"说中"超越"之意，"内在"也不是与"超越外在"说中"外在"构成对反的"内在"之意。如是，这另一种"超越"和另一种"内在"是什么意思，持此说者是需要交代的，可惜他们都没有交代。再者，即使我们勉强承认有此"另一之说"，它也与西方"超越外在"说不能形成对比，又如何能作为中西哲学或中西文化比较或对照之用呢？此外，若把所谓"吊诡语言"视为故意违反逻辑规律的语言，那就会使此说推向神秘主义的火坑之中而不能自拔了。[62]

为了使我们有所理解，持此说者有时会使用一些比喻来说明。"月印万川"与"大海水现为众沤"便是典型的例子。前者表示天上的月与万川中的月是同一月，"一即是多"，"分即是全"。天上的月是"超越"万川之上的，而万川中的月则是"内在"于万川之中的；既然是同一月，岂非表示此月是"既超越又内在"的吗？以此比喻天理与万物中的性理之关系，似乎可以言之成理。后者表示整全的大海水与众沤中显现的大海水是同一的大海水，似乎可以用来比喻宇宙本体与万物中显现的本体为同一本体。由于宇宙本体与万物"不一"而为"超越"，但它显现于一一物中，又与一一物中之本体"不二"而为"内在"，此说似乎也是言之成理的。可惜事实并非如此。"月印万川"可以表示天上的月与万川中的月"类（型等）同"（type-identity），而非"个（例等）同"（token-identity），因而是"得全而不相即（等）"。"大海水现为众沤"可以表示整全的大海水中之各部分海水现为众沤中每一沤，每一沤只能揽大海水的整全中之部分，而不可能"具

---

62 有关神秘主义的理论困难，可参阅注 25 所引之拙作《可说与不可说：一个东西形上学的比较》一文。

大海水底全量"，[63]因而是"相即（等）而不能揽全"。虽然比喻"只取少分相似，不可刻求全肖"，[64]但若最为关键之处不能相似，则比喻之效用便完全失却了。若认为比喻不全可由理论说明补足，此说可谓本末倒置。原先既欲以比喻以助理论说明之不足，如今又以比喻有不足而须理论之说明以救之，则比喻无用矣！"月印万川"可以用来表示天上的月是"超越"而不"内在"，而万川中的月是"内在"而不"超越"。"大海水现为众沤"则可以用来表示整全的大海水之各部分"内在"于每一沤之中，而非整全的大海水本身"内在"于每一沤之中。因此，对于天理或本体之"既超越又内在"这关键之处而言，这两个比喻无疑都是无用的！

即使我们暂时不理会"超越内在"说是否成立或可被理解的问题，如果把此说应用到"个体（主体）心灵"上来，势必使任何扣紧具体生命的心性之学走入歧途，陷入自我否定的困境之中。熊十力便是一个典型的例子。他认为草木瓦石与人类共有同一良知，[65]"自形言之，我与天地万物固是各别，自性言之，我与天地万物元是同体。"故称性而谈，"万物皆备于我"中之"我"并非指"小己"，而是指"小己之本体"，亦即"真我"或"大我""天理之心"或"宇宙之大心"。[66]此"天理之心"或"宇宙之大心"既是宇宙论中的"本原"或"本体"，也是心性论中的"觉悟"或

---

63 持此说者是熊十力，见《新唯识论》，北京：中华书局，1985，页247；《读经示要》，台北：广文书局，1970，卷一，页17。

64 熊十力：《新唯识论》，页489，547；《读经示要》，卷一，页16。

65 熊十力：《读经示要》，卷一，页94。

66 同注65，卷二，页14－15。

"性智"。[67]由此可知熊氏在心性论中的"觉"之概念，背负有宇宙论的极沉重的包袱，以至使"自觉"或"觉醒"失却个体之"主体"及"主宰"义，而陷入"宇宙精神"或"宇宙大心"之"显发"或"显现"义之中。他说本体之"自明自己"，其"明"乃是"显发"之意。[68]此处似乎表示"显发"有主动的"自明"之义，与中国传统心性论所强调的主体的"自作主宰"之义，似乎也是洽合的。但实质上他的宇宙论包袱不容许他的"显发"有主动的"自明"之义。因为依照他的宇宙论，明觉虽然是人类与草木瓦石以至一切物所共有之本体，但对于良知或明觉之显发、显现或呈现而言，良知或明觉本身终究是"无能为力"的。如果这种良知或明觉是"有能"的，有"自作主宰"的能力，既然天地万物与人同具此一良知或明觉，而非人所私有，[69]理应对人对物皆"一视同仁"，都应该可以自动地自明其良知或明觉，使人与物皆可呈现其良知或明觉。但事实并非如此，人的某些道德表现也许可以被解释为良知或明觉之呈现，但对物而言则不可能有这样的解释。为了说明此一理性的事实，即人能显发良知而死物不能显发良知之事实，熊氏认为理由在于死物之"形体闭塞、粗笨"之故。[70]如是，即使良知有其"自力"，但其"自力"只能在形气上的限制小的情况下才能发挥出来，若形气上的限制大，此"自力"便会变成"无能"的了。换言之，这种"良知显

---

67 熊十力：《新唯识论》，页 249。

68 熊十力：《乾坤衍》，台北：学生书局，1976，页 176。

69 同注 67，页 252，641。

70 同注 68，页 328。

发"之说若被接受，由于良知是不变因素，而形气之或清或浊才是决定性的变量，因此，我们也得同时接受一种"气质命定论"。如是，我们既可以藉此以解释草木瓦石虽有同一良知而不能显发之问题，亦可以解释劣根性的小人或坏蛋虽有同一良知而不能呈现之问题。然而，我们亦因之而不能以任何道德责任"责求"于草木瓦石及小人或坏蛋了！气质之坏使它们及他们莫之奈何也！

至此，我们可以说：这种"宇宙心灵"吞没了"个体心灵"，它的"实体性"之义淹没了"主体性"之义，它带来的"气质命定论"将会使道德觉悟或自由意志成为多余之事，使良知或明觉在生命转化中扮演无可奈何的角色。尤有甚者，传统儒学中的"人禽之别"之大义亦因之而被放弃，而代之以"草木瓦石也有良知"之奇论。儒学发展至此，几已不成其为儒学矣！

最后，我们认为：只有严肃地看破这种"皇帝的新心"之虚幻性而加以扬弃，儒学的明天才会渐露曙光。

第九章
迷思与解构：“超越内在”说三论

一、释名Ⅰ：“天人合一”

有关“天人合一”或“天人合德”之说，从先秦开始，至少有三种不同的说法。第一种是《庄子》一书的说法，可以叫作“道通为一”论；第二种是《中庸》一篇的说法，可以叫作“天命成性”论；第三种是董仲舒的说法，可以叫作“相副感应”论。

在《吕氏春秋·应同》篇中，已提出天与人之间有一种“类同相召，气同则合，声比则应”的神秘关系，也就是“与天同气”的观念。这种观念与《易传·系辞》的“同声相应，同气相求”的观念是近似的，都是一种透过玄想而非验证而得的想法。董仲舒除了主张“气同则会，声比则应”之“副类”说之外，更提出天人之间在形式结构上的“副数”说。这种“天人合一”说并不是以天与人为“同一”(identity)，而是以天与人在内容与形式上有某些“副合”“相配”或“感通”的关系。这种“相副感应”论虽然难以自我证立，但在逻辑上却不是自相矛盾的说法。

《庄子》一书一方面从“通天下一气耳”以言“死生为一

条"，"物我为一体"；另一方面从"道通为一"以言"齐物""无待"，而归结于"无己"。前者以天地万物可互相转化，而为一"气化的共同体"；而后者则以天地万物之自然无为的状态为无分别、无对待者，乃一"通化的和谐体"。前者似为对天地万物的实然状态作宇宙观的论述；后者则似侧重对心灵境界的描绘，欲由"有己"而转为"忘己之人"，而"入于天"，由"有待"而转为"无待之心"，而可得"逍遥"或"心和"之境界。这种"道通为一"论似乎没有将"道"用作实体化的语词，而表示为心所能涵泳（"游"）于其间的天地万物的本然或自然的混一不分的和谐状态。这种"天人合一"说也没有把天与人或道与心视为"同一"，而是以天地万物与自我为实然上"气化之一体"及境界上"通化之一味"而已。庄子这种精神可以有助于我们从俗世的执着中超拔出来，而且也有艺术美感的诱发力。不过，就理论层面而言，尽管它可以自圆其说，实质上也是难以自我证立的。

《中庸》言"天命之谓性，率性之谓道"，《淮南子·缪称训》言"性者，所受于天也"，《齐俗训》言"率性而行谓之道，得其天性谓之德"，都可以叫作"天命成性"论。此论中的"天"至少可以有三种解释："自然之天"、宗教的"人格之天"及形上学的"义理之天"，依照宋明理学家及当代新儒家的经典解释及阐发，第三种解释几已被视为定论，为不可移易者。然而，正因为这种"天"被道德形上学化，这种"天道性命通而为一"的"天人合一"说所遭遇到的理论困难，便不只是在自我证立上有论证不当及证据不足的问题，更且有自相矛盾的问题。因为，"性即道"及"只心便是天"的说法都是将超越的（transcendent）天道或天理与内在的（immanent）心或性视为同一实体，亦即以同一实体为"既超越又内在"者。但是，"超越"与"内在"是逻辑地对反（contrary）的，二词并不可以同时应用在同一对象之上。反之，便会构成自相矛盾的句子。

本章的目的，正是要论证这种包含有"超越内在"说或"内在超越"说的"天人合一"说的理论困境，从而对这种迷思（myth）加以解构。

二、释名Ⅱ："超越内在"

有不少中外学者认为，中国文化的精神及中国哲学的特色可概括为"超越内在"（transcendent immanence）或"内在超越"（immanent transcendence）的形态，与西方文化特别是希腊哲学及希伯来宗教（包括犹太教与基督教）对比，后者毋宁是"超越外在"或"外在超越"的。这种说法表面看来似乎言之成理，其实是有所偏颇的。因为，少年苏格拉底（Socrates）在《巴门尼德篇》中的"一多相即"说，基督教的"道成肉身"（incarnation）说与"三位一体"（Trinity）说，以至泛神论或泛灵论等神秘主义的种种说法，都可谓典型的"超越内在"说。严格言之，无论儒道二家如何说"天人合一"，或婆罗门教如何说"梵我合一"，似乎都是说多于论；相反地，上述西方哲学与宗教思想在论到这超越者与内在者的关系时，总是以繁复而又精密的论证为其主要内容。因此，我们有理由相信，"超越内在"并不是中国文化及哲学的特性，而且我们中国哲学家自己似乎对这种"特性"也没有认真的理解及批判的探讨。

有关"超越内在"或"内在超越"一词在学术界中至少有两

种用法：一种是用来表示"自我转化"或"自我超升"的意义；另一种是用来表示"超越主体"或"神圣实体"的特性。就前者而言，"内在超越"比"超越内在"之词性运用似乎更贴切这种用法，而此词亦不宜译作"immanent transcendence"，而应译作"internal transcendence"或"self-transcending"，亦即"自我超升"的意思。例如有些思想家或信徒认为人不应以物理形躯自限，真我之认同可由生理、心理以扩及超乎心理之无穷领域之中，这即是一种经由心灵内在转化而企达自我超升的精神境界。这种用法无疑是属于灵修学或工夫论的，可以不必涉及本体宇宙论或道德形上学的问题。与此不同的，后一种用法则涉及客观实体或形上本体的问题。因此，某些学者经常会用到"既超越又内在"一词组来描述一纵跨（而非横跨）本体界与现象界二域之同一实体。《中庸》在宋明理学家及当代新儒家解释下的"天命成性"论或"天道性命相贯通"的说法、婆罗门教的"梵我合一"论、基督教的"道成肉身"说或"三位一体"说，以及斯宾诺莎一类的泛神论，都无一例外地肯定有某种纵跨二域之同一实体：此同一实体既超越于现象界之外而又内在于现象界之中者。

　　当某实体被视为超越者时，它理应是无时空性的，无生灭相的；但当它被视为内在者时，似乎便不太可能不受时空性、生灭相的限制。超越者如何进入或赋命于现象界的个体事物之中而"成为"或"生成"内在者，乃是一个极不容易解答的问题。比这个问题更为困难的问题是："成为"或"生成"之后，如何去证立超越者与内在者的"同一性"问题？我以前在好几篇文章中都认为："成为"或"生成"之说虽难以证立，基本上却不是自相矛盾的；同样，如果"同一性"的问题是指"类（型相）同"(type-identity）而非"个（体相）同"（token-identity），似也可以自圆其说。[1]但直至最近，我才发觉这个想法是错误的。以下我将要论证而不仅仅是宣说：除了"个同"说之外，"类同"说也是自相矛盾的；尤有甚者，所有"成为"或"生成"之说不只难以证立，而且是逻辑地不可能成立的。

三、衍义Ⅰ：滑转

要逃避上述的逻辑矛盾之困境，某些"超越内在"说的论者通常有三个办法：一个是"词义滑转"法，另一个是"辩证超升"法，最后一个是"言语道断"法。本节先讨论第一法，余法将留待后面二节检讨。

我们知道，"超越"一词在学界中可以用来翻译不同的英文字。它可以用来翻译"transcendence""transcendent"及"transcending"一系列的字，但这一系列的字有时也可译作"超绝"或"超离"。一般认为柏拉图所说的现象世界之上的智性世界中的事物（即理型或普遍者）是有"超越性"的，即指这一系列字的用法。另一种用法是以"超越"翻译"transcendental"一字。例如康德的十二范畴（categories）便是一些超乎经验而又是经验知识所以可能的先验（a priori）根据。有些学者为了与柏拉图式用法的"超越"分开，故有时会用"超验"一词来翻译这个英文字。但就大多数情况来说，许多学者还是喜欢"混"用"超越"一词来翻译这两个不同的英文字。此外，也有人将"beyond"一

1 参阅第七章"当代新儒家的'超越内在'说"及第八章"皇帝的新心：'超越内在'说再论"。

字译成"超越"。例如斯金纳 (B. F. Skinner)的 *Beyond Freedom and Dignity* 被译为《超越自由与尊严之外》；王浩的 *Beyond Analytic Philosophy* 被译作《超越分析哲学》。本来"beyond"一字是平平无奇的，但当它被译成"超越"之后，有些人就感到莫名的兴奋，飘飘然有高超一层的感觉。当然，将"transcendent"义的"超越"静悄悄地滑转为"transcendental"义的"超越"仍然是最为普遍的现象，[2]十分容易使人掉以轻心。严格言之，这种逃避方法并不高明，因为它要付出高昂代价。如果滑转后的"超越"与"内在"被假定没有对反，因而使共同修饰后的语句不会变成自相矛盾的语句，则"超越内在"说似可自圆其说。然而，经此滑转之后，不只天道可说"既超越又内在"，十二范畴亦可如是说，甚至连任何超验的概念、原则或规律亦应毫无例外地可如是说，那么，"超越内在"便不再是中国文化及哲学专有的特色，而且形上实体（metaphysical reality）的意义亦无由确立。因为概念或原则只有知识论上的规制力，而无存有论上的作用力。换言之，前者最多只能作为知识所以可能之依据，而不若后者之能作为存在物所以可成之根据。因此，"词义滑转"的办法是不可行的。

四、衍义 II：吊诡

从理性的角度看，我们运用语言必须遵守逻辑规律，这是人类合理思考的最后关卡。关卡不能守住，即使有任何奥妙的思想存在，也不可能与任何荒谬或迷信的思想分别开来。然而，坚持

---

2 参阅第七章"当代新儒家的'超越内在'说"。

"超越内在"说或"体用一源"说的人，并不因为他们的主张会
导致逻辑矛盾的困境而沮丧，反而连消带打地将此表面的矛盾转
化为深奥的吊诡（paradox），认为这是一种辩证的超升，可以使
人从理性的因牢或理智的执着中解放开来。智障一除，那既超越
又内在的本体便得以呈现。然而，当他们要述说超越者与内在者
的关系时，似乎又不太可能弃绝一切理性的规范或智性的原
则，否则他们又怎能将己说与常识之说比较，并以己说批评他说
呢？只有在一个共同的理性坐标之下，才可以作任何比较及评
论，否则便是无的放矢。[3]因此，当他们在"天命成性"论的格
局下说超越者与内在者有"成为"或"生成"的关系时，以及主
张二者为"同一"之时，这些说法都是有所针对的，因而乃是可
被思议的概念，而非不可思议者。因此，所谓"辩证的超升"其
实是"升"不起来的。辩证的诡辞之逃不出逻辑的关卡，恰好像
孙悟空逃不出如来佛的五指山。

在"天命成性"论的格局下，无论是因超越者之赋予而"成
为"内在者，或因超越者之创造而"生成"内在者，二者之"同
一性"似乎是不可能成立的，而且这种"成为"或"生成"关系
乃是不可理解者。因为这牵涉形上与形下或本体界与现象界之鸿
沟的问题。譬如说，上帝是超越时空的或无时空相的，但耶稣却
是在历史时空中出现的人物。依此，一个无时空相的东西怎么可
能会"成为"或"生成"一个有时空相的东西？此乃不可思议

---

3 此即 Donald Davidson 的"宽容原则"（principle of charity）之要点。参
阅其论著 *Inquiries into Truth and Interpretation* (Oxford: Clarendon Press,
1984), pp.27, 137.

者。"上帝成为耶稣"或"上帝生成耶稣"是在"上帝未成为耶稣"或"上帝未生成耶稣"之后出现的；而"上帝未成为耶稣"或"上帝未生成耶稣"则预设上帝在时间性上的先在 (temporal priority)。因此，透过这种"成为"或"生成"的过程，由于耶稣有时空性，上帝也不得不被祂的"儿子"的时空性所拖累而具有时空相。但由于上帝是没有时空相的，因此反证"成为"或"生成"关系是不可能的。基于类似的理由，我们认为天道与性命的贯通之说也是大有问题的。尽管有关论者多认为天道与心性皆属形而上的层次，乃为同一超越而又内在的本体，但"心性"概念毕竟要遭受人身个体的系缚，根本没有可能上通于天的。理由很简单，如果心性不系属于人身个体而泛化为宇宙心灵，则个人的自由意志、个人的努力及个人的责任等便无由建立。个人因自由选择之错误而需负上责任，个人亦由一己之努力而可以改过迁善，这都是每个个人一己的问题，而不是他人的问题。推进一步说，这都是每人一生中的问题，而非他人一生中的问题。因此，随着有限生命的终结，在生的自由选择、努力向上及承担责任的心性活动亦会终结。个人生命结束以后，"他的心性活动"毫无疑问是终结了，但"他的心性（实体？）"是否仍存呢？要证明"仍存"固然困难极大，但即使我们勉强承认"仍存"，另一个更大的难题亦会不请自来：脱离人体"仍存"的"祂"是在未脱离人体而"内存"的"祂"辗转而来的，而那"内存"的"祂"是先于这"仍存"的"祂"而存在的。至此，我们可以得到一个两难 (dilemma)：若心性脱离人体而"不存"，则心性有时空性；若心性脱离人体而"仍存"，则心性仍有时空性。由此两难，我们可以合理地推论：有时空性的心性怎可能与超越时空的天道通而为一呢？程明道所谓"只心便是天"一句，美则美矣！但却是美言不信！

为了论证之需要（for the sake of argument），我们现在再退让一步，即使"成为"或"生成"之说没有问题，上下二域的"同一性"也是难以确立的。泛神论者斯宾诺莎、圆融无碍论者华严宗人及当代新儒家的熊十力，都喜欢用"水波"之喻来说明这种"同一性"，都是"个同"而非"类同"的意思。佛家与宋明儒家常用的"月印"之喻，也同样表示超越者与内在者的"个同"关系。然而，"个同"是逻辑地不可能成立的。就以"水波"之喻来说，它只能用来表示众波（或众沤）与大海水相即而不拥得全量；而"月印"之喻方面，则只能用来表示川中月印得天上月之全体而不相即。换言之，前者可说明"同体而异量"，后者可说明"同相而异体"，而俱不可用以表示"既同体亦同量（或同相）"。其实理由很简单，由于"超越"涵蕴"不一"，而"内在"涵蕴"不二"，二者互相对反，此"不二"的"个同"说便会逻辑地崩溃。朱熹所谓"万个即一个"，牟宗三先生所谓"一而非多，同而非异"，其实都是不可能成立的玄论。[4]

如果上述论者放弃"个同"说，改为主张"类同"说，是否可与"不一亦不二"之论旨相容呢？当然，将"不二"解释为"类同"，而"不一"解释为"非个同"，由于"类同"与"非个同"是相容的，这种"不一"与"不二"当然也是相容的。不过，我们认为这个"不二"却是不可能成立的。我以前批评上述的"个同"说，却忽略了"类同"说的困难。现在我发觉，其实"类同"说

---

4 同注2。

也是不可能成立的。主要的理由是：本体界与现象界之根本性的鸿沟会妨碍二界中的事物之"类同"性的沟通。我们认为，如果"内在性"不是虚说而是实说，内在于现象物中的心性是不可能不受时空性、生灭性所限制的，因而亦不可能上同于超越时空与生灭性之天道。这种鸿沟就好比天上月与川中月为具有不同属性的相似者，虽"类似"而实非完全"类同"。众波所相即之各别的众水（某分量而非全量之大海水）之间虽可有完全"类同"的关系，但由于作为超越者之一大海水已被分割为各个微量的众水，"超越"而"不一"之义已丧失，则纯然"内在"而"不二"之"类同"虽可成立，却已非"超越内在"之所喻。因此，要保持"超越内在"之说，"个同"（"一而非多"）不只不可能成立，"类同"（"同而非异"）也是不可能成立的。

总而言之，以为可以用所谓"吊诡性"的语言（即"诡辞"）来"辩证地超升"可思议者，而进入不可思议的领域，乃是不可思议者。凡欲"超升"于理性之外，必是"针对"理性而"超升"之。既有所"针对"，即已预设理性的计较而不可能"超升"于理性之外。因此，吊诡若是超越逻辑之外，必预设吊诡是逻辑地"针对"逻辑。换言之，"辩证的超升"说是一种自我否定（self-refuting）的说法，而不可能自圆其说的。此说陷入的两难是：如果吊诡的语言是反逻辑的，它必须逻辑地反之，因而不可能不依照逻辑；如果吊诡的语言是要符合逻辑的，它就不可能反逻辑，因而由之而表达的"超越内在"及"不一不二"之说便是自相矛盾而必须被放弃。

五、衍义Ⅲ：离言

如果吊诡不可能反逻辑理性，也不可能遵奉逻辑理性，则吊诡说的唯一出路似乎便是与逻辑理性不相干。但是要说明"不相干性"，也得运用逻辑理性的语言才行。依此，如果我们不运用逻辑理性，任何有关吊诡与逻辑理性之间的关系皆不能断言。因此，某些论者便会认为真正的唯一出路只有是离言去智，言语道断而心行路绝。换言之，以诡辞反智不行，后着乃是离言而去智：既不依智，也不反智；既非正言，也非诡言，由是而归于无言之境，由实践以启之，反求诸己以体之。此一后着，可谓最后一着。若此着有差，便全盘输矣！

首先，"离言"之说在论者之间至少有两个版本：一个是以言非境，以本体在言表之外，因此，不可以言代替境，而得言不足以尽意，更不足以体道。另一个是以有言则碍境，因为有言即有执、有待，有执、有待则有碍进入无执、无待之境。质实言之，前说似是而非。若其说成立，则对任何境、物皆可以"离言"立论，而不必限于"超越内在"之本体。任何境、物皆可以言语描述之，而描述关系即预设不可代替的关系。以言表意而不足以尽意，正因为任何描述皆从有限的观点、意向、目的而进行描述，世上并无从无限的视野而进行的无尽的描述。即使是你面前的一棵树，你也不可能作无尽的描述。故此，言不尽意本来就是任何语言活动的真实情况，不是专对本体的言说才成立的。即使世上、世外从无本体、上帝、梵天等，"言不尽意"之说还是成立的。至于"得言不足以体道"之说，更是真得多余（trivial）之说，只要我们细心一想，不要被"体道"之言吓怕，便可明白到：任何体验，包括普通内在经验或外部经验，以及神秘经验，都不可能透过语言的掌握而获取的。这也就是上文所说的"不可代替"的客观事实。一个法国人一边喝法国酒一边大叹"很 dry"之时，如果我们不去品尝一下，当然不足以单凭这些酒味的描述而体验到个中滋味。"得言不足以体道"和"得言不足以品味"同样是多余的真理（truism）！

至于以言执之有待妨碍无执、无待之境一说，可谓各大宗教、道德奥论、玄说之共同主张。然而，非常不幸的是，他们只要不闭门玄思而出去比较看看，便不必犯以下两个从常识观点看极不应该触犯的错误：其中一个错误是以为离言、去执、非待可以达至"他们所声称的"无言、无执、无待之境。他们应知而却不知此绝对之境不只有"他们所声称的"一个，他们凭什么由此可"断言"必可达至"他们的那个"，而非"别的一个"呢？一有"保证"便必有所"断言"，一有"区别"亦必有所"断言"，他们即使有口难言，还是不得不言的！另一个错误是"离言"之说适足以否定他们对其境界之论说，因而使其境界变成无任何规定性，甚至无任何范围的变项（variable）"X"。对于"X"，我们既不可能说它是"既超越又内在的"，亦不可能说它是在超越面为创生根源之天道，在内在面为道德根基之心性。既不可能说它会"创生"，亦不可能说它是"自由"。因为一有所说便有所规定，因而亦有所执、有所待矣！为了彻底绝对地去执、非待，它必须龟缩于"X"之中而永不出窍。天机不可露乎？抑所谓天机乃一团大漆黑乎？吾不能知之，相信龟缩主义者也不可能知之。

除了上述两个错误之外，一个更根本的错谬在于有关论者没有自知之明，不知自己的主张是自我否定的。因为若要反对言说、执着及对待，他们便得连同自己的主张也反对，亦即连无言之境的断言也要反对；他们若要坚持自己的主张，断言无言之境而反对有待之言，则他们便会把他们的无言与有言、无执与有执及无待与有待对待起来，而形成第二序之有言、有执及有待，因而亦不可能达至其无言、无执或无待之绝对境界或本体真实矣！"离言"之说基本上是自我伤害的一种"自杀"式的主张。

"离言"说虽然是逻辑地不可能成立，但上述所谓"实践以启之，反求诸己以体之"的说法则仍有其逻辑的可能性。当然，如果"实践"或"工夫"纯粹指外部的行为活动，似乎不太可能，亦从没有论者试过细说其"启悟"作用之具体过程及论证其可行性。至于把"实践"或"工夫"关联到内部的心灵活动言，则"反求诸己"的内部活动所能"体之"的"之"，到底是些什么东西？何以必然是那"天道性命通而为一"的东西？则是不太容易证立的。我们在下节即以一思想实验（thought experiment）的方式来检讨其证立的问题。

六、实验Ｉ："孪生哲人"

"超越内在"说的持论者特别强调实践内证的重要性，认为可以透过反求诸己而逆觉体证那"天道性命通而为一"的本体。此说可谓其来有自。宋明儒说"因其恻隐知其有仁"，西方基督教中的神秘主义者认为透过密契的内在经验可以臻神我合一之境，都是类似的内证式的论证。然而，这类内证式的论证其实是一种预设有形上实体的超越论证（transcendental argument），基本上不可能构成真确（sound）的论证。我在其他文章中已有所论辩，此处不赘了。[5]

即使我们暂时把超越论证的难题搁置一旁，有关论者也不太可能证明其所内证得的作为内在经验内容的对象就是那客观实有的本体。以下，我们即以一"孪生哲人"的思想实验来反证此一进路的困难所在。在这个可能的世界中，有一对孪生的哲人，一个叫"密印道人"，另一个叫"幻似醉哲"。前者透过实践的进路而有内在的体证，证悟得"天道与性命通而为一"，确信"只心便是天，尽之便知性，知性便知天，更不可外求"。换言之，密印道人可以凭其私有的内在的密证而印可有此"既超越又内在的"本体：他的内证经验内容中的对象正是这一本体之实体自身，或他的内证经验中的密印"内眼"所见的正是这一实体自身。可是在另一方面，幻似醉哲乃是一貌合神离而没有真实见道的酗酒哲人。他和密印道人的异同在于：幻似醉哲每次喝了一瓶"威自己"的佳酿之后，都会在他的内在经验中幻现一种与密印道人在百死千难中印可的真实境界一模一样的经验内容；但幻觉毕竟与真悟不同，他在醉幻的内在世界中所幻现的景象，毕竟是玩弄的光景，而非真有实在的本体以实之。因此，这一对孪生的哲人可谓共享类似以至一模一样的经验内容或内在景象，但在形成此内容或景象的存有依据上却有一虚一实之异。至此，我们的问题是：我们凭什么可以断定密印道人所印可的是真实本体，而幻似醉哲所幻现的是虚幻光景呢？即使就密印道人自己私有的角度来看，除非他能证明自己的经验之内或外多了些什么，否则

---

5 参阅第五章"超越分析与逻辑分析：当代新儒学的方法论问题（一）"。

单凭一模一样的内在经验的内容,他是无法自证其实而否证幻似醉哲之虚的。其实,幻似醉哲在其醉幻的内在世界中所幻现的,不只是幻似见道的道体相,而且包括幻似见道的活动相,要证明在此二者之外多了些什么来析别密印道人之真与幻似醉哲之幻的差别,必须要靠内在经验以外的因素。然而,有什么内在经验以外的因素可以用来作为辨实虚之异的判准呢?如果只是外部践履的行为因素,这便似不必有反求诸己的倾向了。如果这种逐外没有问题,则外部践履与内部经验有何密契关系,经此密契又如何能鉴别真幻,似乎也是极不容易说明的。

即使我们暂时再退让一步,勉强承认内部经验以外的外部践履是鉴别真幻之关键所在,但真幻之辨仍然是难以进行的。为了证明这一点,我们可以借用普特南(Hilary Putnam)的"桶中之脑"(Brains in a Vat)[6]的例子来加以说明。如果一个坏心肠的超级科学家把密印道人的脑袋切割下来,安放在一个充满营养液的桶中,并把它的神经线连接到一部超级计算机中去,从而令这密印脑袋在计算机的导引下,经由其神经系统所输出及输入的各种经验内容或感知映象和以往密印道人所得的一模一样。因此,在这个密印脑袋的神经系统之内,一样有"看到"一棵树的感觉,也有"坐"在树下逍遥自在地"闻"花香"听"鸟语的滋味,以及"听着"一个坏心肠科学家要切割自己脑袋的故事。当然,这个科学家在手术中已把密印道人被切割脑袋的有关记忆抹去,因而使密印脑袋感觉自己和以往一样。如是,密印脑袋一样有对本体

---

6 Hilary Putnam, *Reason, Truth and History* (Cambridge: Cambridge University Press, 1981), ch.2.

的内部经验，一样有对外部践履的外部经验。但事实上他是没有实践的，他只是觉得并以为自己在实践。虽然他也可以"说"："一色一香，无非中道"，其实他并没有真实地见到一色及闻到一香。虽然他也可以"做"种种修养工夫，其实他不可能做任何工夫。在这种情况下，密印道人与密印脑袋的悟道体真的条件是一样的，而事实上密印脑袋根本不可能悟道体真，我们又有何理由相信密印道人真能悟道体真呢？当然，也许有人会反驳说，即使密印脑袋与密印道人有同样的有关践履的外部经验，但前者并没有真正的践履，因此二者悟道体真的条件还是不同的。我们认为这个反驳并不成立，因为作为可以影响内部经验的外部行为，一定不可能是视而不见或听而不闻的纯然地不被觉识的物理动作，而必须是经过感知活动而被认定及经过理性计量而被解释之行为事件。如是，"由实践以启之"的实践行为若有"启之"的作用，必须是经过心灵活动过滤过的行为事件。因此我们认为，密印脑袋与密印道人的悟道证真的条件是一样的。既然前者之证悟是虚幻的，我们也没有理由相信后者之证悟是真实的。

基于以上的分析，我们可以断定，无论是单纯的"内在体证"，抑或是经由实践进路而建立的"合内外之道"，都不足以说明那些尝试体道证真者的内部经验内容或景象可以用来印可或印证那"既超越又内在"的"天道与性命通而为一"的真实本体。

七、实验Ⅱ："德古来外星人"

现在我们再退让一步，退到勉强承认"超越内在"或"内在超越"的本体是真实地存在的，但这是否是值得我们欣赏而接受的东西呢？为了解答此一问题，我们设计了另一个思想实验——"德古来（Dracula）外星人"的美丽新世界——来加以说明。

依照"超越内在"说，"天道与性命是通而为一的"，超越的天道与内在的心性是"一而非多，同而非异"的。将此"心即天"的说法推向高峰的，是王阳明以至熊十力所主张的"草木瓦石也有人的良知"的泛心论。依此，那"既超越又内在"的"同一的大心"[7] 遍现于万物之中，不只体现于大人之中，小人亦有之，以至一切有情（禽兽）及无情（草木瓦石）亦皆有之。因此，此"同一的大良知"不是人所私具独有的，而是众沤所同具的大海水，众川所共印的天上月。吾人若能洞识、了悟此乾坤万有之基及道德神化之妙，便能臻"以天地万物为一体"之境，以其"一体之仁"感通天地、润泽万物。由爱其亲可以推而广之，使其仁爱之心遍及路人、鸟兽以至草木瓦石。然而，有关论者亦充分明白人的有限性，故当其倡言"一体之仁"之余，亦提出"亲疏厚薄"之别的限制。从人类现实世界的观点来看，这种"伟大的心灵"虽受限制，似乎仍是值得欣赏及被接受的。

如果从另一个角度看，譬如从一个以外星人为主导的可能世界的角度看，上述的答案便可能会改过来。在这个可能世界中，它所具有的东西可能与现实世界所具有的不尽相同，但二者皆有同构（isomorphism）的关系，亦即两个世界可以依照同一结构而使彼此之间的东西有一一对应的关系。相当于现实世界中万物之灵的人类（Human），在这个可能世界中的万物之灵是德古来外星人（Duman）；相当于现实世界中的滋养食品鸡（chickens），它们

---

7 同注2。

有养命的食物狄勤士（Djickens）；我们五百年前有王阳明先生，他们五百年前也有德阳明（You'n'me Dracula）先生；我们当代有熊十力先生，他们当代也有德十力（Silly Dracula）先生。……其实，我们与他们最根本的类同处是：大家同样相信新儒家的道德形上学，并认为这个理想世界必可实现而不是玄思空想。然而很不幸的，德古来外星人虽然有"一体之仁"，其爱遍及万物，但基于"亲疏厚薄"之别，他们尽管对狄勤士也有不忍、恻恻之情，为了奉亲与养命，也就不得不宰杀狄勤士以维生。这是迫不得已、我们理应接受的一个处境。因此，依照新儒家的道德形上学，我们没有理由反对德古来外星人去吃狄勤士以维生。不过，如果狄勤士和我们人类是一模一样的东西，那么我们，尤其是当代新儒家及其信徒，又是否愿意接受并欣赏德古来这种德言德行呢？如果更不幸的，一旦外星上的狄勤士绝了种，德古来外星人来到地球上找到我们人类作为同样的食物，我们，尤其是当代新儒家及其信徒，又是否甘心抵命地去接受此一命运呢？到了此一刻，我相信即使是新儒家大师的信心也不得不有所动摇矣！[8]

八、辨异："人禽之辨"

除了勉强承认密印道人的反己内证可印证有"超越内在"或"内在超越"的本体之外，现在我们再退一大步，暂时搁置新儒家是否欢迎德古来外星人的理想世界之难题，承认"天道性命相

---

8 参阅第十章"德古来（外星人）的新儒家世界：一个思想实验"。

贯通"，此一"既超越又内在"的本体是"体物而不遗"的，天地万物，包括有情及无情，皆禀此天道以为其性，因而心、性、天是通而为一的。正因为心、性、天一也，故有王阳明以及熊十力一系以"草木瓦石皆有人的良知"之说。又因为"人能推而物不能推"，故他们的信奉者似仍可坚持孟子"人禽之辨"的人文观点。然而，我们认为这种辨异是大有问题的，严格言之，乃是违背孔孟精神的。换言之，"超越内在"说即使成立，也是与"人禽之辨"构成矛盾的。若要维护后者，则前者必须被放弃，别无他途。

我们的理由很简单，如果"人能推而物不能推"一语可作为"人禽之辨"及"人物之异"的依据，必须预设只有人有良知而物不可能有良知。但是，王、熊一系的信徒既坚持"良知非人所私有独具"，而为"遍在于万物之中的大心"，"能推不能推"之动力因当然不可能来自这唯一无私的大心，而必须另有原委。此所以熊十力以石头之所以未能进化为人，乃是由于物质条件的限制，非以石头之内无良知也。草木瓦石虽潜具良知大心而不能推，正是它们的"气质粗笨"之故。如是，"能推不能推"是由气质之清浊来决定的，而不是由良知大心来决定的。好比太阳底下的各方位之所以所见不同，或光或暗，或圆或缺，并非由于那普天之下同一的太阳所形成者，而是由于各方位之云层之清浊、厚薄所决定的。换言之，如果我们接受这种"泛良知论"的"大心主义"，所能得到的结果将会是灾难性的：由同一无私地体现在各个人或物中的大心良知之作用，必须受到气质所决定。如果气质不好，良知的作用便不可能发挥出来。因此，任何一己的努力都是多余的，一切道德或不道德的作为归根究底不过是气质限制的结果。此一结果乃是与一般人所认同的自由选择和承担责任的道德行为南辕北辙——一种极可怕的"气质命定论"。[9]我们的新儒家以及他们的西方同道者愿意接受这一结果吗？

如果我们不愿意接受熊十力等人的"新石头记"的哲思，我们便必须放弃这种"超越内在"说。"超越内在"说过分地违离理性、逻辑的规范，过分地依赖所谓特殊的内在经验之奇诡的验证程序，过分地将本土性（localized）的道德超升为宇宙性（globalized）的伦理，尤有甚者，是过分地把人类的平常心无限制地加以膨胀，因而使人类陷入"心灵巨大症"的困苦之中。我们相信，非有百死千难的回复平常化的工夫，人类委实不可能从这灾劫中解救出来！

---

9 参阅第三章"当代新儒家的判教与判准"。

第十章
德古来（外星人）的新儒家世界：
一个思想实验

一、思想实验

在西方哲学和理论科学的探究方法中，时有使用思想实验的方式来探究理论的引申和概念的分界之问题。透过这种方式，我们可以想象一个可能世界（possible world）或模型（model），并透过此一可能世界或模型来检讨某一理论引申或概念划分的后果是否内部融贯（coherent）、一致或与公共承认的理论并行不悖。库恩（Thomas Kuhn）的先驱之作"A Function for Thought Experiments"[1]对理论科学中的一些典型的思想实验有扼要的分析。传统笛卡儿的怀疑论"恶魔"及普特南（Hilary Putnam）的"桶中之脑"（Brains in a Vat），以至塞尔（John Searle）反对"强人工智能"（Strong AI）论旨的"中文房间"（Chinese Room）实

---

1 Thomas Kuhn, *The Essential Tension* (Chicago: University of Chicago Press, 1977), ch.10.

验，都是赫赫有名的哲学例证。[2]

在中国哲学研究方面，除了庄子之外，似乎没有多少人试过用思想实验的方式来探究问题。本章的目的，主要是承接上章有关德古来（Dracula）外星人的思想实验，更详细地构想这个可能世界或模型，更深入地考察其中引申出来的问题，从而透视某些中国哲学理论的引申所遇到的内部矛盾的后果。我们都知道，中国哲学的主流思想是要究天人之际，有非常高远的内圣外王理想，有十分玄奥的天人合一理论。虽然高远、玄奥可以提升人的精神状态，但极超升的理念若不能落实于人们生活的常识世界及协合于理性思维之中，这都会变成虚幻的光景或思辨的游戏。

虽然宋明新儒家与当代新儒家的理想从没有在现实世界中实现，但却有可能发生在下述的德古来（Dracula）外星人的可能世界中。当此一可能世界真的出现时，当代新儒家该如何去面对它呢？

二、德古来的理想世界

在德古来外星人的世界里，有一种叫作"德民"（Duman）或"德人"的万物之灵。他们的德力、智力及勇力都是极高而无与伦比的，可以说是或几乎是"生而知之""尧舜性之"的，其一言一行都是或几乎是"不思而得""不勉而中"的。他们的伟大哲学家更在百死千难中确立了一条圣学的血脉，以人道与天道合

---

2 Hilary Putnam, *Reason, Truth and History* (Cambridge: Cambridge University Press, 1981), ch.1; John Searle, *Minds, Brains and Science* (Cambridge, Mass.: Harvard University Press, 1984), ch.2.

一，正所谓"天道与性命通而为一"，以"吾心即宇宙，宇宙即吾心"，人人皆可逆觉而体证"以天地万物为一体之仁"，从而可以建立一个（外星）人与万物皆为"目的在其自己"(end in itself) 之"目的王国"。他们在理论上认识到及在实践上体悟到"万物皆有生意"，每一生命都有其内在自足的价值而不假外求，因为万物皆禀得此"天命之性"，甚且"同具人的良知"。这"良知"真是"造化的精灵"，"这些精灵生天生地，成鬼成帝，皆从此出，真是与物无对"。

　　五百年前德古来族有一位大哲学家，叫作"德阳明"(You'n'me Dracula) 先生，他写过一篇《大〔德〕学问》的巨著，可谓力透纸背，振聋发聩。他说：

　　　　大德人者，以天地万物为一体者也。其视天下犹一家，德〔古来〕国犹一人焉。若夫间形骸而分尔我者，小德人矣。大德人之能以天地万物为一体也，非意之也，其心之仁本若是，其与天地万物而为一也。岂惟大德人，虽小德人之心，亦莫不然。彼顾自小之耳。是故见孺子之入井，而必有怵惕恻隐之心，是其仁与孺子而为一体也。孺子犹同类者也，见鸟兽之哀鸣觳觫，而必有不忍之心焉，是其仁之与鸟兽而为一体也。鸟兽犹有知觉者也，见草木之摧折，而必有悯恤之心焉，是其仁之与草木而为一体也。草木犹有生意者也，见瓦石之毁坏，而必有顾惜之心焉，是其仁之与瓦石而为一体也。是其一体之仁也，虽小德人之心亦必有之，是乃根于天命之性，而自然灵昭不昧者也。是故谓之明德。……是故苟无私欲之蔽，则虽小德人之心，而其一体之仁犹大德人也；一有私欲之蔽，则虽大德人之心，而其分隔隘陋犹小德人矣。故

> 夫为大德人之学者，亦惟去其私欲之蔽，以自明其明德，复
> 其天地万物一体之本然而已耳，非能于本体之外而有所增益
> 之也。……君臣也，夫妇也，朋友也，以至于山川鬼神鸟兽
> 草木也，莫不实有以亲之，以达吾一体之仁，然后吾之明德
> 始无不明，而真能以天地万物为一体矣。

德古来族人都承认德民以外的有情及无情之物亦潜具"天命之性"，而德阳明先生更进一步肯定"草木瓦石也有德人之良知"。他们的当代大儒德十力（Silly Dracula）先生更在"天地闭，贤人隐"的历史浩劫当中拍案而起，霹雳一声，继承德阳明先生将断欲断之道统，斥"以良知为设准"之谬论，立"以良知为呈现"之大道。他认为此心"实非吾身所得私也，乃吾与万物浑然同体之真性也"（见《新［德］唯识论》，页252）。他"笃信生命是全体性，是不可分割的。每一个［德］人，都是与天地万物共同禀受一元内含之大生力。此大生力无定在而无不在。其在每一个［德］人的独立体中，为彼自有的大生命。其遍在天地万物，为一切物共有的大生命，亦可别称宇宙大生命。"（见《［德］存斋随笔》，收入《［德］体用论》，页726－727）既然此全体性的大生命或宇宙大心灵非吾身所得私，故"无机物出现时，生命心灵之性，只是隐而未显，非本无也。"（见《明［德］心篇》，页3；在《［德］乾坤衍》页324也有类似的说法）至于草木瓦石之所以未能如［德］人一般显发其良知，乃在其"形体闭塞、粗笨"之故，亦即为"形气所限"也。（见《［德］乾坤衍》，页328）依此"天人合一"的"美丽新世界"之伟大构思，可见宇宙心灵即德人心灵，德人良知即草木瓦石的良知，这是"一而非多，同而非异"的。此一"无私的大心"遍在万物而又不为万物所限，"既

超越而又内在"，"先天而天弗违，后天而奉天时"，真可谓"超越言表""不可思议"！凡有所醒觉者，皆知此说之宏深神妙，可谓至矣尽矣，不可复加矣！

当从高远的太虚想望中返回尘世的现实生活时，德古来族人也免不了偶尔出现的"沙尘惑"。德民虽然深信自己能充尽地体现此唯一的"无私的大心"，并由之而通向无限，但他们究其实和其他万物一样，毕竟是有限的存在，仍然要承受现实的种种限制。精神上的前翼可以使他们腾飞万里，但物质的后腿却被尘土的堕性牵缠得寸步难移。他们受到的根本限制乃是生物逻辑的限制。他们和其他生物一样，都需要汲取外来的营养才能维持自家的生命。事实上，在德古来外星人的世界中，德民只有一种维生的食粮，那就是从另一种生物——狄勤士（Djickens）——身上汲取的鲜血。为此，他们建立了一个全族管理的大型"狄勤士农庄"。在农庄之内，他们有一套十分完善而文明的管理系统，藉最先进的科技提供狄人（"狄勤士"的简称）以最舒服而又自由的饲养环境。德民深深体悟到任何生命之可贵，皆有其内在自足的价值，故所有大德君子皆远庖厨，以吸其血而不忍闻其声也。他们在饮食方面皆很有节制，绝不容许暴殄天物或滥杀无辜，所以他们只在深夜睡前吸食一顿，仅足糊口而已！他们利用超卓的医学技术，于吸尽狄人之血后，可以使之安乐而死，无痛而归。尤有甚者，他们更于狄人死后给以丰厚大葬，以安其魂也。每年于行大礼之日，除天、地、祖三祭之外，更有"狄祭"，以示不忘其生命滋养之源也。

然而，德民中亦偶有一二异端哲学家反对这种由"天人合一"的体悟而得的"仁民而爱物"的思想，认为这与"吸血维生"的行为是不相协合的。但绝大多数主流哲学家和德民却不以为然，他们认为依照德阳明先生的教义，这二者之间并无真正冲突之处，唯是轻重厚薄有分的道理。德阳明先生曾经在其巨著《传习〔德〕录》中说过：

> 唯是道理自有厚薄。比如身是一体，把手足捍头目，岂是偏要薄手足？其道理合如此。狄人、禽兽及草木同是爱的，把草木去养禽兽，把禽兽去养狄人，又怎忍得？德民与狄人同是爱的，吸狄人之血以养亲及宴宾客，心又忍得？至亲与路人同是爱的，如箪食豆羹之血粮，得则生，不得则死，不能两全，宁救至亲不救路人，心又忍得？这是道理合该如此。及至吾身与至亲，更不得分别彼此厚薄。盖以仁民爱物皆从此出，此处可忍，更无所不忍矣。《大〔德〕学》所谓厚薄，是良知上自然的条理，不可逾越。

因此，从德民的观点来看，对于一切有情及无情之物来说，仁爱是有亲疏厚薄之分的，这是良知在发见流行处的自然条理，虽则轻重厚薄毫发不容增减也。（略似西哲所谓"应然涵蕴能够"[ought implies can]之应然性）所谓"墨氏兼爱而无差等"，正是违反这自然的条理，反而不仁。依此准则，即使一体之仁遍及于草木，亦可与除草去木之行不相矛盾。德阳明先生认为：有人以为草既非恶而不宜去，其实是佛老一般意见。他说："草有妨碍，理亦宜去，去之而已；偶未即去，亦不累心。若着了一分意思，即心体便有贻累，便有许多动气处。"（见《传习〔德〕录》）换言之，能使自己不动气而一循于理，一任良知，便可以顺着"节目时变"而如如相应，达至"廓然而大公，物来而顺应"矣！

由德阳明先生发展至德十力先生的道学或心学，并不是纸上谈兵的不根之谈。事实上，这种已臻真实理地的生命学问在德古来外星人的世界中已得到落实。在这个既合理想亦成现实的"美丽的新世界"中，一切人物皆如理地生活及存在，恰如其分地各安其位。因此，德民不只觉得自己的生命"德化"了，而且同时地也"福化"了，实际上已臻"德福一致"的"圆善"之境矣！

虽然在这"圆善"之境中可以令德民逍遥自在，不着意，不累心，甚至觉得"天刑也是福"，可是尘世上的命限始终不会因德人的主观意志而转移，甚且会迫使他们所谓的"良知上的自然条理"必须顺着命限而发展。事缘一次科学实验的意外，竟使整个狄勤士农庄的部分狄人染上一种无药可救的"德滋病毒"（Daids），而且瞬息之间蔓延开来，以致全部狄人皆中此毒。这真是世纪的大灾难！尽管德民的科技水平超绝群伦，但对此一世纪病毒却束手无策，正面临粮绝命断的困境。然而，德古来民族始终是一个伟大的民族，他们绝不可能畏惧艰巨的挑战而坐以待毙，因此，他们的伟大圣王振臂一呼，乃命"德记太空总署"马上发射多架超光速太空穿梭机，往其他星球探寻类似狄人的生命血粮。很幸运的，他们的"太空德人"经过九万亿里的行程之后，终于到达一个叫作"地球"的星球上，找到许多令他们雀跃不已的食物。这些食物和德古来星球上的狄人在外表上是一模一样的，都是有眼、耳、口、鼻及四肢而直立的生物（即人类 Human）；而且他们的血液与狄人的完全吻合，含有相同的化学结构及滋养成分。至此，德古来民族上下欢腾，庆幸可以绝处逢生。由于德古来民族的德力、智力及勇力皆无与伦比，他们很快控制了地球上的一切生物，并建立了一个类似"狄勤士农庄"（Djickens' Farm）的农庄，叫作"戚勤士农庄"（Chickens' Farm）。他们除了把所需的血粮运回故乡外，亦打算在地球上开辟新殖民区，在这个新天地上拓展德古来的道德文明。

由危机创造新机，德古来民族终于克服了一次断根绝命的危难，更觉一己生命之可贵与难得。吾此生命，乃天之所予者，又焉能自我放弃呢？求生得生与求仁得仁乃是两相协合的，这正是良知发用流行上的自然条理，其轻重厚薄乃不可以毫发增减者也。至此，德民得了一个地球的属土，并加以整治，使之纳入合理如分的生活秩序之中，而自己则继续过着以往那种"德福合一"的理想生活。

三、天人合一与人禽之辨

德古来外星人的故事发展至此。我们若把他们的可能世界和宋明以及当代新儒家（尤其是由王阳明至熊十力一系）的理想世界作一对比，便可以发现其间的关键处有同构（isomorphism）的关系，而且二者的人生观和世界观更是一模一样，难分彼此的。二者对"天人合一"之境界有完全相同的体悟，彼此对厚薄、差等之自然条理有全然一致的肯认。然而，唯一不同之处是：在德古来星球上，万物之灵不是地球上的人类（或德古来星球上类似的狄人），而是那些具有超级德力、智力及勇力而无与伦比的德民。当德古来星球上的生物与地球上的生物有所接触之前，亦即在德古来星球上发生大灾难之前，基于二者的人生观与世界观之相同，地球上的新儒家似乎没有多少理由反对德阳明先生及德十力先生的哲学理想和生命体证，因为他们所信守、承当的，正是地球上王阳明先生及熊十力先生所信守、承当的。然而，当大灾难发生之后，亦即德民在地球上建立了新农庄之后，新儒家是否仍然愿意接受德阳明先生及德十力先生的哲学理想，从而认同那些秉承此理想而做出最大努力以续命保根的德民之所作所为呢？这似乎是一个极难回答的两难问题：基于理论应用之一致性，如果德民的一言一行是一循于理，完全是秉持德阳明先生及德十力先生的教诲，而这些教诲又与王阳明先生及熊十力先生的一模一样，则地球上的新儒家理应接受德民的一言一行，视德民致人类于安乐死为合理者。相反的，如果新儒家认为德民致人类于安乐死为不合理，但由于德民的一言一行皆合乎德阳明先生及德十力先生的教诲，因而亦合乎王阳明先生及熊十力先生的训示，那么，新儒家必须放弃自己所承当的"仁者以天地万物为一体"的理想或不再认同"亲疏厚薄为良知发用流行上自然的条理"的主张，才可以避免自相矛盾。但如此一来，新儒家便不再是新儒家了！

当然，某些新儒家及其追随者也许会反驳说：这里并没有理论之应用的一致或不一致的问题，我们也不必放弃新儒学的理想，因为这两个世界的关键处并不一样，焉能透过比附来否定新儒学的道德理想之合理性及可行性？地球上的人（Humans）或外星上的狄人（Djickens）虽在德力、智力及勇力方面比不上德民（Duman's people），但这区别只是程度上之不同（difference in degree），而非如"人禽之别"般有本质之不同（difference in essence）。因此，德民与人类或狄人俱是万物之灵，不应以德民宰制人类或狄人为合理者。此反驳好像言之成理，其实大谬不然，因为"人禽之辨"与"天人合一"二论是极不相容的。有关论证可以分三点来说，分别是"道德与命限"的问题，"能推不能推"的问题，及"气质命定论"的问题。兹分别论析如后。

如果德民与人类或狄人是同一级的存在，他们彼此之间虽有程度上之不同，但作为灵智的一类仍可与其他事物构成本质上之区别，则广义的"人禽之别"可成立，而他们与其他有情或无情之物仍可作道德主体与非道德主体之判分。如是，德民与人类或狄人既同属道德主体，理应遵从"己所不欲，勿施于人"的可普遍性原则，而不应牺牲他人以求自保。因此，德民便不应汲取人类或狄人的鲜血以自存，否则便违反推己及人的恕道。然而，如果德民不应牺牲别人以自存，是否应该自我牺牲而必须绝食而死呢？这里遇到的冲突正是道德理想与生存命限之间的问题。当这种冲突出现时，任何理性的个体要在牺牲别人与自我牺牲之间作抉择，真是一生死的抉择，相信并不可以从容中道或一循于理地轻易做出来的。这种冲突还不算太严峻，我们可以设想一个更严峻的情况。假若有一天人类患上某种坏血的恶疾，必须接受德民的大量输血才能存活，在此情况下，德民虽有自愿牺牲的精神，但人类应否接受他们的牺牲而自保呢？接受德民的牺牲而不愿自我牺牲以供德民吸血养命，这似乎很难说不是自私的行为。如果要维护推己及人的道德理想而彼此又不应牺牲对方以求存，那么唯一的办法就是双方都要绝食而死，拒绝对方的血液而静待死亡。换言之，在此情况下，为了维护此一理想，所有道德主体都应自我牺牲，以至道德世界中的份子完全消失，亦即道德世界变成空集合（empty set）。我们愿意接受这一悲惨世界吗？新儒家的理想世界不是一个既有人乐亦有天乐的世界吗？怎么会演变成这种万劫不复的死寂世界呢？比诸"天地闭，贤人隐"直是更为恐怖！我们认为：推己及人的恕道或康德式的可普遍化原则

(principle of universalizability) 虽然是合乎理性的，而且可行性相当高，但却不可能是无条件的行为准则。这一道德原则之应用若遇上生存的命限时，它必须受到适当的限制才能继续有效地使用。如果违反了生存的理性计量，再好的道德原则都会变成空想。当然，我们并没有一个解决道德理想与生存命限之间冲突的最妥善方案，但现实世界的情况是：当人的存在没有受到最根本的威胁时，人们信奉及实践"仁民爱物"的可普遍化原则之可能性是不能被排除的；但是，当人的生存发生危难时，"仁民爱物"的"爱"通常会使同一爱的对象由具有内在价值转变而为具有工具价值——由目的一变而为手段。如果道德必须以生存为先在条件，则维护整体生存的"强权"仍然是"必要的恶"。因此，德民要牺牲人类或狄人以求自存，似乎比双方集体自杀要来得明智。如果新儒家不赞成集体自杀，那么他们就没有理由反对德民依循亲疏厚薄之自然的条理而牺牲人类或狄人的做法。[3]

以上说明人类或狄人不该被牺牲之理由，不只会引向所有道德主体须完全自尽的荒谬结果，而且亦要预设德民与人类或狄人只有程度之异，而他们共同作为万物之灵又与其他有情、无情之物有本质之异。此一辨异其实与王阳明至熊十力一系的"天人合一"思想是有所矛盾的。如果此一辨异是基于孔孟"人禽之辨"的精神，则这种"天人合一"思想将会与孔孟的辨异精神有所违离，而使"人禽之辨"无由确立。虽然宋明儒有"人能推，物不

---

3 我们也可设想人类分为两部分，彼此具有类似这里德民与人类之间的关系和困境。换言之，即使不假设德民这类超级存在物，我们也可以藉两部分人类的关系来说明类似的问题。

能推"之说，但依照王、熊一系的"大心主义"，由于"草木瓦石也有人的良知"，故"良知非人所私有独有"，可知"能推"是由于人"得气之清灵"，不能推是由于人以外的万物的"形体闭塞、粗笨"，而并非如孟子及朱熹所主张的人有而他物无的"几稀"——"良知"——是"人禽之辨"之所在。既然气质之清浊、灵塞是"能推不能推"之决定性因素，而非由于那无私而遍现于万物的"唯一的大心"有以致之，则气质清浊之程度只能提供"人禽之辨"（或德民与人类或狄人构成的万物之灵的整体与他物之间的"灵蠢之辨"）以程度性之区分，而不可能有本质性之区分。再者，要在这程度性差别的系谱中准确而清晰地划出一条"能推不能推"的界线，似乎不太容易。我们知道：有些高等的非人动物的心智非常发达，性情亦很温驯，我们可以依据什么判准把它们划归为"不能推"一类？它们不是比初生婴儿"更能推"吗？比起老人痴呆者、大脑受损者或心智不健全的人来说，它们的气质不是"更为清灵"的吗？我们凭什么把它们贬视为"不能推"？我们人类把它们贬为"不能推"的理由如果成立，那么德民也可依同样的理由把我们人类贬视为"不能推"或"不是真正自律的道德主体"。王阳明说五谷、禽兽之类可以供养人类是天然的条理，只为同此一气而相通，[4]为什么人类的血液供养德民就不是天然的条理，不是一气的流通呢？如果我们不考虑功利主义的理由（新儒家不承认工具价值为真正的道德价值！），牺牲非人的高等动物并不见得比牺牲植物人更为仁慈。基于医学上救人的需

---

4 王阳明：《语录》卷三，见《王阳明全集》，上海：上海古籍出版社，1992，上册，页107。

要，为什么未经同意的宰牛行动并不违反道德，而宰杀植物人则是触犯法纪的罪恶？熊十力不是承认牛有"大德"吗？愿"人人学牛"的吗？[5]我们相信：要合理地解答这些问题，即使不一定要诉诸功利主义，恐怕也不可能单靠气质之清浊所提供的程度性差异作为解决问题的判准。除非良知是人所私有而非遍现于万物，否则由气质之清浊所界定的"人禽之辨"便只能是相对的：焉知德民之视人类非如人类之视禽兽耶？

尤有甚者，由气质之清浊来界定"人禽之辨"，将会引出新儒学的一个大灾难——"气质命定论"！如果王阳明的良知不是纯主观的体验，他也不是贝克莱式的主观唯心论者，那么当朱本思问他："人有虚灵，方有良知。若草木瓦石之类，亦有良知否？"他回答说："人的良知，就是草木瓦石的良知。若草木瓦石无人的良知，不可以为草木瓦石矣。"[6]此处他不可能逃避朱本思的"良知是否亦为草木瓦石所有"的客观性问题，而滑转为人的纯粹主观境界。所以，王阳明的良知遍现说被熊十力理解为宇宙大心的泛心论，确是一种准确的发挥。王阳明只注意到人得天地之最精灵，因此道德自主性至高，而没有注意到良知遍现说会引至气质命定论，从而使道德自主性无由确立。熊十力则采用一种"形上进化论"，认为无机物、植物、动物以至人类之进化过程乃是乾道（良知、心灵、生命或本体）潜运于坤质（质能、气质、形质或物质）之中而步步破险而出者。"如太始物质初凝，只是气体，所谓鸿蒙一气是也。及其发展而凝为液体，当是乾道主

---

5 熊十力：《明心篇》，见《体用论》，北京：中华书局，1994，页249。

6 同注4。

变，有以导之。"[7]如是，"宇宙之发展，由物质层而进于生命层，乃至心灵层，显然是生命、心灵一步一步战胜物质，而卓然显露出来。上极乎人类，飞跃而升，则生命、心灵之盛，庶几光焰万丈。"[8]他认为这是万物之"自力主变"所致，[9]乃是"终必战胜"者。[10]然而，他没有注意到：如果物质不是"自力主变"之动力所在，则那个独一无私的宇宙大心或大生命何以体现在不齐之万物中会有所偏私呢？此独一无私的良知是不可能在人的身上主动发出较大的动力，而在禽兽及草木瓦石之上发出较小的力量或力量全无。"祂"也不会偏帮君子而薄待小人的。正如熊十力所谓："心无偏系，如日大明，无亏无蔽，是谓圆神。"[11]因此，除非浮云（气质）蔽日（良知大心），否则日光之下无二照。换言之，除非是气质决定良知之是否能显现，否则单凭那唯一的良知大心是不足以说明"能推不能推"的。熊十力以生命力"终必战胜"物质的堕性之说虽然牵强，但我们即使接受其说，这也只能用以说明在进化历程中宇宙万物整体之步步向上之方向，而不足以说明每一个体物或生命之必可克服其物质的堕性。"自力更生"或"自力主变"只有就每一个体的有限生命之上进历程说才有意义，才能说明每一个体生命自己"能推不能推"的问题。

熊十力以大海水与众沤"不一不二"来说明他的泛心论。他

---

7 熊十力：《存斋随笔》，见《体用论》，页 745。

8 同注 5，页 269。

9 熊十力：《十力语要》，北京：中华书局，1996，卷三，页 322－23；《乾坤衍》及《存斋随笔》，分见《体用论》，页 584，747。

10 熊十力：《明心篇》及《存斋随笔》，分见《体用论》，页 269，703。

11 同注 5，页 186。

认为：

> 我，一而已，岂可妄说于大我以外更有小我乎？大我即是大生命，是乃无定在而无所不在。其在甲物也，即是甲物自身之主公。其在乙物也，即为乙物自身之主公。其在丙物也，即为丙物自身之主公。乃至遍在一切物也，则为一切物各各自身之主公。犹复须知，一切物各各自身之大生命，即是天地万物共有之大生命。易言之，一切物各各自身之主公，即是天地万物各各自身共有之主公。[12]

无怪乎除了和斯宾诺莎式的泛神论一样常用水波之喻外，熊十力也喜用来自华严宗的"一即一切"式的"月印万川"之喻。这种泛灵论或泛心论无论把超越于万物之上的大心与内在于万物中的良知说成是"个（体相）同"（token-identity）[13]或"类（型相）同"（type-identity），都不足以在不齐的万物之间划出一条本质性的区分界线，亦不足以说明"能推不能推"的问题，从而只会走向"气质命定论"的死路。如果气质之清浊厚薄是决定那宇宙大心、良知能否在每一个体生命身上推扩、显露出来的因素，那么对每一个体的有限生命而言，都不可能有真正的道德自主性。由于禽兽的气质较为粗笨，即使它们怎样努力，也不可能在其生命的有限时间内变化气质，使良知充分显发出来。同样，不肖者之所以不肖，并非由于来自共有的良知在他们身上欠缺自觉的努力，而是由于气质不如君子的清通，故良知无法充尽地呈

---

12 同注 7，页 701－702。

13 有关"个同"说的困难，见第七章"当代新儒家的'超越内在'说"；有关"类同"说的困难，见第九章"迷思与解构：'超越内在'说三论"。

现。因此，禽兽与不肖者之不如君子，并不是由于自力不足（因为自力是由同一个宇宙大心发出来的），而是由于他力妨碍所致，一若浮云之蔽白日也。如是，禽兽与不肖者除了嗟叹自己的禀赋不佳之外，似乎不应负有任何道德的责任。至于君子，由于他们的自力主变不过是气质清通所浮现出来的"幻影"，因此也没有真正的道德自主性（moral autonomy）可言。

四、宇宙化的道德与人间性的道德

总结地说，由王阳明至熊十力一系的"大心主义"可以产生"气质命定论"的后果。由"气质命定论"，可断定"气之不齐"可使"良知之体现"有程度之不同，而不可能建立本质性之差异。如是，依照这些新儒家的理论前提，他们似乎没有足够的理由拒绝德古来族人的生存要求——"汲取狄人或人类的鲜血之后，使他们如理合分地安乐而去"。再者，这些新儒家有关轻重、厚薄、差等、隆杀之自然的条理之说，不仅只针对有所谓"本质差异"之物而说的，即使对同质同类之物，例如至亲与路人，彼此都是"能推"而非"不能推"者，只要遇上"不能两全"之时，基于亲疏厚薄之理，也须厚亲而薄人，牺牲路人以成全至亲。依此，对德民来说，除非他们集体绝食自杀，否则不管他们的生存要求是为了自奉或养亲，这些新儒家似乎也没有足够理由谴责德民违反道德或自私自利。

新儒家的"天人合一"说与孔孟原始儒家的"人禽之辨"说是不相容的。前者由"天人一体"的概念而建立的道德是一种超历史的"宇宙化的道德"（globalized morality）；而后者由"人禽有别"概念而建立的道德则是一种不离社会历史处境的"人间性的道德"（localized morality）。原始儒家虽然没有完全离却殷周传统的宗教信仰，但也没有将人间的道德形而上学化。与孔孟旧儒学极不一样，这种新儒学的道德形上学企图把"天道与性命通而为一"，企图将"道德秩序同化为宇宙秩序"，而其"未预定的后果"（unintended consequence）则是"气质命定论"。这种"气质命定论"将使宇宙良知变成"无力的大心"，因而不足以作为"自我主宰"的道德根基。透过思想实验中的德古来外星人的"文明化的宰制"及"道德化的安排"，可以类比地令我们了解到地球上人类对天地万物的"一体化的感通"，也不过是一种"道德化的戕害"。虽然唐君毅先生告诉我们：从仁心、天心之感通处说，"鸢飞于天，鱼跃于渊"，"花放草长，山峙川流"，都足见"天地之生意"与"万物之自得意"。[14]但唐先生所不以为尽然的达尔文（Charles Darwin）却警告我们："草上林间，处处都在斗争，自然实遍地血腥，千万不要以为鸟在唱兽在舞。他们实只在紧张地争生存。"[15]

若要回归到孔孟所开创的人间道德世界，恢复原始儒学的真精神，除了彻底地放弃"天人合一"的理念外，恐怕再没有其他途径了。

---

14 唐君毅：《人文精神之重建》，香港：新亚研究所，1974，页239－240。

15 同注14。

参考书目

中文参考书目

[1] 《大正新修大藏经》，八十五册，东京：大正一切经刊行会，1924–1934。

[2] 王阳明:《王阳明全集》，上下册，吴光点校，上海：上海古籍出版社，1992。

[3] 朱熹:《朱子文集》，十册，陈俊民校订，台北：德富文教基金会，2000。

[4] 朱熹:《朱子语类》，八册，王星贤点校，北京：中华书局，1986。

[5] 程颢、程颐:《二程集》，四册，王孝鱼点校，北京：中华书局，1981。

[6] 黄宗羲:《明儒学案》，上下册，沈芝盈点校，北京：中华书局，1985。

[7] 黄宗羲、全祖望:《宋元学案》，四册，陈金生、梁运华点校，北京：中华书局，1986。

[8] 尤惠贞:《天台宗性具圆教之研究》，台北：文津出版社，1993。

[9] 牟宗三:《才性与玄理》，香港：人生出版社，1970。

[10] 牟宗三:《中西哲学之会通十四讲》，台北：学生书局，1990。

[11] 牟宗三:《中国哲学十九讲》，台北：学生书局，1983。

[12] 牟宗三:《中国哲学的特质》，台北：兰台书局，1973。

[13] 牟宗三:《心体与性体》，三册，台北：正中书局，1968。

[14] 牟宗三:《四因说演讲录》，台北：鹅湖出版社，1997。

[15] 牟宗三:《佛性与般若》，台北：学生书局，1977。

[16] 牟宗三:《从陆象山到刘蕺山》，台北：学生书局，1979。

[17] 牟宗三:《现象与物自身》，台北：学生书局，1975。

[18] 牟宗三:《康德的道德哲学》，台北：学生书局，1982。

[19] 牟宗三：《智的直觉与中国哲学》，台北：台湾商务印书馆，1971。

[20] 牟宗三：《圆善论》，台北：学生书局，1985。

[21] 李泽厚：《中国现代思想史论》，北京：东方出版社，1987。

[22] 冼景炬：《现象与物自身之区分及牟先生之证成》，载牟宗三先生七十寿庆论文集编集组：《牟宗三先生的哲学与著作》，页 761－800，台北：学生书局，1978。

[23] 唐君毅：《人文精神之重建》，香港：新亚研究所，1974。

[24] 唐君毅：《人生之体验续篇》，香港：人生出版社，1961。

[25] 唐君毅：《中国文化的精神价值》，台北：正中书局，1968。

[26] 唐君毅：《中国哲学原论：原性篇》，香港：新亚研究所，1968。

[27] 唐君毅：《中国哲学原论：原教篇》，香港：新亚研究所，1975。

[28] 唐君毅：《中国哲学原论：原道篇》，三册，香港：新亚研究所，1973。

[29] 唐君毅：《中国哲学原论：原论篇》，香港：人生出版社，1966。

[30] 唐君毅：《生命存在与心灵境界》，台北：学生书局，1977。

[31] 唐君毅：《哲学概论》，香港：孟氏教育基金会，1961。

[32] 唐君毅：《道德自我之建立》，香港：人生出版社，1963。

[33] 殷鼎：《冯友兰》，台北：东大图书公司，1991。

[34] 陈嘉明：《建构与范导——康德哲学的方法论》，北京：社会科学文献出版社，1992。

[35] 冯友兰：《三松堂全集》，十四卷及附录，郑州：河南人民出版社，1985－1994。

[36] 冯友兰：《中国哲学简史》，北京：北京大学出版社，1985。

[37] 冯友兰：《新知言》，台湾版，1946。

[38] 冯友兰：《新原道》，人人文库，台北：台湾商务印书馆，1967。

[39] 冯友兰：《新理学》，台湾版，1938。

[40] 冯耀明：《中国哲学的方法论问题》，台北：允晨文化实业股份有限公司，1989。

[41] 冯耀明：《可说与不可说：一个东西形上学的比较》，载中国文化大学哲学系编：《东西哲学比较论文集》（第二集），页 203－221，台北：中国文化大学哲学研究所，1994。

[42] 冯耀明：《本质主义与儒家传统》，载刘述先与梁元生编：《文化传统的延续与转化》，页 17－52，香港：中文大学出版社，1999。

[43] 冯耀明：《朱熹心性论的重建》，载钟彩钧编：《国际朱子学会议论文集》，页 437－461，台北："中研院"中国文哲研究所，1993。

[44] 冯耀明：《"桶中之脑"论证与怀疑论的问题》，载何志青编：《第四届美国文学与思想研讨会论文选集（哲学篇）》，页 177－195，台北："中研院"欧美研究所，1995。

[45] 熊十力：《十力语要》，台北：广文书局，1971。

[46] 熊十力：《存斋随笔》，台北：鹅湖出版社，1993。

[47] 熊十力：《体用论——熊十力论著集之二》，北京：中华书局，1994。

[48] 熊十力：《明心篇》，台北：学生书局，1976。

[49] 熊十力：《原儒》，台北：明伦出版社，1971。

[50] 熊十力：《乾坤衍》，台北：学生书局，1976。

[51] 熊十力：《新唯识论》，北京：中华书局，1985。

[52] 熊十力：《摧惑显宗记》，台北：学生书局，1988。

[53] 熊十力：《读经示要》，台北：广文书局，1970。

[54] 谢仲明：《儒家与现代世界》，台北：学生书局，1986。

英文参考书目

[55] Austin, J. L. *How to Do Things with Words.* Oxford: Oxford University Press, 1962.

[56] Brueckner, A. L. "Another Failed Transcendental Argument", *Nous,* 23 (1989), pp.525－530.

[57] Brueckner, A. L. "One More Failed Transcendental Argument", *Philosophy and Phenomenological Research*, vol.53, no.3 (1993), pp.633－636.

[58] Brueckner, A. L. "Transcendental Arguments I", *Nous,* 17 (1983), pp.551－575.

[59] Brueckner, A. L. "Transcendental Arguments II", *Nous,* 18 (1984), pp.197－225.

[60] Cartwright, Richard. *Philosophical Essays.* Cambridge, Massachusetts: MIT

Press, 1987.

[61] Chipman, L. "Things in Themselves", *Philosophy and Phenomenological Research*, vol.37, no.4 (1973), pp.489 – 502.

[62] Davidson, D. *Inquiries into Truth and Interpretation.* Oxford: Clarendon Press, 1984.

[63] Durrant, Michael. "Transcendence, Instantiation and Incarnation—An Exploration", *Religious Studies,* vol.29 (1993), pp.337 – 352.

[64] Engel, P. *The Norm of Truth: An Introduction to the Philosophy of Logic.* Toronto: University of Toronto Press, 1991.

[65] Forman, R. K. C. (ed.). *The Problem of Pure Consciousness: Mysticism and Philosophy.* Oxford: Oxford University Press, 1990.

[66] Fung, Yiu-ming. "Three Dogmas of New Confucianism: A Perspective of Analytic Philosophy", In Bo Mou (ed.), *Two Roads to Wisdom: Chinese and Analytic Philosophical Traditions,* pp.245 – 266. Chicago and La Salle: Open Court Publishing Company, 2001.

[67] Geach, Peter T. *Logic Matters.* Berkeley: University of California Press, 1972.

[68] Genova, A. C. "Kant's Notion of Transcendental Presupposition in the First Critique", In R. Chadwick and C. Cazeaux (eds.), *Immanuel Kant: Critical Assessments,* vol.2, pp.79 – 103. London: Routledge, 1992.

[69] Gram, M. S. *The Transcendental Turn: The Foundation of Kant's Idealism.* Gainesville: University Presses of Florida, 1984.

[70] Grayling, C. *The Refutation of Scepticism.* Chicago and La Salle: Open Court Publishing Company, 1985.

[71] Grice, Paul. *Studies in the Way of Words.* Cambridge, Massachusetts: Harvard University Press, 1989.

[72] Hahn, Lewis E. (ed.). *The Philosophy of Donald Davidson.* Chicago and La Salle: Open Court Publishing Company, 1999.

[73] Hospers, J. *An Introduction to Philosophical Analysis,* 2nd edition. New Jersey: Prentice-Hall Company, 1967.

[74] Jacquette, D. "Logical Dimensions of Question-Begging Argument", *American Philosophical Quarterly,* vol.30, no.4 (1993), pp.317 – 327.

[75] Kant, I. *Critique of Practical Reason,* translated by L. W. Beck. New York: Liberal Arts Press, 1956.

[76] Kant, I. *Critique of Pure Reason,* translated by N. Kemp Smith. London: Macmillan, 1968.

[77] Kant, I. *Opus Postumum.* Stanford: Stanford University Press, 1989.

[78] Kant, I. *Prolegomena to Any Future Metaphysics,* translated by L. W. Beck. New York: Liberal Arts Press, 1950.

[79] Korner, S. "The Impossibility of Transcendental Deduction", *Monist,* vol.51 (1967), pp.317 – 331.

[80] Kuhn, Thomas. *The Essential Tension.* Chicago: University of Chicago Press, 1977.

[81] LePore, E. and B. McLaughlin (eds.). *Truth and Interpretation: Perspectives on the Philosophy of Donald Davidson.* Oxford: Blackwell, 1986.

[82] Levine, M. P. "Transcendence in Theism and Pantheism", *Sophia,* vol.31, no.3 (1992), pp.89 – 123.

[83] Martinich, A. P. (ed.). *The Philosophy of Language,* 3rd edition. Oxford: Oxford University Press, 1996.

[84] Neville, R. C. *Behind the Masks of God.* New York: State University of New York Press, 1991.

[85] Palmer, H. *Presupposition and Transcendental Inference.* London: Croom Helm Limited, 1985.

[86] Paton, H. J. *Kant's Metaphysics of Experience.* London: George Allen and Unwin, 1936.

[87] Pippin, R. B. "The Idealism of Transcendental Arguments", *Idealistic Studies,* vol.17 (1988), pp.97 – 106.

[88] Putnam, Hilary. *Reason, Truth and History.* Cambridge: Cambridge University Press, 1981.

[89] Quine, W. V. *From a Logical Point of View,* 2nd edition. New York:

Harper&Row, 1961.

[90] Quine, W. V. *Ontological Relativity and Other Essays.* New York: Columbia University Press, 1969.

[91] Quine, W. V. *Theories and Things.* Cambridge, Massachusetts: Belknap Press of Harvard University Press, 1981.

[92] Quine, W. V. *Word and Object.* Cambridge, Massachusetts: MIT Press, 1961.

[93] Russell, Bertrand. "On Denoting", *Mind,* vol.14 (1905), pp.479 − 493.

[94] Searle, John. *Expression and Meaning.* Cambridge: Cambridge University Press, 1979.

[95] Searle, John. *Minds, Brains and Science.* Cambridge, Massachusetts: Harvard University Press, 1984.

[96] Searle, John. *The Mystery of Consciousness.* London: Granta Books, 1997.

[97] Searle, John. *Rediscovery of the Mind.* Cambridge, Massachusetts and London: MIT Press, 1992.

[98] Searle, John. *Speech Acts, An Essay in the Philosophy of Language.* New York: Cambridge University Press, 1969.

[99] Smart, Ninian. "Myth and Transcendence", *Monist,* vol.50 (1966), pp.475 − 487.

[100] Smith, N. Kemp. *A Commentary to Kant's "Critique of Pure Reason",* 2nd edition. London: Macmillan, 1930.

[101] Stace, W. T. *Mysticism and Philosophy.* London: Macmillan, 1980.

[102] Strawson, P. F. *The Bounds of Sense: An Essay on Kant's "Critique of Pure Reason".* London: Methuen, 1966.

[103] Strawson, P. F. "On Referring", *Mind,* vol.59 (1950), pp.320 − 344.

[104] Stroud, Barry. *The Significance of Philosophical Skepticism.* Oxford: Clarendon Press, 1984.

[105] Stroud, Barry. "Transcendental Arguments", *Journal of Philosophy,* vol.65, no.9 (1968), pp.241 − 256.

[106] Stroud, Barry. *Understanding Human Knowledge: Philosophical Essays.*

Oxford: Oxford University Press, 2000.

[107] Ujvári, Márta. "Analytic Philosophy Challenged, Scepticism and Arguing Transcendentally", *Erkenntnis,* vol.39 (1993), pp.285 – 304.

[108] Van Inwagen, Peter. *God, Knowledge and Mystery, Essays in Philosophical Theology.* Ithaca and London: Cornell University Press, 1995.

[109] Wiggins, David. *Sameness and Substance.* Cambridge, Massachusetts: Harvard University Press, 1980.

[110] Wolff, R. P. *Kant's Theory of mental Activity.* Cambridge, Massachusetts: Harvard University Press, 1963.

[111] Yandell, K. E. *The Epistemology of Religious Experience.* Cambridge: Cambridge University Press, 1993.

[112] Zeis, John. "A Trinity on a Trinity on a Trinity", *Sophia,* vol.32, no.1 (1993), pp.45 – 55.

后　记

本书（《"超越内在"的迷思：从分析哲学观点看当代新儒学》）的篇章大部分皆在香港中文大学哲学系教学期间先后完成，其后在香港科技大学人文学部工作时加以修订，并于 2003 年由香港中大出版社付梓。2022 年崇文书局许双女士来函，表示有意出版香港中大出版社授权的简体字本。我欣然表示同意，希望此书可以得到更多读者的阅读、交流及指正。

由本书之书名可知，这是一本从分析哲学观点看当代新儒学的论著。上世纪 70—80 年代，我由研究生至大学教师的研究工作中，尝试用分析哲学的方法处理中国哲学的课题，在中文和外文的哲学学界都缺乏同道者，可说是孤身上路。原因也许是中外的中国哲学学界大多强调中国哲学的特质与西方哲学的特质之迥异，认为不可以彼之语言、概念来理解此之语言、概念，甚至以彼此之间有一鸿沟，为不可通约的（incommensurable）。然而，一如戴维森（Donald Davidson）的"宽容原则

(principle of charity) 的启示，彼此若一无所知，便既不能说是"不可通约"，也不能说是"非不可通约"。若知彼此的语言、概念有不可通约之处，便已预设彼此之间必有共享的可解释的概念和真的信念，否则无法确定彼此的差异之处，并以一己的语言、概念来说明彼此的差异之处。因此，"不可通约"的观点基本上是自我否定的(self-refuting)。

对我个人来说，只要能够合理地解答问题，任何理性的方法都可以运用。对于各种学说之立论，我们当然要求各说所用之概念要清晰，其论据要充分。当我们要检讨某说立论的词义时，当然要借助概念分析的方法来厘清；当我们要检讨某说立论的依据时，逻辑分析的方法更是不可或缺的。除非某说不要立论，否则我们对它的理解与评论都不能缺少上述两种分析的工具。对中国哲学来说，这也不是例外。

"超越内在"一名是"既超越又内在"的简称。当代新儒家的唐君毅先生和牟宗三先生都用此名，鲜有用"内在超越"一名。原因是正如程明道所说的"只心便是天〔理/道〕……更不可外求"，"不可将穷〔天〕理作知之事"。朱熹、王阳明及熊十力皆以"知天"非认知之事，并以"知"为"知县、知州"之"知"，"知"即"主"也。牟先生所谓"天道性命相贯通"（或"天道心性通而为一"）和"一而非多，同而非异"。此皆是程明道所谓"一本〔根源〕"而非"二本"之说，亦即牟先生言天道与心性为"自

一"(self-identity)之义。上世纪 80 年代以后中外皆喜用
"内在超越"(immanent transcendence or internal
transcendence)或余英时先生所谓"内向超越"(inward
transcendence),并强调以心通道或以心之体悟而得道,此
皆落在"二本"之说。"一本"乃程明道所喻的"只在京
师便是到长安,更不可别求长安",不可当作"两处"。此
处正名,乃在说明近三四十年有关"天人之际"之说,多
皆与宋明及当代新儒家的"超越内在"说相距甚远。

至于余英时先生《论天人之际:中国古代思想起源
试探》一书以《管子》稷下学派《内业》《心术下》二篇
各出现一次过的"精气"观念解释儒、道二家的所谓"天
人合一"之说,并以只在《楚辞·九歌》出现过一次而
从未出现于其他先秦文献的"清气"为"心"之构成因
子,以"精气"为"道",以成其以心通道的"内向超越"之
说。但其以心通道的"内向超越"便成为以(清)气通
(精)气,皆属"形而下"之二际,毫无"形而上"之"超
越性"可言,这又怎能说明"天人合一"中由心所得的
"超越性的道"呢?

有关分析哲学的方法是否可以应用来探究中国哲学
课题的疑问,近二十年我在各方面写了一些论文来释
疑。下列一些论文或可补充此书在方法论上之所说,以
供大家参考和指正:

(1) "A Logical Perspective on *the Daodejing*", *Dao
Companion to the philosophy of the Daodejing,* edited by

Xiaogan Liu and Ai Yuan (Dordrecht: Springer Verlag 2023).

(2) "Philology and Logic in the Textual Analysis of Ancient Chinese Philosophy", *Handbook of the History of Logical Thought in China,* edited by Liu Fenrong, Jeremy Seligman and Zhai Jincheng (Dordrecht: Springer Verlag 2023).

(3)《儒学研究的展望：一个方法论的反思》,《成功大学中文学报》73 期 (2021)，页 1—26。

(4)"A Bridge between Philosophy and Philology: A Methodological Problem of Chinese Classical Studies",《中国逻辑史研究方法论》(Research Methodology of Chinese Logic History), 何杨、李贤中 (He Yang and Lee Hsien-chung) 主编, 北京：中国社会科学出版社, 2019 (Beijing: China Social Sciences Press): 109—201.

(5)"Reason and Unreason in Chinese Philosophy", *Rationality: Constraints and Contexts,* edited by Tzu-Wei Hung and Timothy Joseph Lane (London: Elsevier 2017): 149—172.

(6)《经典研究的两个神话：从戴震到章学诚》,《兴大中文学报》42 卷 (2017)，页 1—56。

(7) "Issues and Methods of Analytic Methods in Chinese Philosophy", *Bloomsbury Methodology in Chinese Philosophy,* edited by Tan Sor-hoon (Bloomsbury), (London, New York: Bloomsbury Publishing Plc.2016): 227—244.

(8)"On the Very Idea of Correlative Thinking", *Phi-*

losophy Compass(Blackwell) vol.5, no.4 (2010): 296—306.

(9) "How to Do Zen (Chan) with Words? — An Approach to Speech Act Theory", *Searle's Philosophy and Chinese Philosophy: Constructive Engagement,* ed. by Bo Mou (Leiden: Brill Academic Publishers 2008): 230—242.

(10) "Davidson's Charity in the Context of Chinese Philosophy", *Davidson's Philosophy and Chinese Philosophy: Constructive Engagement,* ed. by Bo Mou (Leiden: Brill Academic Publishers 2006): 117—162.

(11)《超越傲慢与偏见：在形上体证与史语考据之外》，载刘国英编:《万户千门任卷舒：劳思光先生八十华诞祝寿论文集》，香港中大出版社，2010，页321—357。

(12)《佛理、禅悟与逻辑》，载叶锦明编:《逻辑分析与名辩哲学》，台湾：学生书局，2003，页25—57。

对于崇文书局编辑部同仁为此书之出版而做出的专业工作，特别是许双女士的努力促成简体本的出版，谨此表示由衷的谢意。最后，我也要深深感谢内子顺志的恒久和耐心的支持。没有她的精神力量在背后，此书与一系列的研究工作当不会有一丝令人满意的成果。

记于东海大学东海湖畔

2022 年冬

崇文学术文库 · 西方哲学

1. 靳希平 吴增定 十九世纪德国非主流哲学——现象学史前史札记
2. 倪梁康 现象学的始基：胡塞尔《逻辑研究》释要（内外编）
3. 陈荣华 海德格尔《存有与时间》阐释
4. 张尧均 隐喻的身体：梅洛 - 庞蒂身体现象学研究（修订版）
5. 龚卓军 身体部署：梅洛 - 庞蒂与现象学之后 [待出]
6. 游淙祺 胡塞尔的现象学心理学 [待出]

崇文学术文库 · 中国哲学

1. 马积高 荀学源流
2. 康中乾 魏晋玄学史
3. 蔡仲德 《礼记 · 乐记》《声无哀乐论》注译与研究
4. 冯耀明 "超越内在"的迷思：从分析哲学观点看当代新儒学
5. 白 奚 稷下学研究：中国古代的思想自由与百家争鸣 [待出]
6. 马积高 宋明理学与文学 [待出]
7. 陈志强 晚明王学原恶论 [待出]
8. 郑家栋 现代新儒学概论（修订版）[待出]

唯识学丛书（26种）

禅解儒道丛书（8种）

徐梵澄著译选集（4种）

西方哲学经典影印（24种）

西方科学经典影印（7种）

古典语言丛书（影印版，5种）

出品：崇文书局人文学术编辑部 · 我思

联系：027-87679738，mwh902@163.com

我
思

敢于运用你的理智

崇文学术译丛·西方哲学 [待出]

1.〔英〕W. T. 斯退士 著，鲍训吾 译：黑格尔哲学
2.〔法〕笛卡尔 著，关文运 译：哲学原理 方法论
3.〔美〕迈克尔·哥文 著，周建漳：于思之际，何者入思
4.〔美〕迈克尔·哥文 著，周建漳 译：真理与存在

崇文学术译丛·语言与文字

1.〔法〕梅耶 著，岑麒祥 译：历史语言学中的比较方法
2.〔美〕萨克斯 著，康慨 译：伟大的字母 [待出]
3.〔法〕托里 著，曹莉 译：字母的科学与艺术 [待出]

崇文学术译丛·武内义雄文集（4种）

1. 老子原始　2. 论语之研究　3. 中国思想史　4. 中国学研究法

中国古代哲学典籍

1.〔明〕王肯堂 证义，倪梁康、许伟 校证：成唯识论证义
2.〔唐〕杨倞 注，〔日〕久保爱 增注，张觉 校证：荀子增注 [待出]

萤火丛书

1. 邓晓芒　批判与启蒙